サッカー選手・指導者のためのメンタルガイド

松山博明 編著
Hiroaki Matsuyama
堀野博幸・松竹貴大
夏原隆之・永野智久 著
Hiroyuki Horino, Takahiro Matsutake,
Takayuki Natsuhara, & Tomohisa Nagano

北大路書房

はじめに

■岡田武史氏へのインタビュー

――日本の男子サッカー史上初めてワールドカップに出場した一九九八年フランス大会以降、日本代表のメンタリティはどのように変化していますか？

岡田：日本のサッカーの経験値が確実に上がって、世界と同じ舞台で戦えるようになったと思います。ワールドカップに出場する前の日本男子サッカー代表は当時、海外でプレーする選手も少なく、外国人サッカー選手との戦いの場でさえ、かつてはリスペクトしすぎていて１００メートル競争を10メートル後ろからスタートしていました。しかし、今では同じスタートラインからスタートしている印象を受けています。

――ワールドカップ二〇二二年カタール大会を振り返って、メンタルの「強さ」や「もろさ」に関する印象的な場面は、何かありましたか？

岡田：特にベスト8をかけたクロアチア代表とのＰＫ戦では、選手の顔つきとかを見ていると、ちょっと前まで戦争を経験している民族と、平和ボケしている民族との違いを感じましたね。

――日本スポーツ心理学会には「スポーツメンタルトレーニング指導士」という、競技力向上のための心理的スキルを中心とした指導や相談を行う認定資格があります。[1] このような専門的なメンタルサポートの現場での必要性について、岡田監督のお考えをお聞かせください。

[1] https://smt.jssp.jp/

岡田：選手にとって、メンタルサポートは、あればあるに越したことはないでしょう。しかしながら、日本サッカー界での現状は、監督やコーチがやらなければならない仕事になっています。そのため、指導者自身のセンスがないとトップチームの監督では成功しません。これはカウンセリングというより、いかに選手の心理を読み取り、上手く対応していけるかにかかってきます。特に、日本代表やJリーグなどのトップ選手は、主体性を持ってほしいと思っています。それとともに失敗を恐れない勇気、常にポジティブ、そしてストレス耐性が必要と考えています。また、育成年代にとっては、個々それぞれに悩みなどが異なることもあり、基本的なカウンセリングがあるといいなと思っています。

――サッカーと心理（メンタル）との関係について、岡田監督はどのようにお考えですか？

岡田：そもそも、サッカーの試合のメンタルは年代にもよると思いますが、フィジカルやテクニックと比べるものではなく、それ以前のベースとしてあるものだと考えています。

■「メンタル」の重要性

サッカー男子日本代表や、Jリーグのクラブチーム、中国サッカー・スーパーリーグのクラブチームなどでこれまで豊富な指導者経験を重ねられてきた岡田武史氏は、スポーツをするときに大切なのは心（メンタル）、技（テクニック）、体（フィジカル）の三つのバランスであり、そのベースとなるものとしてメンタルが欠かせないと考えていました。岡田氏のコメントにもあるように、サッカー指導者にとって、選手の気持ちを掌握したり、自身の心理面をよく理解したうえでコーチングすることは当然のことです。

編者も、これまで選手としてサッカーをやっていましたが、その重要性は実感してきました。特に、大きな試合など、よりプレッシャーのかかる場面ではいかに自己コントロールし、日ごろの実力を発揮できるかが勝利を掴む鍵となってきます。黒田[2]は、特に育成年代の指導に際して、「心」が50%、「技」が30%、「体」が20%という割合が適切であると述べていました。また、大獄[3]は、「サッカー競技におけるハーフタイム時において、選手の高い不安傾向を軽減するような心理的サポートを行うこと

[2] 黒田（2017）

[3] 大獄（2002）

が、後半戦に選手がより良いパフォーマンスを発揮するために重要である」と、心理サポートの有効性について報告していました。さらに、堀田[4]は、サッカー選手の褒められた時と何も言われない時での運動量について研究を行い、褒められた時の方が運動量やボールタッチ数が多く、後半でも運動量が落ちないことを分析しています。また伊志嶺[5]は、コーチが怒る時、何も言わない時、褒めた時の運動量に関する研究を行い、褒めるときの運動量が多いことを報告しました。先行研究から明らかになっているように、指導者にとって心理学を理解することは非常に大切です。

とはいえ、サッカー選手にとって大事な試合に向けて「心を整える」ことは、その重要性に比例して困難な課題です。日本ではまだメジャーにはなっていませんが、世界では多くのクラブチームがメンタルトレーニングを取り入れ、その効果は顕著に出ているほどです。高妻[6]によると、イタリア・セリエＡの名門ＡＣミランは、世界で最も本格的にメンタルトレーニングを取り入れていると言われています。メンタルトレーニング専用ルームが設けられ、様々な機械を導入しており、その結果、多くのタイトルを獲得し続けています。また、編者も、二〇二二年八月、二〇二三年三月の二回にわたって、ドイツ・ＦＣケルンのトレーニングを訪れました。その際、ＦＣケルンでは各カテゴリーにケルン体育大学から派遣されたメンタルトレーナーが帯同し、選手のサポートを熱心に行っていました。

[4] 堀田 (2007)

[5] 伊志嶺 (2009)

[6] 高妻 (2002)

■Jリーガーからのコメント

このように世界のサッカー先進国では、サッカーにおける心理面での重要性が既に理解され、多くのクラブがメンタルサポートを行っている現状がありますが、日本のサッカー界で心理面での重要性を理解し、取り入れているJリーグクラブはほとんど見られません。しかし、Jリーグで実際に活躍している選手たちは、心理面の重要性を自ら理解し、その時々で実践して結果を出しています。そのような選手たちからコメントを寄せていただきました。

「プレーヤーとして、大切な試合前にピークパフォーマンスを発揮するために、どのような心理状態を保っておくべきなのか、非常に重要だと思います。試合の中で、どのような状況においても冷静にプレーできるよう、試合までにできる限りイメージを膨らませ、心理面においてもすぐ対応できる準備が必要だと思います」

――家長昭博選手[7]

「試合の中で、攻撃的な選手にとって得点を奪うことは、自チームを勝利に導くため、そして自身が活躍して評価してもらうためには、大切な要素です。プレーヤーが得点を奪うためには、鍛錬された正確なスキルだけでなく、判断力、決断力、そしてゴールキーパーとの駆け引きなどの心理面が大きく影響します。海外の選手とやって

[7] 元日本代表。川崎フロンターレ所属。二〇一八年の川崎フロンターレのリーグ2連覇に大きく貢献し、最優秀選手賞（MVP）およびベストイレブンを受賞した。

思ったことは、やはり気持ちの強さが全然違うことです。常に自分にプレッシャーをかけてメンタルを鍛えています。プレッシャーをかけ過ぎて失敗することもありましたが、その失敗も気にしない強いメンタルが大事だと思います。失敗してもどんなに恥ずかしいプレーをしても逃げずにやり続けるメンタル、それが何より大事です」

——金崎夢生選手[8]

「ゴールキーパーは、試合の中で、一瞬の判断が要求されるポジションです。しかしその場面は、予期しない時に突然起こります。そのため試合の中では、常に冷静かつ平常心を保つ心理面を併せ持つ必要が多分にあります。ミスを恐れない気持ち、ミスをしたあとにいかにすぐ切り替えメンタル的に平常心を保つか。逆にミスを活かしてそのあとのプレーに繋げる！　などを意識しています」

——西川周作選手[9]

「スポーツの中でメンタルの部分はとても重要なポイントだと思っています。プロ選手になって三〇代になった今でもメンタルのスポーツではないかと強く思ってしまうほど、常に気をつけたい部分です。今まで普通にプレーできていたのに、少しの気持ちの揺らぎなどで『あれ、こんなプレーもできなかったっけ』となってしまう。指導者にしつこく言われすぎて気持ちが動揺したのか、スタメンで出ていたのにサブに代

[8] 元日本代表。二〇〇七年から大分トリニータに所属し、ナビスコカップではチームを優勝に導き、ニューヒーロー賞を獲得した。その後もFCニュルンベルクやポルティモネンセSCで活躍した。

[9] 元日本代表。浦和レッズ所属。Jリーグ優秀新人賞1回、Jリーグベストイレブン5回、Jリーグ優秀選手賞7回とJリーグ公式戦550試合、リーグ杯44試合、天皇杯31試合など629試合に出場した。

えられてなのか、色々な状況があるにせよ、どんな状況になっても常に一定に保っておくことがとても重要だと思います。メンタルを強くしたいと思っていても急には強くなりませんし、小・中学校からの積み重ねしかないと思います」

――清水圭介選手[10]

家長選手はさらに、「実際プレーする自分自身にも起こり得る事象を捉えた内容が多くあり勉強になりました。ぜひ、購読していただければと思います」と述べて、本書を推薦してくれました。

Jリーグで活躍している選手たちのコメントからは、トレーニングや試合の中で、何を考えて行動しているのかが理解できると思います。よく「心・技・体」のバランスが重要だと言われていますが、日本ではその中の「心」の部分を強化していくことが急務です。特に近年のワールドカップを観戦していても、世界と比較して技術や体力は日々のトレーニングで鍛えられ、非常に高いレベルに達しています。そこに「心」も高いレベルになれば、日本のサッカーは世界でもトップレベルになると思いますし、良い選手が多く輩出されるようになると思います。

日本がまだサッカー発展途上だった頃、フィジカルやゴールキーパーのコーチが必要であるかの是非が議論されました。しかし、現在ではいずれもチーム強化を考えたうえでは必須であるエキスパートの仕事となっています。日本でも近い将来、心理面

[10] 滝川第二高校時代から注目され、U-17日本代表やU-18日本代表にも選ばれ、二〇〇八年ナビスコカップでは優勝を経験。京都サンガやセレッソ大阪などでは控えに留まることも経験した。

での重要性が理解され、メンタルトレーナーの存在がクローズアップされる日を心待ちにしています。

松山博明

●サッカー選手・指導者のためのメンタルガイド —— 目次

7章　怪我による心理的対処方法　111

8章　バーンアウト　133

9章　チームビルディング　161

1章
サッカーにおける心理的スキル

サッカー選手にとって「こころ」とは何か？

スポーツにおいて「こころ」がパフォーマンスを発揮するうえで重要であることは、選手や指導者だけに限らず多くの人が自身の経験などを通じて理解していると思います。しかし、「こころ」とは具体的に何なのでしょうか？「こころ」「メンタル」「心理面」というような言葉でみなさんはどのようなことをイメージするでしょうか？「こころ」という言葉が多義的な要素を含んでいるからこそ、その実態を把握することはとても難しいです。本章では「こころ」がスポーツにおいてどのような役割を果たしているのかをこれまでの研究の知見から説明したうえで、サッカーに必要な心理的スキルについて解説します。

まず、「こころ」とはどこにあるのでしょうか？西洋最大の哲学者の一人であるアリストテレスは「こころは心臓に宿っている」と考えたと言われています。危機的な状況になると心臓がドキドキするからこそ、そのように考えたのでしょう。しかしながら、脳科学の研究では精神活動と対応して活性化する脳の特定部位があったり、脳細胞の変質と精神機能の低下が相関したり、近年の研究成果は「こころとは脳である」を強く支持しているようにみえます。[1] こころの場所探しには未だに答えが出ていないのが現状ですが、本章では「こころは脳活動の一部である」という視点で進めて

［1］森（2010）

いきます。

では、脳ではどのような働きをしているのでしょうか。大事な試合の直前に心拍数が上がったり、表情が硬くなったりするなど、いつもとは違う身体の反応が出ることがありますが、この反応は人の身体が平常時には安定（ホメオスタシス）を保つように調整され、緊急の場面や興奮状態では闘争・逃走（Fight/Flight）に備えるように一定の自己防衛として表出されると言われています。[2]また、この反応時は「大事な試合」という刺激によって不安や恐怖または期待や活気などの情動が引き出されており（その発生源は中枢＝脳）、それを経由して身体が反応すると考えられています。加えて、「大事な試合」という刺激が自分にとって「危険 or 安全」というような認知的評価も脳内では行われており、これも重要な過程となります。これらの現象は、情動の中枢起源説[3]や認知的評価説[4]と名づけられ、こころと脳の関係を示す理論の一つとして提唱されました。[5]つまり、「こころ」が何であるかを理解するためには「情動または感情（本章では感情を使用）」と「認知」がキーワードになると考えられます。

では、サッカーにおいて「こころ」はどのような役割を果たしているのでしょうか。先ほど示したキーワード「感情」と「認知」を用いて、一つのプレーを分析してみます。ある選手が練習ではミスが少なくプレーは安定しているが、公式戦になるとパスのミスやボールを失う場面が増えて試合で本来のパフォーマンスを発揮できないといった課題を抱えていたとします。テクニックやフィジカル的な問題がないと仮定

[2] 闘争・逃走反応（fight-or-flight response）：人が生きるためにエネルギーを使おうとする防衛反応の一種。ホメオスタシス（恒常性）。ストレス反応としても捉えることができ、不安や恐怖により交感神経系の興奮などの生理的な反応が生じる。

[3] 脳が情動発生の中心に据えるものとして、情動の経験と身体反応は同時かつ独立に生じると考えられた。キャノン＝バード説とも呼ばれる。

[4] 身体反応が起こるには最初に刺激の評価が必要であるとした。この評価は無意識に行われ「良い」と評価された刺激には接近して「悪い」と評価された刺激からは離れるように動機づけられる。

[5] 大平（2010）

した場合に推察されるのは心理的な課題です。サッカーの試合は相手がいて成立するので、公式戦という刺激さらには相手に対する認知的評価によって不安や恐怖などのネガティブな感情が引き起こされることは考えられます。練習などのゲームでは何も感じない相手であっても、公式戦では「負けられない相手」と認知してさらに脅威的だと感じてしまうなら、パフォーマンス低下を引き起こすことがあります。また、感情の変化と同時にプレー状況などを的確に捉えることができなくなったことでパスのミスなどが増えたことも考えられます。この要因にも人の認知が関連してきます。つまり、サッカー選手が「感情」と「認知」を自身でコントロールできるようになることは、心理的な課題を解決するきっかけとなり、パフォーマンスを向上させることにつながります。

サッカー選手に必要な心理的スキルとは？

実際にサッカー選手が、こころに関するスキルを必要とする場面は三つあります。一つは、プレー中のアクション時です。ボールを触っている時間やオフ・ザ・ボールのアクション、ディフェンスでボールを奪うアクションなどの時間になります。二つめは、プレー中のアクションとアクションとの間の場面です。すなわち、試合中はプレーが途切れる時間などがあり、アクションを起こしていない時間（次のアクションの準備など含む）です。これらの二つはピッチ上で起こる事象を示しています。この二つの場面では、学習やトレーニングによって強化および向上させることができる心理的スキルが主に求められます。これまでの研究にて、熟練したサッカー選手は「プレー状況を的確に認知でき、多くの視覚情報から有益な情報を効率よく抽出して、その後の状況を予測できる」と報告されています。[6] この背景には「パターン認識、視覚探索活動、予測」から構成される「知覚・認知スキル」と呼ばれる心理的スキルとサッカー競技特有の「知識」を保有していることが示されました。「パターン認識」は人の動きやゲーム状況など膨大なデータから一定の特徴や規則性のパターンを識別して取り出す処理のことを示しています。パターン認識を実行するための情報を収集する手段の一つとして「視覚探索活動」があり、目の前の多くの視覚情報の中から判断に必要な情報を抽出します。これらのスキルと並行して次にどのようなことが起こるかなどを「予測」するスキルを称して「知覚・認知スキル」と呼びます。

その知覚・認知スキルを支える「知識」は、学校の勉強で学ぶ国語や算数のような知識ではなく、サッカーの戦術的原則、戦術メモリー、状況要素、選択肢といった潜在的に記憶されたサッカー特有の知識を指しています。また、サッカーの認知に関わるスキルを「Game Intelligence」と表現した研究[7]もあり、「瞬時の創造力、反応抑制、状況把握／空間認識」などを評価して競技力が高い選手がこれらの項目が優れていることを報告しています。「瞬時の創造力」は瞬間的にプレーのアイディアを創出

［6］夏原ら（2017）

［7］Vestberg et al. (2012)

するスキルを示し、「反応抑制」はプレーのキャンセルを行うためのスキルです。「状況把握／空間認識」については、プレー中に相手選手や味方の位置や状態を素早く正確に把握して、三次元空間的に認識するスキルを指しています。これらのスキルに加えて、ＪＩＳＳ競技心理検査[8]ではトップアスリートに求められる心理的スキルとして「自己コントロール、集中力、自信、イメージ」を抽出しています。サッカー選手にとってもこれらのスキルは試合中に必要な心理的スキルであると考えられます。加えて、サッカー選手は試合中にチームメイトなど他者との関わりはパフォーマンスを発揮するために必須であることから、「コミュニケーション」のスキルも入れています。以上から、一三項目がサッカー選手の試合中のアクションおよびアクションとアクションの間で必要となる心理的スキルであると考えられます（図1−1上段）。

サッカー選手が、こころに関する要素を必要とする場面の三つめは、上記二つ以外の場面です。主にオフ・ザ・ピッチの場面を想定しますが、サッカー選手もピッチを離れると一人のアスリートですので、アスリートとして求められる心理的なスキル、態度・行動があります。ＪＩＳＳ競技心理検査では競技専心性として「生活管理、モチベーション、目標設定」の項目を設定して競技に対する姿勢や熱心さを評価しています。また、自己理解として「客観性、自己分析力、一貫性」の項目にて自己理解に対する姿勢やそれに基づく行動の一貫性を評価しており、先ほども示した心理的スキルを「自己コントロール、集中力、自信、イメージ」にて評価します。ここでも他者

［8］国立スポーツ科学センター（ＪＩＳＳ）がさまざまな競技のトップアスリート（日本代表など）にインタビューを行い、科学的根拠に基づいてつくられた信頼性の高い心理検査。立谷ら（2020）

との関わりという点で「コミュニケーション」が入ります。以上から、一〇項目が試合以外の場面で必要となる心理的要素として考えられます（図1－1下段）。

心理的スキルを向上させる

現代のサッカーは、「Less Time, Less Space」と形容されるように、攻撃と守備が一体化されたスピーディーなゲームが展開されています。そのため、時間的・空間的に圧迫された状況や余裕のある状況など、選手が直面するプレー状況はさまざまです。そのため、心理的スキルへのアプローチ方法もそうしたゲーム状況を想定したトレーニングが必要であると考えます。バイエルン・ミュンヘンで監督を務めた経験をもつ若き知将、ユリアン・ナーゲルスマン氏は「サッカーには認識や判断のスピードに、大きな成長の余地がある。いかに情報処理の能力を上げ、正しい判断を下すかだ」とドイツ誌『キッカー（kicker）』のインタビューで語っており、現代の

図1-1　サッカー選手に必要な心理的スキルと心理的要素

（上）：試合中のアクション、アクションとアクションの間で必要となる心理的スキル（夏原ら，2017；Vestberg et al., 2012；JISS競技心理検査をもとに作成）
（下）：試合以外の場面で必要となる心理的要素（off the pitch等）（JISS競技心理検査をもとに作成）

サッカーにおいては心理的スキルに含まれる要素にはさらなる見当の余地があると考えられています。その点、ドイツではＩＴ機器などテクノロジーを活用した認知機能のトレーニングを行い、これらの取り組みの新奇性や斬新さが注目されています。また、ドイツの研究チームは、これらのトレーニングによる効果を検証する学術的研究を発表しており、[9] 心理的スキルに関する実践と研究が取り組まれています。

では、ピッチ上ではどのようなアプローチができるのか考えていきます。心理学の分野における運動学習の理論に制約主動型アプローチ（Constrained-induced もしくは Constrained-led approach）[10] という考え方があります。これは、指導者は選手がスキルを獲得できるように導くためには、生体・環境・課題の制約を利用することで運動の多様性を引き出してトレーニングするべきであるといった考え方です。制約に基づいたスキル学習では、学習者の身体的特性や技術レベルまたは心理的特性を考慮したうえでトレーニング環境を設定して、その課題の条件（競争や協力を加える、ボールタッチの制限などさまざま）を操作することでスキル獲得に導きます。つまり、心理的スキルを獲得および向上させるためには、指導者が選手のさまざまな特性を理解して、獲得させたいスキルにフォーカスできるような環境で課題の条件などを適切に操作することが必要であると考えられます。そうした実践的な環境の中でトレーニングをすることで、多くのミスや失敗の経験と「できた！」と感じられる成功体験が蓄積され、それが脳内における潜在的な記憶となり、心理的スキルの基盤となるサッカー

[9] Heilmann et al. (2021)

[10] Davids et al. (2008; 2012)

の知識を構築します。特に成功体験は、より記憶に残りやすいため、洗練化を促すためにはミスや失敗を繰り返しながらも選手が「できた！」と感じられるトレーニングのデザインやコーチングの仕方がより重要となるでしょう。さらに、心理的スキルというソフトウェアだけでなく、身体というハードウェアも同時に鍛えることも忘れてはいけません。優れたソフトウェアを所有していても、それを実行できる技術や身体を持ち合わせていなければ、サッカー選手としては良いパフォーマンスは発揮できないからです。だからこそ、脳に多くの刺激を与えることとボールと身体を思い通りに扱うことの双方を関連づけてトレーニングしていくことが重要となります。

2章
モチベーションを高める方法

「フットボールでは、ハートや抱えている期待の方が、才能より重要な場所を占めることもあるのだよ」（アトレチコ・マドリッド：シメオネ監督）[1]

これは、世界的名将が語った「こころの力の重要性」を実感させる言葉です。みなさんも日々の活動を振り返ると、シメオネ監督に共感されるのではないでしょうか。

それでは、「こころの力」を生み出す原動力とは、いったい何なのでしょう。この「こころの力の原動力」こそ、私たちのこころに宿る「モチベーション（動機づけ）」なのです。本章では、心理学の研究成果をもとに、モチベーションを効果的に高める方法について考えていきます。

動機づけの正体を知る

■モチベーション（動機づけ）の正体とは？

みなさんは、なぜサッカーを始め、苦しいことや辛いことを経験してもなぜサッカーを続けているのでしょう。その理由に違いこそあれ、みなさんがこれまでサッカーを続けているのは、こころの中に生み出される「動機づけ」のおかげなのです。このように「動機づけ」とは、みなさんに行動を起こさせ、ある方向や目標に向けその行動を続けさせる「こころの力を生み出す原動力」なのです。

[1] LEGENDS STADIUM (2017)

[2] FROM ONE (2020)

[3] 堀 (2000)

そのため、サッカーを楽しみ成長しつづけるためには、動機づけを絶えず生み出す環境が必要不可欠になります。[2]

■動機づけは、なぜ重要なのか？

動機づけは、「実力やベストパフォーマンスの発揮」にも大きく影響します。図2－1をご覧ください。動機づけレベルとパフォーマンスには、「逆U字」の関係が存在することがわかっています。[3] 図2－1のように、動機づけを高めることでパフォーマンスは向上します。しかし、必要以上に動機づけを高めてしまうと、一転してパフォーマンスは低下してしまいます。この最適レベル以上に動機づけが高まってしまった状態が「あがり」とされています。このように、最高のパフォーマンスを発揮するには、動機づけを最適レベルまで引き上げて保つことが重要となるのです。

みなさんは、「ゾーン状態」や「フロー状態」といった言葉を聞いたことがありますか？　これは、アスリートたちが最高のパフォーマンスを発揮している状態を表現する際に用いられる言葉です。ゾーンやフローの状態では、「プレー以外は何も気にならなかった（無心や集中）」や「意識しないでも身体が勝手に動

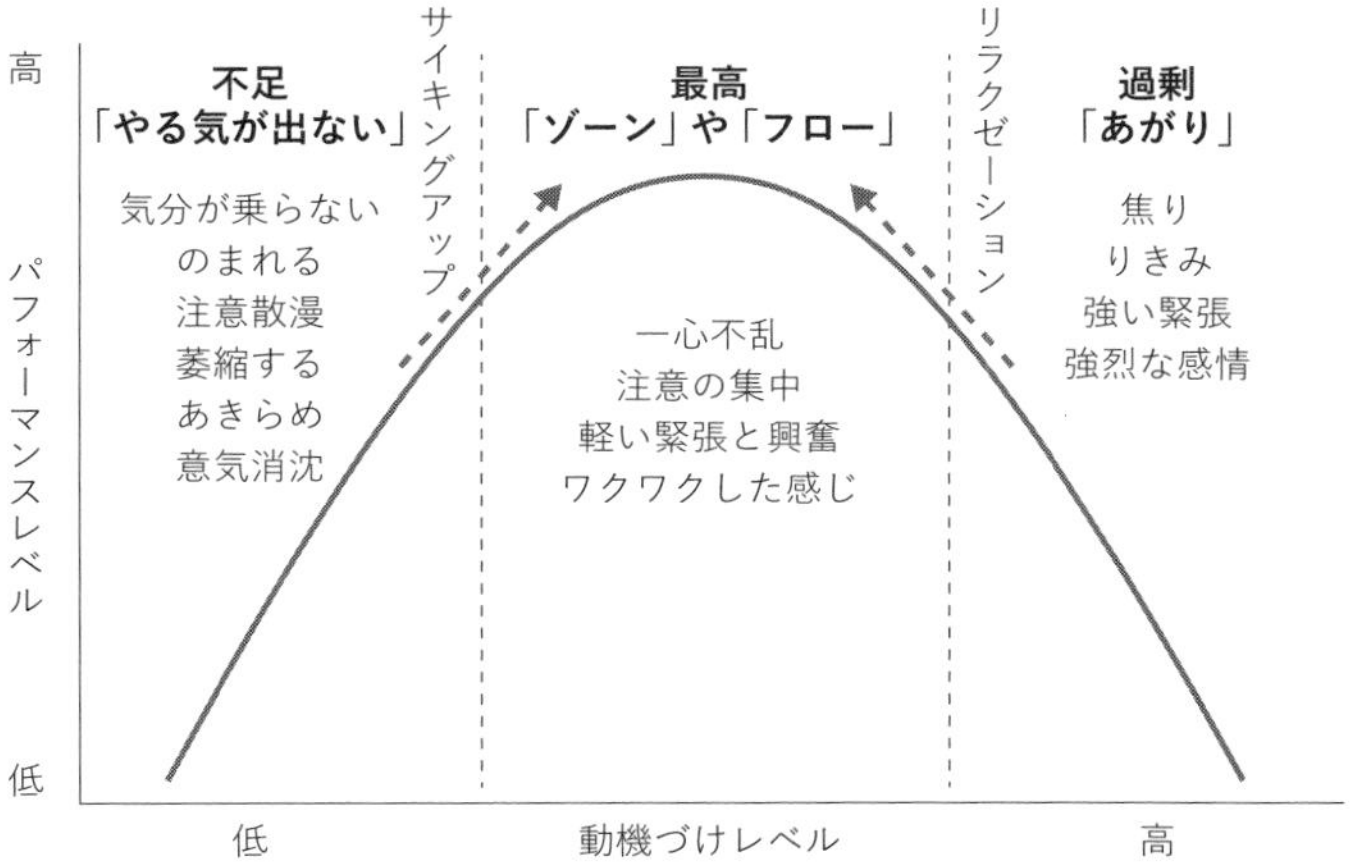

図2-1　動機づけレベルとパフォーマンスの関連（杉原，1987をもとに作成）
一般的に「逆U字型」の変化がみられる。

いた（無意識）」など、最適レベルとして図2－1に示されている感覚が生まれます。時には「自分のプレーしている姿が上方から見えるように感じた」など不思議な感覚も報告されています。この感覚の状態こそ、動機づけが究極の最適レベルなのです（3章「ピークパフォーマンスを発揮する方法」もご参照ください）。それでは、どのようにして最適な動機づけレベルをつくり出せばよいのでしょうか。

■どうやって「動機づけの最適レベル」をつくり出せばよいのか？

動機づけの最適レベルを引き上げて保つためには、次の三つのステップが必要になります。

ステップ１：「自分のこころの特徴」を知る

まずは自分のこころの特徴を知ることから始めます。それでは、「競技場面における自身の特徴」を思い出し、下の質問に答えてみましょう。そして、質問に答えた結果をもとに、自分のこころの特徴が図2－2のⅠ・Ⅱのどちらのタイプに当てはまるか、あらかじめ理解しておきましょう。

一般的に、不安傾向（不安の感じやすさ）の高い人は、低い人に比べて、最適な動機づけのレベルは低くなるといわれています。同様に、内向性（自分の内面に注意や関心を向ける特性）の高い人は、外向性（自分の外側に注意や関心を向ける特性）の高

「こころの特徴を調べてみよう！」
あなたは、どっち？
①大切な試合の前に、不安を感じることが多い
「はい」→不安傾向が高い「Ⅰ」
「いいえ」→不安傾向が低い「Ⅱ」
②大切な試合の前に、「自分のこと」よりも「相手やその他のこと」が気になる
「はい」→外向性傾向が高い「Ⅱ」
「いいえ」→内向性が高い「Ⅰ」
③練習や試合中に、「強い感情（怒り・恐れ、喜び、悲しみ）」を感じることが多い
「はい」→情動性が高い「Ⅰ」
「いいえ」→情動性が低い「Ⅱ」

い人よりも、動機づけの最適レベルは低くなります。また、情動性（急激な強い感情の出やすさ）の高い人は、低い人に比べて、動機づけの最適レベルが低くなる傾向にあるといわれています。
このように、自分のこころの特徴を知っておくことで、普段の実力やベストパフォーマンスを発揮するために、動機づけや緊張レベルをどこまで引き上げるとよいかがわかります。

ステップ２：「いまのこころの状態」を知る

次は、いまのこころの状態を知るステップです。こころと身体は、互いに強く影響し合っています。心臓がバクバクしたり、いつも以上に汗をかいたりしているときは、動機づけが高まり、緊張状態が高くなりすぎていることを教えてくれています。一方、「気分が乗らない・意気消沈して諦めてしまう」などの気持ちを感じるときには、動機づけが低下し緊張状態が低くなっていることがわかります。図２－１を思い出し、いま自分の動機づけレベルが逆U字のどのあたりにあるかを感じてみましょう。

ステップ３：「いまのこころの状態」をコントロールする

いまのこころの状態を知ることができれば、いよいよ「こころをコントロールする」ステップです。ここでは、すぐに使えるこころのコントロール法を紹介します。

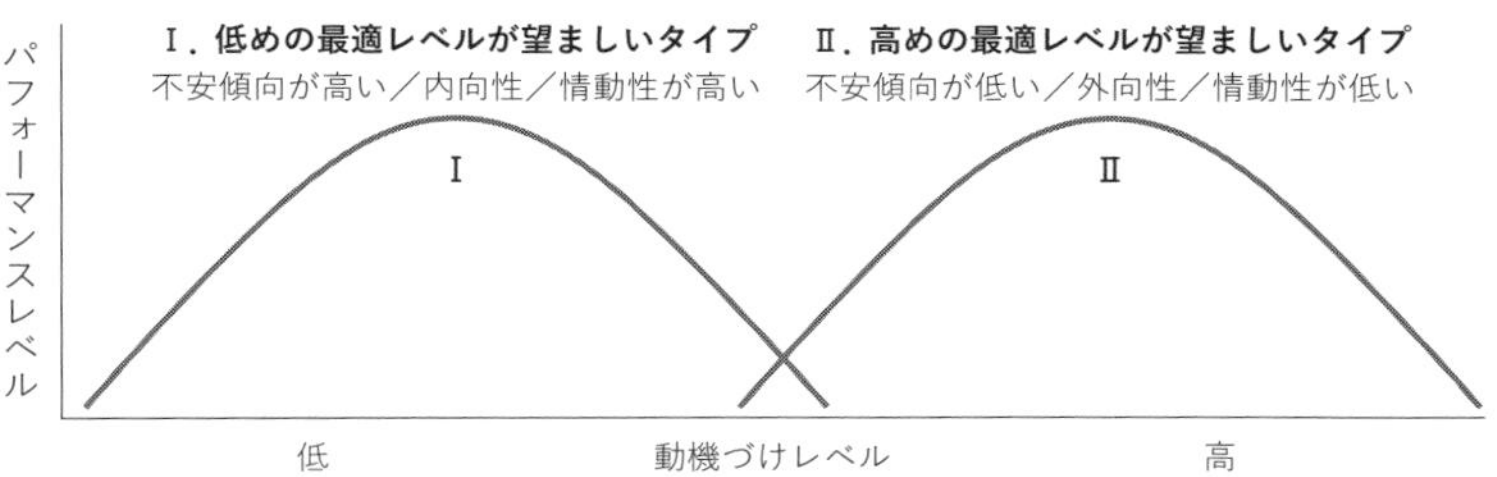

図2-2　こころの特徴による動機づけの最適レベル
不安傾向・向性（内向／外向）・情動性により動機づけの最適レベルは異なる。

図2−1にあるように、動機づけが高すぎる場合には、深呼吸やストレッチ、気持ちが落ち着く音楽を聴くなどして、「リラクセーション」を行いましょう。リラクセーションは、あなたの高まりすぎた動機づけと緊張状態を最適なレベルへと下げてくれます。一方、動機づけが低いと感じるときには、小刻みで素早いステップ動作や連続的に短い呼吸を繰り返す、あるいはアップテンポの音楽を大きめの音量で聴くなどして、こころと身体を活性化させる「サイキングアップ」を行います。サイキングアップは、あなたの動機づけや緊張状態を最適レベルにまで引き上げてくれます。

■動機づけの中身とは？

動機づけをコントロールするためには、動機づけの中身がどうなっているのか、動機づけがどのように成長していくのかを理解することが必要になります。

「内発的動機づけ」と「外発的動機づけ」

動機づけの中身についてみていきましょう。図2−3に示すように、動機づけは、人の内側から湧き出てくる「内発的動機づけ（興味・関心・意欲など）」と、外側から働きかけられる「外発的動機づけ（賞罰・評価・強制など）」に分かれます。内発的動機づけは、選手の長期的な成長を支えるとても大切な動機づけとなります。一

図2-3 「内発的動機づけ」と「外発的動機づけ」
「内発的動機づけ」をベースに「外発的動機づけ」を効果的に活用することで選手の動機づけを継続的に高めることが可能になる。

方、外発的動機づけは、短期的な成長に関して有効な動機づけとなります。しかし過度な外発的動機づけは、選手に内発的動機づけを見失わせ、継続的な成長を阻害してしまうこともあるため注意が必要です。

「内発的動機づけ」による好循環サイクル

例えば、「楽しそうだから（好奇心）」とサッカーを始めた子どもは、「もっとうまくなりたい（向上心）」とトレーニングに励むようになります。できなかったことができるようになることで、自信や自己効力感[4]が高まります。するとサッカーがどんどん楽しくなり、ますます熱心にトレーニングに励むようになります。このプロセスでは、「楽しみたい・うまくなりたい」という目的とサッカーをするという手段が一致し、「内発的動機づけ」が選手の行動を生み出しています。また「自己効力感」が、さらに内発的動機づけを刺激するという好循環サイクルが生まれています。みなさんの「調子が良い」と感じる時期には、このサイクルが生まれているのです。

このように自信や自己効力感を高めるためには、成功体験を積み上げることが効果的です。コーチが、ちょっとした工夫でトレーニングの難易度を適切に調節すれば、選手は「成功への期待」を高め、成功体験を多く感じられるようになります。例えば、「試合前に自信や自己効力感を高めたい」。そんな場合には、いつものパス練習の距離を、選手に内緒で五〇センチメートルほど短くオーガナイズしてみてください。

[4] 自己効力感（セルフエフィカシー：self-efficacy）
これから行おうとする行動をどの程度うまく行うことができるかという自分自身の確信や、その行動に対し一定水準の成績を上げる能力が自分にあるという判断や確信を示します。自己効力感が高まると動機づけも高まるとされています。
Bandura (2012)

パス成功率が上がり、いつもよりもうまくなったと選手に感じさせることで、チームの雰囲気を活性化できます。加えて、トレーニングの目的と価値を意識できるように働きかけることで、選手の動機づけは一段と高まります。

「過度な外発的動機づけ」による停滞サイクル

選手の競技レベルが上がると、次第に「コーチからの要求」や「家族の期待」も高くなっていきます。そして知らないうちに、「コーチに褒められたい。コーチに叱られないようにしよう」や「応援してくれる人をがっかりさせられない」などと、サッカーの目的が他者による「外発的動機づけ」へと変わっていくことがあります。このような状態では、周囲を気にするあまり、自分のプレーに集中できず、パフォーマンスが伸び悩んでしまいます。伸び悩みによる自己効力感の低下は、動機づけを低下させてしまうため、選手はサッカーを楽しむことができなくなってしまいます。このようにして、「過度な外発的動機づけ」による停滞サイクルが生まれます。選手の力だけでこの停滞サイクルから抜け出すことは難しいため、コーチや周囲のサポートが必要になります。「自分がサッカーをしていて楽しいと思う瞬間は?」などと問いかけ、選手が内発的動機づけを再び思い起こせるようにしてあげてください。前述した「自己効力感を高める」アプローチも、内発的動機づけを呼び戻すために効果があります。あわせて、保護者への働きかけや自身のコーチングの見直しも必要になるかもしれません。

このように、サッカー選手の動機づけは、成長過程や、コーチや選手を取り囲む家族などの環境により変化していくことを覚えておきましょう。

「内発的動機づけ」をベースにした「外発的動機づけ」の活用

「全国大会出場」などの明確で客観的な目標は、選手の動機づけを高めるためにとても有効となります。しかしそれだけを強調してしまうと、「勝つこと」だけが目的となり外発的動機づけが強くなりすぎてしまいます。そのため、サッカーへの興味や関心、向上心といった内発的動機づけを根幹として大切にしながら、短期的効果を持つ外発的動機づけを有効に活用して、選手のトータルとしての動機づけを高めていくことが重要となります。

モチベーションを高める方法

選手やコーチの多くの方々が、モチベーションの高め方に興味を持たれていることでしょう。ここでは、まず動機づけを高める「環境づくり」と「要因」について整理し、その後スポーツ現場で起こる事例を中心に、動機づけを高める具体的方法を考えていきます。

■動機づけを高めるための環境づくり①：「こころの三大栄養素」

動機づけを高めるためには、「こころが元気な状態」であることが前提条件となります。「こころが元気」になるためには、身体と同じように、こころにもしっかりと栄養を与えることが大切です。身体は三大栄養素である「脂質・タンパク質・炭水化物」を摂取すれば、元気に大きく成長していきます。同様に、「こころの三大栄養素」[5]である「自律性・有能感・関係性」をしっかり感じられると、こころが大きく元気に成長していきます。反対に、「自律性・有能感・関係性」という三つの栄養素（心理的欲求）がうまく満たされていないと、こころは元気をなくしてしまいます。選手やコーチの動機づけが低下する場合の多くは、こころの三大栄養素が不足するために生じます。そのため、図2－4を参考にしながら、「こころの三大栄養素」をしっかり感じ、こころが元気になる環境をつくっていきましょう。モチベーション向上に、間違いなく役に立ちます。

■動機づけを高めるための環境づくり②：「選手が成長しようとする力」

人は、もともと自分自身が成長し発達を遂げ、最適な機能状態に向かう傾向（「実現傾向：actualizing tendency」）を持つとされています。[6] 選手の動機づけが低下しているのは、何らかの理由でこの「実現傾向」が妨げられている状態と考えられます。そのため、成長に向かうための障害を取り除ければ、選手の「こころが元気」になり、

[5]「こころの三大栄養素」と「自己決定理論」
心理学の中に、課題に対する自己決定の程度が課題のパフォーマンスに影響を及ぼすという「自己決定理論（SDT：self-determination theory; Ryan & Deci, 2000）」があります。この中で「こころの三大栄養素」である「自律性・有能感・関係性」が、三つの基本的心理欲求として挙げられていて、これらの三つの欲求を満たすことで「こころの健康」が維持向上し、動機づけが高まるとされています。

[6] ロジャース(2005)

「自ら成長したい」という動機づけが再び生み出されます。いわば、実現傾向は「成長のためのエンジン」なのです。先ほど挙げた「サッカーを始めてできることが増え、楽しくなった頃」には、まさにみなさんのこころの中で、この実現傾向による成長エンジンが勢いよく動いていたのです。つまり、選手の動機づけを高めるためには、成長を邪魔する障害を取り除き、選手が再び成長への道を歩み始められる環境をつくっていくことが必要になります。

このように、「こころの三大栄養素」を感じられ、「実現傾向」が動き出す環境づくりができれば、動機づけを高めることが可能になるのです。

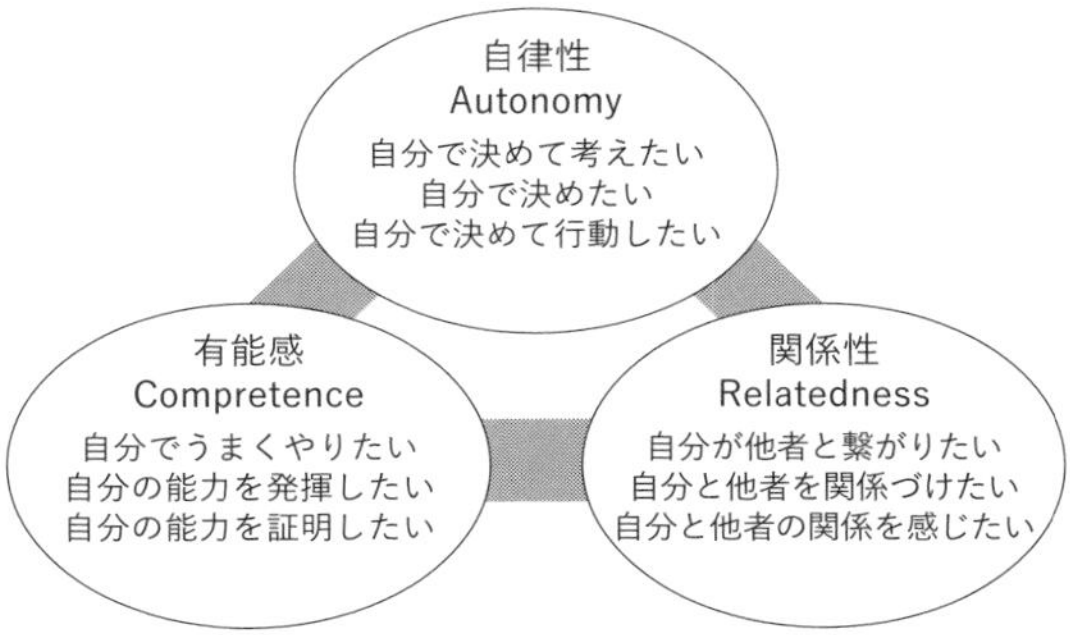

図2-4　こころの三大栄養素
三つの栄養素を感じてこころを元気にしよう！

■動機づけを高める要因①：動機づけの成長段階

続いて、モチベーションを高める要因について考えましょう。選手のみなさんは、「選手」を「自分」に置き換えて考えてみてください。保護者の方々は、「選手」を「お子さん」、「コーチ」を「保護者」として読み進めてみましょう。

内発的動機づけへ向かう「五つの成長階段」

図2－5に示すように、動機づけは「外発的動機づけ」から「内発的動機づけ」へと段階的に成長していきます。[7] 慌てず一段ずつ階段を上るように、外発的動機づけから内発的動機づけへと、動機づけを成長させていくことが重要です。また選手の動機

[7] Ryan & Deci (2000)

づけを成長させるためには、選手が「今どの段階」にいるのかを注意深く観察し、その段階に合わせて適切に働きかけていくことが大切になります。

ポジティブな報酬は、中身が肝心

図2－5をみると、五つの各段階では、それぞれ行動する理由が異なることがわかります。例えば、「行きたくない」「やめたい」と言っている子どもは「外的調整」段階から「無動機づけ」の段階に後退しています。そんなときには、ポジティブな報酬となるご褒美が、無動機の状態から行動を起こさせるために有効な手段となります。ただし、シューズやおもちゃなどの物によるご褒美の効果はすぐに弱まります。そのため、図2－5を参考にしながら、ご褒美と同時に、次の段階にある行動の理由を刺激できる働きかけを工夫していきましょう。

ポジティブな報酬にも、落とし穴

言葉がけや関わりをうっかり誤ってしまうと、せっかく登った階段を転げ落ちてしまう場合があります。このように、せっ

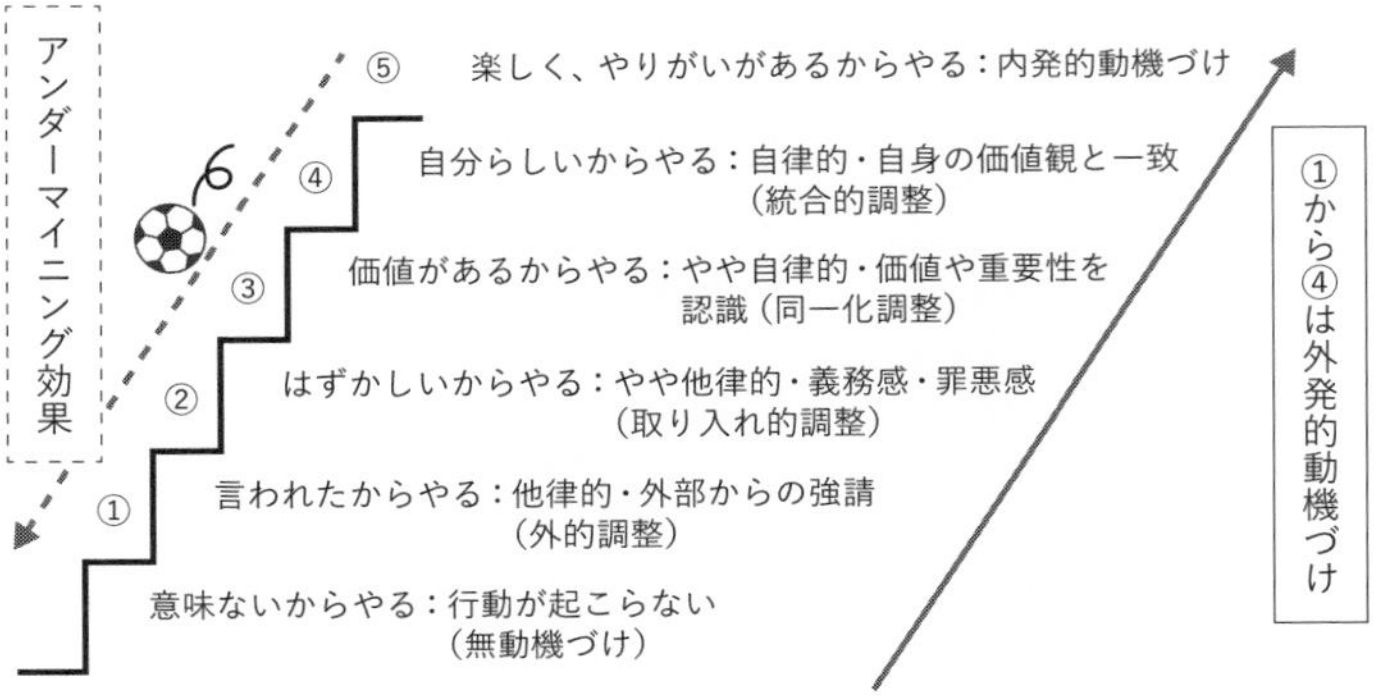

図2-5　動機づけを成長させる五つの段階

「内発的動機づけ」への階段を1段ずつ登っていこう。よく観察して適切に関わることで、選手は階段を少しずつ登っていけるようになる。ただし、不用意な発言や働きかけによる「アンダーマイニング効果」には要注意！
（　　）内は、自己決定理論における段階を示す。

かく成長した動機づけが、あるきっかけで段階を下げてしまうことを「抑制効果（アンダーマイニング効果：undermining effect）」といいます。例えば、「内発的動機づけ」に成長し自らの向上心でトレーニングに励んでいる選手に、「これができたらおいしいものでも食べに行こうね」などと言ってしまうと、「おいしいものを食べに行くために、やってるんじゃないよ。なんかやる気なくなった」なんてことになりかねません。階段を上るのには時間がかかりますが、転げ落ちるのは一瞬です。

万一、選手への言葉がけを誤り、アンダーマイニング効果が起こってしまった場合は、まずは素直に謝りましょう。そして、「そうかあ、ごめんね。もうそんなことは気にしないくらいに成長していたんだね。すごいなあ。これからの○○の成長が、もっと楽しみになった」などと、成長の努力を賞賛して、今後のさらなる成長への期待を伝えてみるとよいでしょう。

すぐに実践できる「成長段階の見極め方」

プレー中やプレー前後の選手の視線や様子を注意深く観察してみましょう。段階①や②では、保護者や仲間を見たり気にしたりする様子がわかると思います。しかし、段階③や④に進むにつれて、自分のプレーに意識が向くようになり、他の人のことは気にしなくなります。選手がどのくらい周りを気にしているか、あるいは自分のプレーに集中しているかを観察すると、動機づけのおおよその段階は判断できます。

次に、目の前の選手や子どもの様子をよく観察し、図2−5に示した「その段階もしくは一つ上の段階の行動理由」に関してポジティブな言葉がけや働きかけをしてあげましょう。そうすることで、選手の動機づけの成長を促進できます。例えば、選手の動機づけが段階②の「取り入れ的調整」にある場合、その段階の義務感・罪悪感が行動の理由となります。そこで、「よく練習に参加してくれたね（義務感を和らげる）。仲間もきっと喜んでいるよ（罪悪感を仲間との良好な関わりに変える）」と、行動の理由に関するポジティブなフィードバックを伝え、選手が達成感を感じられるようにしてあげるとよいでしょう。さらに次の同一化調整の段階を意識して、「練習はきっと○○くんの成長につながると思うよ（価値や重要性を意識してもらう）」などの言葉がけにより、次の段階へと意識を向けさせることができます。

■動機づけを高める要因②：「目標設定」

目標設定の効果

選手の動機づけを高めるためには、適切な目標設定が「肝」となります（表2−1）。明確かつ適切な目標設定は、メンバーの「努力の量と質」を高め、パフォーマンスが向上することがわかっています。[8] また、目標は選手が動機づけを高めていくうえでの「道標《みちしるべ》」となります。この道標、すなわち目標が適切に設定

表2-1　動機づけを高める目標設定：10のポイント

①他者でなく、自分自身が決定または決定に関われるように
②挑戦的かつ達成可能に：難しいけどがんばれば達成可能に
③抽象的でなく具体的・評価可能に：「がんばる」でなく、何を、いつまでに、どのくらい達成するのか
④達成の方法を明らかに：目標を達成できる具体的プロセスを「見える化」する
⑤結果・勝敗だけでなくプレー内容も：結果に加え、どのようなプレーを目指すのか
⑥チームと個人ともに：チーム目標と個人の目標を設定する
⑦段階的・漸進的に：長期の目標に向け、段階的に進んでいける短期目標をつくる
⑧デュアル・ゴール（複数得点）を：調子の良いときに挑戦する「最高」目標、調子が悪くとも目指せる「最低」目標
⑨結果を次の行動に活用可能に：PDCA サイクル（9章参照）を活用できる
⑩パーソナリティ特性を考慮する：個人のパーソナリティ特性に合わせる

できれば、あとは選手が自らその目標に向かって取り組んでいくことができるようになります。一方、目標が適切でなければ、いくらコーチが働きかけても選手の動機づけは低下してしまいます。

サッカーチームでの具体的目標設定

目標設定は、動機づけを高めるためにとても重要になります。そこで、「高校年代のチーム（昨年度に県大会でベスト8進出）」を例に、具体的イメージを整理しながら目標設定メソッドをマスターしていきましょう。

選手の立場になってイメージしてみましょう。目標がいきなり「全国大会優勝！」に設定されたらどうでしょうか。たしかに初めは魅力的で楽しい気持ちになるかもしれません。しかし多くの選手は、「そんなの無理だよ！　まだ全国大会も出たことないのに……」と、実感の持てない未知の道のりに不安を感じ、初めから目標にコミット（最大限の努力を捧げること）できないかもしれません。それに対し、目標が「全国大会出場」とチームの現状として挑戦的ではあるものの、可能性を十分に感じられるものであれば、不安が軽減されワクワクしながら自らコミットできるでしょう（ポイント①）。また「あと三つ勝てば全国にいける」と目標を達成するイメージが描ければ、「あと三つ勝つため」には、どのくらい技術・戦術・体力を向上させればよいのかを適切に分析し、具体的なトレーニング計画を作成することができるでしょう。

[8] Eccles & Wigfield (2002)

しかし、目標が「全国大会優勝」の場合、何をどのくらい向上させることが必要かわからず、無謀なトレーニング計画を立てることになるかもしれません。その結果、トレーニングでの過負荷が原因で、怪我やコンディション不良の選手が続出し、チーム全体のコンディションが崩れてしまう場合も考えられます。なにより達成イメージの持てない中、ただ指示に従ってトレーニングを続けなければならないとしたら、みなさんは高い意欲を持ってそれぞれのプレーや役割を続けていけるでしょうか。

目標に関しては、シーズン前にチームの競技レベルや特性（選手やスタッフの人数、個々の力量、予算規模など）を分析したうえで、現実的な難易度（ポイント②）、期間や目標達成までの具体的道筋や通過目標、シーズン中に必要となる互いの協力体制や具体的役割を明確に示していくこと（ポイント③・④・⑤・⑥・⑦）が重要となります。またチームや個人の両方に関して、状態の良いときに挑戦できる「最高目標」、反対に状態の悪いときでも目指せる「最低目標」を決めておくと、いかなる状況でもみんなが目標を持って活動を続けることができます（ポイント⑧）。

シーズンが始まれば、トレーニング計画をもとにあらかじめ設定した通過目標（ベスト4以上のチームと練習試合：大会六か月前「三点差以内」→三か月前「二点差以内」→一か月前「一点差以内」など）を確認し、必要な修正を繰り返しながら着実にトレーニングを進めていきます（ポイント⑨）。加えて、それぞれの役割や具体的仕事内容を選手の個性に合わせて（ポイント⑩）必要な時期に相互で提案・調整・確認しましょう。そうすることで、選手それぞれが意欲的にトレーニングに臨める環境を整備できます。

みなさんも、ご自分のチームに置き換えて、目標設定をしてみましょう。

「結果目標」の落とし穴

結果目標、例えば「全国大会出場」だけでは、選手の動機づけを十分に高めることはできません。結果目標に加えて、どのようなサッカーを目指すのか、プロセスや内容を併せて設定することが重要となります。試合結果が目標に届かない場合にも、プロセスや内容の目標をもとに試合内容を分析することで、選手たちの努力をポジティブに評価できるようになります。

「抽象的目標」の落とし穴

「人間的成長を目指す！」。一見すると素晴らしい目標設定に思えます。すでに伝統があり成熟した選手の多いチームであれば、この目標から具体的イメージを共有して選手が成長できるかもしれません。しかし、育成年代や哲学や行動基準などが定着していないチームにおいては、このような抽象的な目標だけでは具体的に何をすれば目標に近づけるのかをイメージできません。そもそも、この目標だけでは、「人間的成長とは、どのような成長を意味するのか」といった理解が、各メンバーで異なってしまいます。その結果、目標に向けた取り組みや課題達成への満足感に差異が生じてしまいます。そんな状況では、「十分努力し成果に満足している」と考えるメンバーがいる一方、「もっと努力しないと目標を達成できない」と考えるメンバーが出てきてしまいます。メンバー間における目標や達成基準に関する認識のギャップ（差、ズレ）は、チームの一体感や動機づけにネガティブな影響を与え、時にはチーム内での軋轢を生んでしまう危険性も出てきます。

そのため、抽象的あるいは長期的な目標設定をする場合には、具体的内容や基準、掲げた目標に向けて積み上げていくべき短期目標を併せて設定する必要があるのです。

■動機づけを高める具体的方法

モチベーションを高めるためには、チームでみられる事例をもとに具体的方法について考えていきます。モチベーションが低下している選手がいたら、様子をしっかり観察し、タイミングをみてコミュニケーションをとってみましょう。その際は、選手の発言や考えをまず受け入れてあげてください。

選手が安心して話せる雰囲気（心理的安全性：9章参照）ができたら、図2－6に示したように、動機づけ低下の理由を選手と一緒に整理してみましょう。その後、大切なのは、選手が自らトライしたいと思える解決アプローチを決める（意思決定す

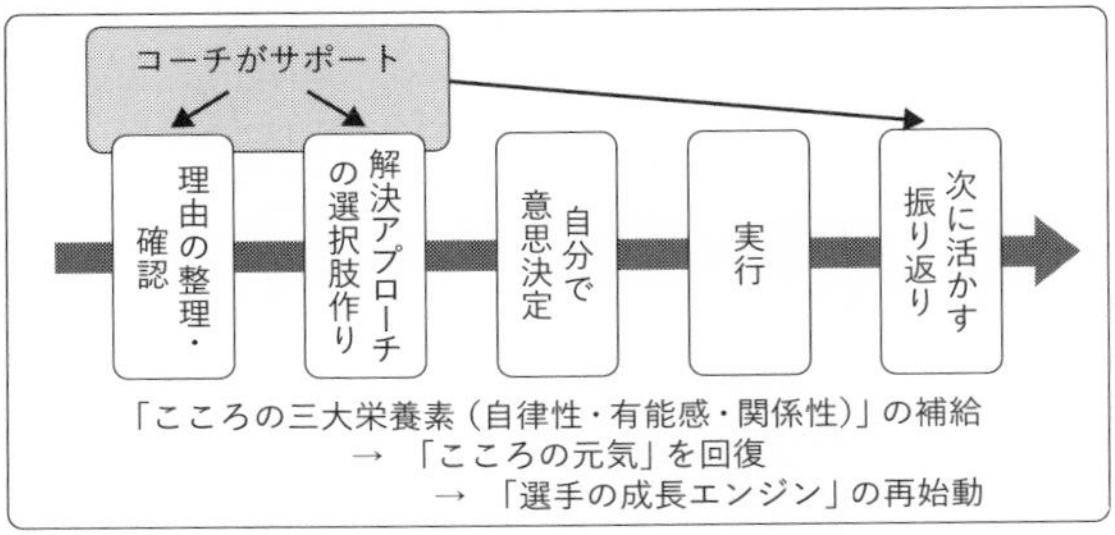

図2-6　モチベーションを高めるための問題解決ステップ

る）ように促すことです。安易な慰めの言葉よりも、選手に寄り添い一緒に問題を解決しようとする意思を示してあげることで、選手は「関係性」の高まりを感じ、少しずつ動機づけが回復してきます。コーチは、選手が選んだアプローチの実行を見守り、タイミングよく一緒に振り返り、ポジティブなフィードバックを伝えましょう。そうすることで、選手は「自律性」と「自己効力感」を感じられるようになります。ここまで来れば、選手のこころは元気になり、動機づけも自然と高まっていきます。

表2－2に示した「問題解決をサポートする際のポイント」は問題解決を進める際に重要となります。併せて、活用していきましょう。

チーム内でモチベーションに差があるときは？

チーム目標はあるものの、選手の参加動機に差異が大きい学校の部活動などでは、特にこの状況が多いことでしょう。クラブチームでも、試合に出場できるかどうかで、選手の動機づけは大きく異なってきます。このように、チーム内に動機づけの差が出るのは、チーム目標と個人目標にギャップ（差、ズレ）が大きく、チーム目標だけでは意欲的にチーム活動に参加できない状況が理由と考えられます。

そこで、動機づけの低下した選手がいた場合、その選手との対話の中で、何が選手の動機づけを低下させているのかを確かめましょう。理由が整理できたら、「自分が変えられるもの（個人目標や、努力の方法、選手自身の捉え方を変えるなど）」と「自

表2-2　問題解決をサポートする際のポイント

①質問→傾聴→問題整理→選択肢の相談→選手自身による意思決定
②実行したことに対し、次に活かせるように振り返る
③問題解決のプロセスで、選手の「自律性・有能感・関係性」を高め、実現傾向を発揮させる

身で変えられないもの（チーム目標や、コーチ・他人の評価や考え方など）」に問題点を仕分けてもらい、前者に絞って改善アプローチを考えるように促しましょう。そして、いくつかの選択肢を考え、選手自らが意思決定して課題改善にトライしてもらいます。

この新たな取り組みが、本人の新たな個人目標になります。トライする価値のある個人目標が設定できれば、その選手の動機づけを高めることができるでしょう。

「失敗が続き成長が感じられない」と動機づけが下がっている選手への言葉かけは？

「目標を見失った」や「自分の成長が感じられない」と選手が感じている場合、設定した目標の難易度が高いことが原因で目標達成に至らず、選手の自己効力感が低下していることが考えられます。そのため、難易度を少し下げて、実現可能な目標に再設定することが有効になります。新たな目標達成時には、ポジティブなフィードバックを活用し、選手の自己効力感や有能感を高めてあげることが効果的です。

ところで、選手には、目標を達成したいと考える「達成動機」と、失敗を避けたいという「失敗回避動機」があります。[9] 達成動機の高い選手は、挑戦的な目標を立て、自らその目標に向かってトライすることを好みます。また、それらの選手には、失敗しても同じ難易度の高い目標に挑み続ける傾向があります。そのため、目標を高く設定しすぎて失敗が続き落ち込んでいる場合には、まず「いつもがんばってトライし

［9］Atkinson（1964）

ていて、すごいなあ。」とその選手の果敢なトライを積極的に評価してあげましょう。続いて、「いまの課題ができるようになるためには、その前段階としてどんなことが必要かな？」と問いかけ、現状に合わせた段階的な目標設定をサポートしてあげるとよいでしょう。

能力は高いのに、向上心に欠ける選手への働きかけは？

失敗回避動機が高い選手に、このような傾向が多くみられます。失敗回避動機の高い選手は、安全で確実な目標に向かい着実に努力することを好みます。そのため、成功しても同じ難易度の目標から抜け出せずにいることが多く見受けられます。そんな場合には、「うまくできているから、ちょっと挑戦的な目標を設定してみない？」などと、目標を少し高く設定することを促す提案をしてあげることが必要になります。そして成功したら、「よく努力したね。あなたの努力と能力があったらもっと成長できると思うよ」と、成功を課題の易しさや運などのおかげと考えがちな選手が、自己効力感を高められる言葉がけをしてあげることも効果的です。

選手の達成動機と失敗回避動機の高さによって、成功や失敗への原因を何に求めるかが異なります。その違いを表2－3に示しました。目標設定の際には、先に挙げた目標設定に必要な一〇のポイント（表2－1）に加えこの表を活用することで、動機づけの観点から個人の特性を考慮したコーチングも可能になります。ぜひ参考にして

表2-3　動機づけの違いによる成功失敗時の原因タイプ
（Weiner et al., 1971, 1972をもとに作成）

	成功	失敗
達成動機の高い選手	自分の能力・努力	自分の能力と努力不足
	さらに高い難易度	難易度を変えず
失敗回避動機の高い選手	課題の易しさ・運	自分の能力と努力不足
	難易度を変えず	極端に高いか低い難易度

上段：求める原因／下段：課題の難易度

みてください。
ここまで、「こころの力の原動力」である動機づけを高める方法について考えてきました。子どもからプロ選手まで、サッカー界では選手を取り巻く環境が大きく変化しています。そんな中、コーチや家族が、選手の動機づけをいかに適切に刺激し続けられるかが、ますます重要になっています。

「フットボールでは、ハートや抱えている期待の方が、才能より重要な場所を占めることもあるのだよ」。

シメオネ監督の言葉は、現代の選手に対する「こころの力の大切さ」を訴えかけるメッセージでしょう。また、われわれコーチや保護者の「選手への関わり方」を問いかけたものかもしれません。ＳＮＳの発達で人間関係が希薄になったといわれる現代だからこそ、とてもこころに響きます。
選手のみなさんの競技生活が充実したものになるように、そしてそれを支えるコーチや保護者のみなさまがその選手たちを見て幸せな気持ちになれますように、この章が少しでもお役に立てれば幸いです。

3章
ピークパフォーマンスを発揮する方法

覚醒とパフォーマンス

サッカー選手は試合で良いパフォーマンスを発揮するためにトレーニングに励み、日々の生活を送っていると思います。パフォーマンスの変動にはさまざまな要因が含まれますが、心理面もパフォーマンスに影響を及ぼす要因の一つです。2章で紹介した「逆U字仮説[1]」を、ここで改めて取り上げます。図3－1は、緊張や興奮などの覚醒レベルとパフォーマンスの関係を示したものです。覚醒水準が低いと気持ちが乗らず、萎縮したり、なげやりになったりと注意が欠如した状態になり、「さがり」と呼ばれる状態になります。一方で、覚醒水準が高くなりすぎると、身体が硬くなり、焦りを感じたり、冷静に物事を考えられなくなり、「あがり」と呼ばれる状態になります。自分が持つ能力を最大限に発揮するためには中程度の、程よい興奮・緊張が必要とされているのです。最高のパフォーマンスを発揮できているときには、身体が意図したように動き、一心不乱になり、心理的にはそのプレーに没入したような状態になります。このような特別な状態は「ピークパフォーマンス」「ピークエクスペリエンス」「フロー」「ゾーン」などと呼ばれています。[2] 逆U字仮説はあくまでも一般論であるため、選手の性格やプレースタイル、ポジションなどによっても大きく異なり個人差は大きいとされます。一方でピークパフォーマンスの心理的特徴に関しては、「心

[1] パフォーマンスを最大限発揮するときの最適な覚醒レベルはUの字を逆にしたグラフの形になることから逆U字仮説と呼ばれています。ストレスと作業効率を評価したヤーキーズドットソンの法則から発展した仮説です（Yerkes & Dodson, 1908）。

[2] 平木（2012）

身のリラックス・肯定的感情」「好調さ」「自信」「意欲・興奮」「集中」「安全感」といった構成要素が挙げられており、サッカーの試合という時々刻々と変化する特殊な環境の中で、いかに冷静なこころと熱くなる身体を調整できるかが重要なポイントになります。

また、試合前などの調整期には心的エネルギーを保っておく必要もあります。そのため、試合当日にピークを持ってくるための心理的コンディショニングはより大切になります。試合が近づいてくると自然と気持ちが張り詰めたり、気持ちが盛り上がったりしてくるので、指導者は練習量などとの兼ね合いの中でどのタイミングで気持ちを高めるか、あるいはリラックス感を高めていくかなどのコントロールは重要なポイントになります。つまり、選手が試合当日に至適な心理状態に入れるように指導者は気持ちを盛り上げるような働きかけだけではなく、同時に、「冷静に燃える」といった言葉で表現されるようなリラックスさせる心理的コンディショニングを計画的に実施していくことで、選手のピークパフォーマンスの発揮を引き出すことにつながるでしょう。

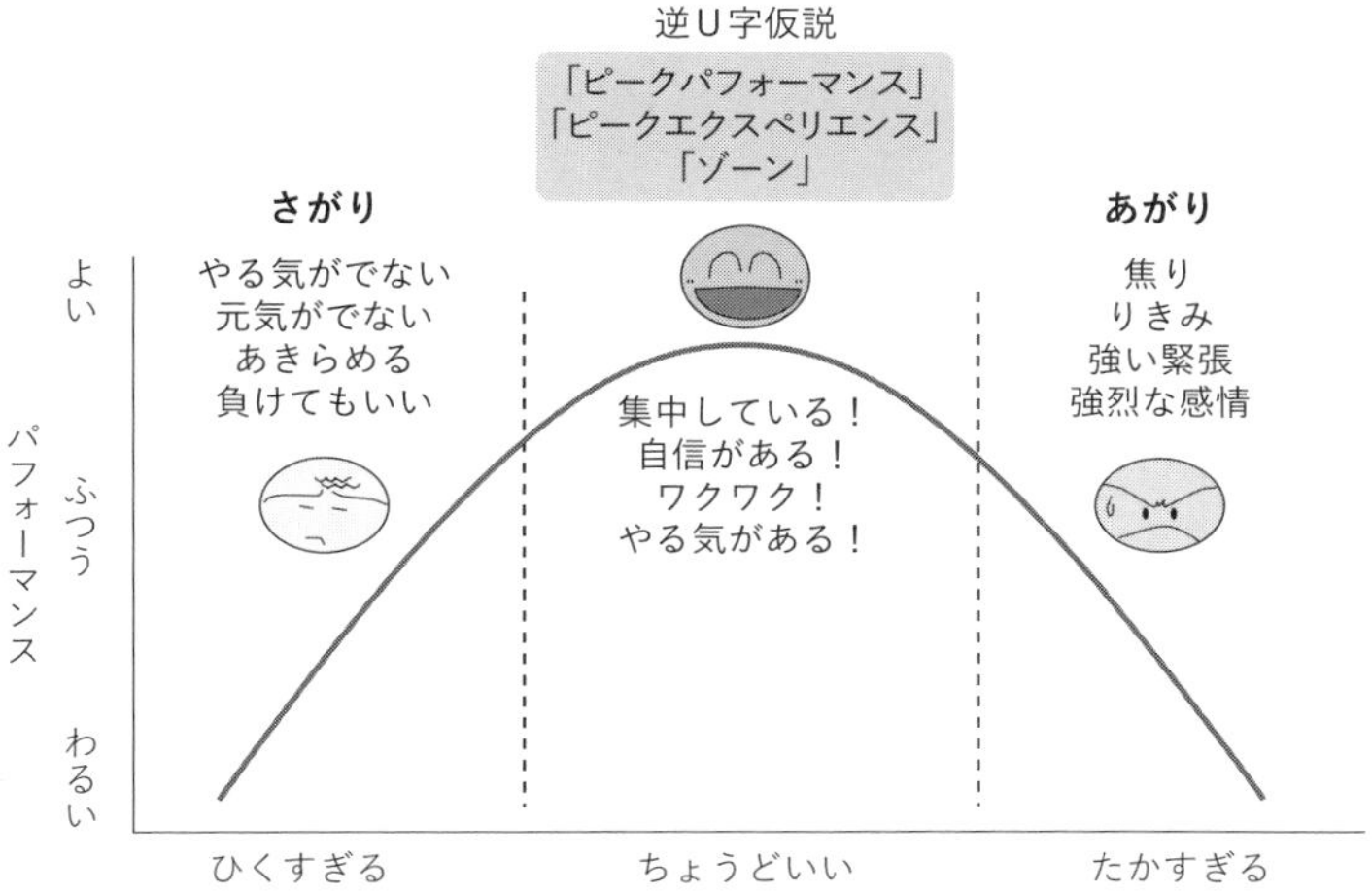

図3-1　覚醒とパフォーマンスの関連（菅生, 2011をもとに作成）

ピークパフォーマンスの心理的特徴と個人差

あるサッカー選手が日本代表に初選出され、その試合でゴールを決めたときのインタビューで、

「（ゴールの瞬間は）時が止まった感じで、歓声もあんまり聞こえなかったですね。シュートは入ったところくらいしか見えなくて、決めたというより、決まっちゃったという感じ。なんかおもしろい感覚だった。やっぱりすごく集中していたんですかね」

とゴールシーンを振り返っています。[3] ピークパフォーマンスは「通常のパフォーマンスを超越する行動」と定義されており、[4] ピークパフォーマンス時の選手は通常では体験しない世界を感じています。ピークパフォーマンス時の心理的特徴を調査した研究では「精神的にリラックスした感覚」「身体的にリラックスした感覚」「肯定的な見通しを立て、自信がある楽観的な感覚」「現在に集中している感覚」「高度にエネルギーを放出する感覚」「異常なほどわかっているという感覚」「コントロールしている感覚」「繭の中にいる感覚」と八つの特徴を報告しています。[5] 加えて、「自己の超越」「動き

[3] サッカーキング web 記事を参照（https://www.soccer-king.jp/news/japan/national/20140910/230638.html）
[4] Privette (1983)
[5] ガーフィールド、ベネット／荒井ほか訳（1988）を参照。

の自動化」「肯定的な感情」「ピークパフォーマンス後の満足感・充実感」の四つの要素も国内の研究で明らかにされています[6]。

[6] 吉村・中込(1986)

ピークパフォーマンス時の心理的特徴には共通点がみられますが、絶対的なものではなく個人的なものです。逆U字仮説では一般論として覚醒状態とパフォーマンスの関係を示していますが、その適度な覚醒状態を捉えるのは極めて難しいです。サッカーの場合は対人競技であるため、比較的高い興奮や緊張などの覚醒状態がプレーするうえでは必要となりますが、選手のポジションやプレースタイルまたは心理的特性によっても至適なゾーンは異なります。相手との接触やコンタクトを好み対人プレーを得意とする選手は、より気持ちを高め興奮した状態でプレーをするのがよいとするためピークパフォーマンス時の覚醒レベルは相対的に高い位置に存在するでしょう。一方で、落ち着いた状態でクレバーなプレーを好む選手は、覚醒レベルは相対的に低いほうに位置にする傾向にあるでしょう。つまり、サッカー選手の一般的傾向としてピークパフォーマンスの実態を捉えるのは難しく、選手個人もしくは指導者とともにピークパフォーマンスに導く手がかりを探索していく作業が必要です。

ピークパフォーマンスの分析

ピークパフォーマンス時の心理状態を探索する方法として「クラスタリング法」と

「情動プロファイリング」について紹介します。クラスタリング法は、近い過去のピークパフォーマンス場面を設定して、そのときの様子を自由連想的に思い出し、整理しながら独自のクラスターを作成して分析するものです。[7] まず、A3サイズくらいの少し大きめな用紙と付箋紙を用意し、中央部分を四角で囲みます。そして、最近の試合で最高の成績を収めた試合場面を一つ選び、四角の中にそのときに達成した成績を記入します。次に、付箋紙にそのときに最高のパフォーマンスが行えた要因を思い出して、自分の言葉で一言くらいずつ書き、台紙に貼りつけていきます。このときに以下三つのことに注意してください。[8] ①付箋紙に記入することに集中して、ある程度似た項目を近くに寄せておくくらいで、全体の配列は意識しないようにしてください。②腹式呼吸などで少し身体をリラックスさせて自由に想起しましょう。③試合当日のことだけではなくそれまでの数日間の調整や日常生活などにも想起の対象を広げていくと、振り返りが深まりやすいです。

ある程度クラスターづくりが完了したら、今度はクラスターの整理をします。分類をしながら、時間的に試合の日に近く、また影響度の大きかったものをできるだけ中心に配列しましょう。また、つながりのある付箋紙を線でつなぎ、一つの物語をつくるようにしてみましょう。ここには特にルールがあるわけではないので、思うままに作成することを大切にしてください（図3－2参照）。また、ある程度作業が進むとチームメイトなど選手間で互いに見せたりしながら、コミュニケーションをとること

[7] 菅生（2011）

[8] 中込（1994）

[9] スポーツパフォーマンスに影響する重要な要因として情動に注目し「情動の種類は個人によって異なり、最適な水準（強度）にも個人差がある」として提唱された理論です（Hanin, 2000）。

で、より振り返りが促進されるでしょう。最後に完成したクラスタリングシートをよく観察することが望ましいです。その際に一人で観察するだけではなく、コーチや監督または選手間で共有することで、ピークパフォーマンスの分析に加えてチーム間また指導者と選手間の関係性も深まる効果も期待できます。

情動プロファイリングとはIZOF理論[9]を用いて自分のパフォーマンス発揮に関連する情動の種類を自分で選択して、その情動を感じた程度（強度）を自己評価することで、情動とパフォーマンスの関係について理解する方法です。その際、評価する情動は、役立つポジティブな情動（P＋）、役立つネガティブな情動（N＋）、阻害するネガティブな情動（N－）、阻害するポジティブな情動（P－）の四つに分類されています。「情動プロファイリングテスト[10]（Emotion-Profile)」の実施手順について以下に示します。

①最高のパフォーマンスと最低のパフォーマンスを同定
②パフォーマンスに有用な肯定的情動と否定的情動を同定

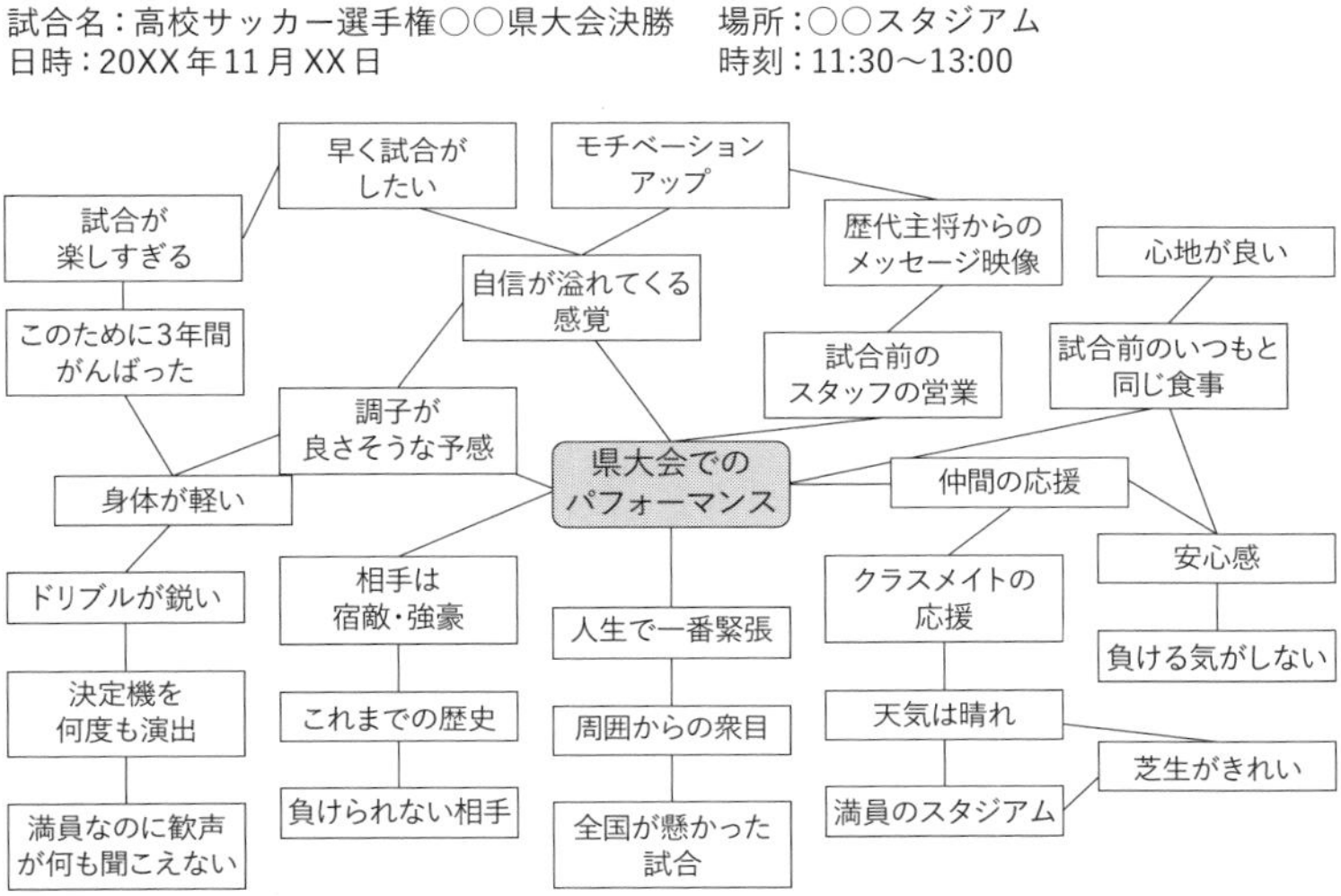

図3-2　クラスタリング法の例

（情動のリストから五つ選ぶ）

③パフォーマンスに有害な肯定的情動と否定的情動を同定（情動のリストから五つ選ぶ）

④最高のパフォーマンス時における最適情動状態（強度）を評価

⑤最低のパフォーマンス時における最適情動状態（強度）を評価

⑥最高のパフォーマンス時の情動状態を視覚化する

⑦最低のパフォーマンス時の情動状態を視覚化する

⑧情動プロファイリングを修正し、より有効にする

⑨情動プロファイリングの発展・応用

図３－３に情動プロファイリングテストを実施した例を示しています。このよ

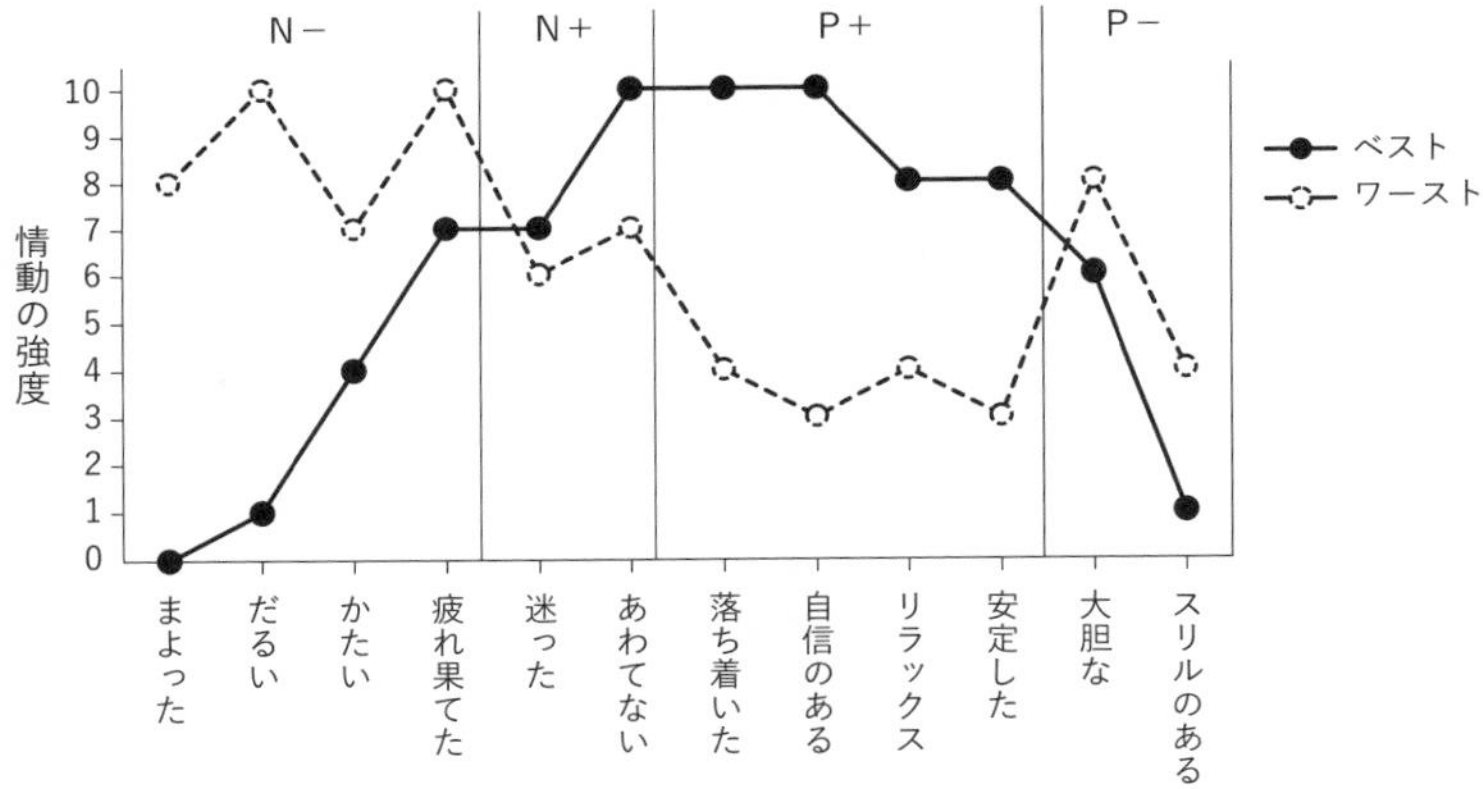

図3-3　情動プロファイリングテストの例（蓑内, 2005をもとに作成）

[10] 蓑内（2005）。自分のパフォーマンスに影響したと考えられる情動を以下から選び、その情動を感じた強度を自己評価します。

ポジティブ情動（P＋、P－）：活発な・エネルギッシュな・元気な・リラックスした・ここちよい・静かな・落ち着いた・あわてない・うれしい・楽しい・面白い・自信のある・確信した・満足した・図太い・大胆な・冒険的・興奮した・スリルのある・勇気がある・やる気がある・生き生きとした・素早い・安定した

ネガティブ情動（N＋、N－）：心配な・不安な・パニックの・怒っている・腹が立つ・暴力的・悩んでいる・イライラした・ふさぎこんだ・不安な・心配な・不満足な・不満な・意気消沈した・落胆した・落ち込んだ・不確実な・疑った・まよった・助けがない・安全でない・不活発・のろい・だるい・激しい・すさまじい・神経質な・落ち着かない・後悔した・悲しい・不幸な・緊張した・かた

うに自分で選択した情動についてベストパフォーマンスとワーストパフォーマンスの振り返りをすることによって、情動（感情）とパフォーマンスの関係を理解することにつながり、パフォーマンスを安定させるヒントにもなるでしょう。

い・疲れた・疲れ果てた

心理的ゾーンに導くためのヒント

０対１のスコアのビハインドを負い、残り時間が少なくなってくると「ああ、負けてしまうかも」と思うのは自然なことです。しかし、その思考がいざという場面でマイナスに働くことがあります。例えば、試合の終盤でゴールキーパー（ＧＫ）との１対１でゴールチャンスの場面が訪れたとします。このとき、「これを決めないと負けてしまう」や「今日はシュートを外してばかりだからまた外してしまうかもしれない」といったことが頭に浮かび、思うようなシュートが打てず結果としてゴールを決められなかったと仮定します。このプレーのテクニカルな要素は置いておき、思考にフォーカスすると処理資源の配分[11]に問題があったと考えます。人は処理資源と呼ばれる注意のタンクのようなものを持っており、試合中もそのタンクからさまざまな要素に注意を配分しながらプレーをしています。先ほどのプレーを例にすると、ＧＫとの１対１の場面でパフォーマンスに負の影響を及ぼすような要素に注意を向けてしまったことで、本来向けなければならないＧＫの位置やゴールまでの距離などプレーの本

[11] 処理資源とは、認知活動に関わる注意、努力、および思考など心理的な機能の総称を指しています。この処理資源には一定の容量があり、その容量内でさまざまな処理に処理資源を配分しながら運動は遂行されます (Norman & Bobrow, 1975; Kahneman, 1973)。

質的な部分への注意配分が少なくなった可能性が考えられます。このように自分が注意を向ける対象の配分がパフォーマンスに影響を及ぼすからこそ、試合中の思考（認知、物事の捉え方）は重要となります。

このような試合中の思考などは、一般的に「集中力」と呼ばれることが多いですが、心理学においては「注意もしくは意識をあることに集中して、それを持続する能力」と捉えられています。注意の主な働きとして、「選択的注意」「分割的注意」「注意の切り替え」「持続的注意」の四つが想定されています。[12]「選択的注意」は多くの情報が存在する環境の中から、目的達成に必要な情報を効率よく取捨選択するための働きです。GKとの1対1の場面で「ネガティブな要素に注意を向けてしまい、思うようなシュートが打てない」という状況は選択的注意に原因がある可能性があります。サッカーの場合、観客の声援やヤジなどの刺激が常にある競技なので、その刺激に対する注意をいかに取捨選択できるかはパフォーマンスに大きく影響します。一方で、人が一度に行える情報処理には限界がありますが、試合中は、ボールや味方、相手、さらにはシステムの変化や監督・コーチの指示など同時に注意を向けなければならない対象は多くあります。「分割的注意」は同時に実行される個々の処理に対して、注意資源を適切に配分することです。パフォーマンスを高めるにはこれらの配分がより重要になり、複数の対象に適切に注意を配分して一つのプレーを実行していくことが求められます。さらに、注意は、時々刻々と変化する状況で一つの対象にだけ注意を

[12] 原田・須藤（2011）

向けるのではなく、スポットライトのように注意を向ける対象を一つのものから他のものに切り替える働きも担っています。これを「注意の切り替え」と呼び、ピークパフォーマンスを発揮するには目まぐるしく変わる状況にて注意を向ける対象を適切に切り替えられるかも重要となります。加えて、注意には長い時間同じ対象に注意の焦点を合わせ続けていくという「持続的注意」という働きもありますが、サッカーの場合は同じ対象に注意を向け続けるというシーンはあまり多くはないかもしれません。

心理的ゾーンに入るヒントを探るにあたり、逆にパフォーマンスが発揮できない要因から考えることもできます。先ほど説明した注意集中に関して大事な試合の場面で観客の声援や自分のプレーのことなどが気になり注意集中の働きが悪くなることがあります。結果として、パフォーマンスも低下することにつながりますが、この現象は現在のところ二つの理論から説明されます。一つは「処理資源不足理論あるいは注意散漫仮説」です。[13] プレッシャーが強くなりすぎると、自分で何を考え、何をしているのかわからない状況に陥ります。このような状態は通常プレーに関連する情報に向けている注意が、運動に無関連な事柄や考えに向き、注意集中の働きを悪くしているのです。また、注意集中の働きが悪くなることによるパフォーマンス低下を説明する二つめの理論は「過剰な意識的制御理論あるいは意識的処理仮説」です。[14]「負けたくない」と強く思えば思うほど、アスリートは運動を慎重に行おうとします。そうすると、いつもは意識せずに実行しているプレーに対して、過剰な注意が向いてしまい、

[13] 田中(2014)

[14] 樋口(2000)

プレーがぎこちなくなってしまいます。サッカー選手も多くは通常、長期にわたるトレーニングを繰り返すことによって、意識せずにプレーできるように自動化されていることが多いです。このように自動化されたプレーに対して、慎重にプレーしようとして過剰な注意が向けられると動き自体がぎこちなく、パフォーマンスが低下することにつながります。パスミスやシュートミスなどが続くときに、「ミスをしてはいけない」と思いすぎるとまたミスをしてしまうような現象はこの過剰な意識が引き起こしている可能性が高いです。

それでは、このような注意集中の途切れや過剰な注意によって引き起こされるパフォーマンス低下を防ぎ「ゾーン」のようなピークパフォーマンスを発揮するにはどうしたらよいのでしょうか。「意識しないように（注意を向けないように）しよう」と考えすぎてしまうと余計にそれに対する注意が配分されることがあり、過剰な注意を引き起こしてしまいます。その対応として、受動的注意集中[15]（passive concentration）という考え方があります。試合前に心臓の高まりを感じたときに、その高まりを良くない状態と判断せずに、高まるがままにして知覚するといった考え方です。仏教の静慮といった状態にも近いです。ピークパフォーマンス時には身体感覚を受容している状態であるという報告[16]があることからも、コントロールしようとはせずに受け入れる姿勢は重要です。こうした姿勢を身に着けていくためには、自律訓練法[17]やマインドフルネス[18]が効果的です。日常的に実施できるセルフコントロールトレーニングとしても

[15] 無心になり、さりげない態度で注意を集中することを意味します。自律訓練法にて習得を目指す態度として使用された言葉でもあります。

[16] Bernier et al. (2009)

[17] シュルツによって一九三二年に体系化され自己暗示を用いた身体の弛緩による心身の調整技法です（菅生，2011）。

[18] 内的・外的な刺激に対して価値判断をせずにそのまま観察することと定義される、瞑想法やヨーガといった心身修養法によって習得する心理的側面と、そのプログラムの両方を指す概念です（杉浦，2008）。

注目が集まっており、サッカー選手もパフォーマンス向上のために実践していくことが期待されます。

また、「プレ・パフォーマンスルーティン」や「トリガーワード（キューワード）」も有効的です。プレーの直前にあらかじめ計画された一連の系統的な準備動作を行い、そのプレーに関連する情報に注意を向けさせ適切な注意状態をつくり出します。こうしたプレ・パフォーマンスルーティンは通常、無意識に実行している自動化された動きに対して、過度に注意が向くことも防ぐ効果を期待できます。サッカーの場合は、フリーキックやコーナーキック、ペナルティキックなどのセットプレーなどの場面での活用が効果的です。「トリガーワード（キューワード）」は緊張やプレッシャーにより注意集中が途切れそうな場面で、ネガティブなイメージや考えをポジティブに切り替えるために用いる印象的で短いポジティブなフレーズの言葉です。例えば、「俺はできるんだ」や「相手をみる」などの印象的で短い言葉を（こころの中でも）つぶやくことで注意や気持ちを良い方向に切り替えるきっかけとなり注意集中を高めることができます。この「トリガーワード（キューワード）」は前向きな言葉と自分が感じる言葉を選ぶことが重要で試合の場面だけでなく、トレーニングのときから注意や気持ちの切り替えとして使用することが大切です。

4章
意思決定能力に対するトレーニングアプローチ

多くのスポーツにおいて、速く正確にプレーできることは、パフォーマンスを成功に導く重要な要素の一つです。一方で、多くの人が経験的に知っているように、動作を速く行おうとすれば精度が落ちやすく、正確に行えば動作スピードが遅くなります。このように、一般的には、動作の速さと正確性の間にはトレードオフ（相反する）の関係があり（図4－1）、フィッツの法則と呼ばれています。

サッカーに関するスポーツ科学研究においても、素早く正確にプレーできる能力は、選手が優れたパフォーマンスを発揮するうえで必要不可欠な要素とされています。直感的、経験的に知られていることではありますが、そのように主張される根拠のいくつかを紹介します。例えば、サッカーの国際大会におけるペナルティキックのゲーム分析によると、ペナルティーテイカーがボールを蹴った瞬間からゴールに到達するまでのボール飛行時間は、一九八〇年代では四〇〇～八〇〇ミリ秒であったのが、二〇〇二年のワールドカップでは三四四ミリ秒にまで、およそ四六〇～六〇ミリ秒短くなっています。[1] また、ウォレスとノートン[2]は、一九六六年から二〇一〇年までのワールドカップ決勝戦におけるゲーム構造の変化について調べています。ゲーム分析の結果、年月の経過とともに、ゲームスピードは一五パーセント速くなり、パス本数は三五パーセント増加しました（図4－2）。ワー

[1] Morya et al. (2005)
[2] Wallace & Norton (2014)

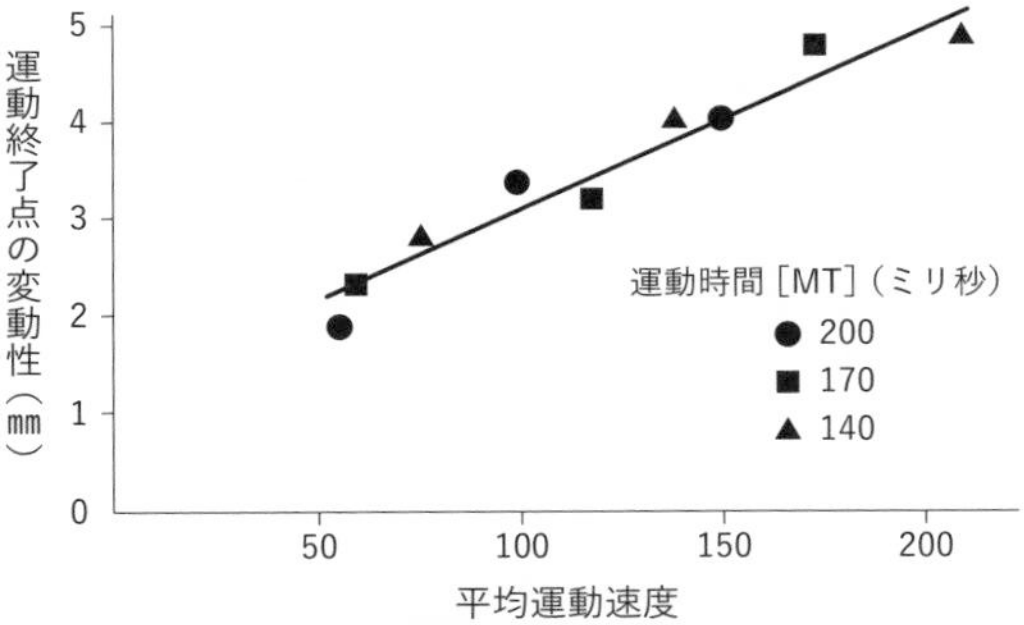

図4-1　標的的中誤差と運動速度の関係（Schmidt et al., 1979 ／訳書2006）
運動速度が上がるにつれて、標的への的中の誤差（ズレ）も大きくなっている

ルドカップのようなハイレベルな次元で成功しているチームは、そうでないチームよりも一試合あたりのパス本数が多いということが報告されていますが、プレーにおけるボールの移動スピードやゲームスピードの遅速は、パス率、選手の動作速度、ボール速度に影響を受けており、こうしたことを素早く行えることは、優れたパフォーマンスを示すために欠かせない要素だと考えられています[3]。事実、野口[4]によると、サッカードイツ代表は、選手一人あたりのボール保持時間の短縮に取り組み、選手の移動やボールのスピード、選手の位置や距離などさまざまなデータを解析し、トレーニングを繰り返すことで、選手一人あたりのボール保持時間が二・八秒（ワールドカップ二〇〇六年大会）から一・一秒（ワールドカップ二〇一四年大会）に短縮したことがレポートされています。先行知見やドイツ代表のような事例が示すように、サッカー選手一人あたりがボールを保持する時間が短くなる一方で、ボールを持つ（関わる）回数は増加しているというプレー構造を踏まえると、現代のサッカー選手は、短い時間でより多くの決断を下すことが求められているといえます。

　サッカー選手は、絶えず何らかの判断を下しながらプレーしています。具体的に、サッカー選手は試合中に何をどの程度行っているのでしょうか。例えば、モーリス[5]によると、各選手が試合中に何らかの戦術的な判断を下す前に、二六二二回のボールコンタクトがあったことを報告しています。また、ルータイン[6]らによると、各チームは、一試合あたり平均五〇〇回以上、シュート、パス、ドリブルといったボールに直

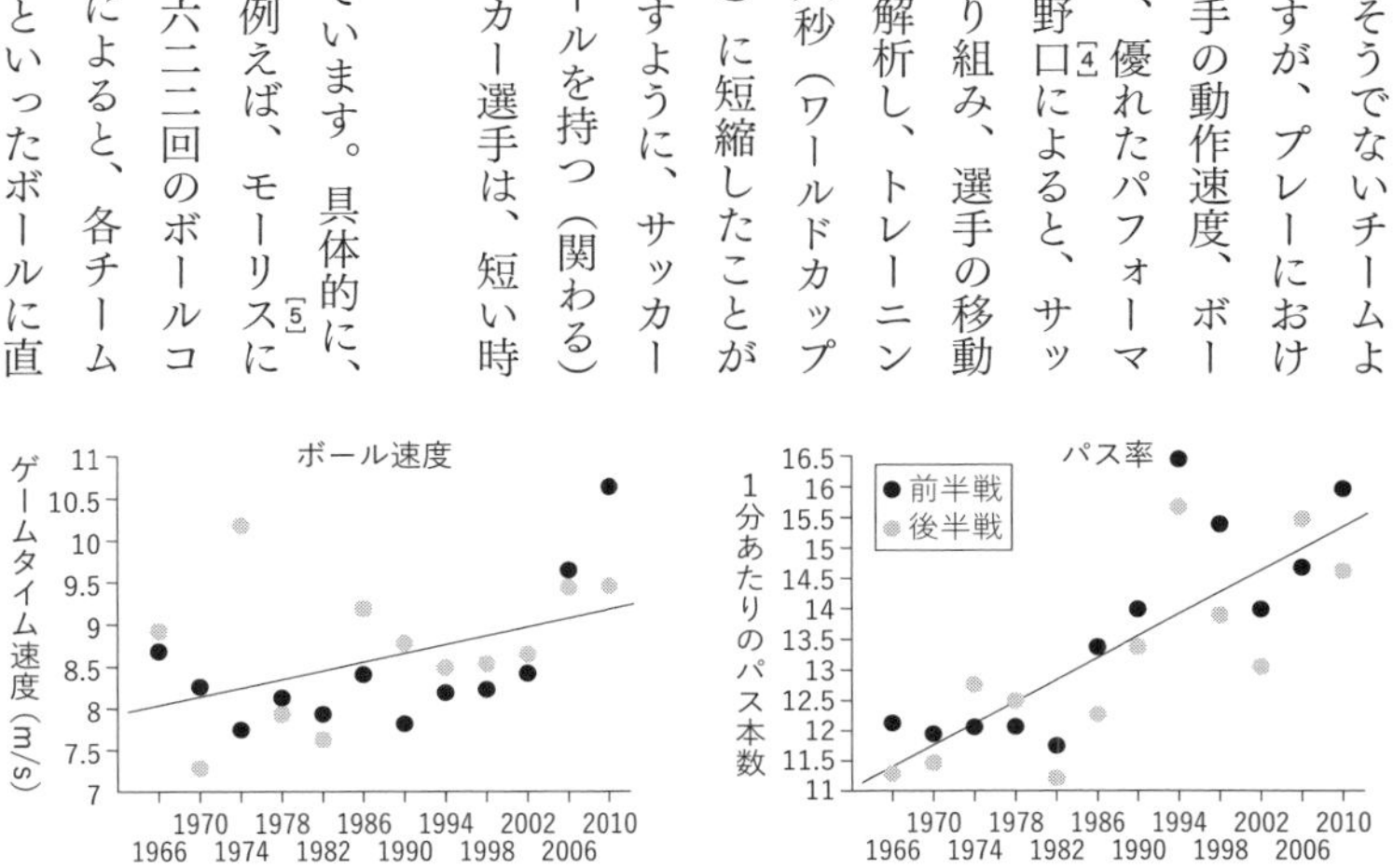

図4-2　1966年から2010年までのW杯決勝戦におけるボール速度とパス率に関するプレー構造パターンの変化（Wallace & Norton, 2014から一部改変）

接的に関与するアクションを行っていると報告しています。最も基本的かつ当然のこととして、それぞれのプレーは、いずれも選手が下した判断の結果であり、[7] サッカーにおいては、すべての選手は、絶えず変化する試合状況を見て反応することが求められています。エリートレベルのサッカー選手の場合、試合時間（＝九〇分）のうち約九八パーセント（≒八八分）は、知覚や意思決定に費やしており、技術的あるいは身体的な動作の遂行（例えば、パスやドリブル突破など）は、わずか二パーセント（≒二分）とされています。[8] こうしたことから、以前にも増して、ゲーム（の流れ）を読む力の必要性が高まっています。Less time, less space を特徴とする現代サッカーにおいて高いパフォーマンスを発揮することは、ゲーム（の流れ）を読む力、言い換えれば、状況を判断する能力と深く関係していると考えられています。[9] そして、この能力により、スキルの高い選手と低い選手、ベテラン選手と若い選手、パフォーマンスの成功と失敗などを区別できることが示されています。[10]

そこで、本章では、まず、状況を判断する能力とはどのようなものであるかについての理論的な説明を行います。次に、状況を判断する能力の学習、つまり、獲得や向上に対して、近年、スポーツ心理学やコーチング学領域で注目されているトレーニングアプローチについて解説します。そして最後に、さまざまな方法で選手の意思決定能力を養う取り組みをするうえでの課題や効果などの議論を取り上げます。

[3] Frencken et al. (2011)
[4] 野口 (2018)
[5] Helsen & Pauwels (1987) から引用。
[6] Luhtanen et al. (2001)
[7] Tenenbaum (2003)
[8] Geisler & Wallis (2020) から引用。
[9] Williams et al. (2011)
[10] Ward & Williams (2003)

意思決定とは

サッカーでは、状況が時々刻々と変化する中で、その直面する状況を打開していくために適切なタイミングで正確に技術を発揮することが求められますが、プレーを成功に導くうえで状況を判断する能力は欠かせないものです。サッカーの現場では、状況判断能力と表現されることが多いと思いますが、スポーツ心理学では、意思決定（decision-making）といいます。意思決定とは「プレーヤーが適切な反応を選択し、決定を下し、行動を実行するために、周囲の状況から手がかりとなる情報を捉え、これまでの経験に基づいて蓄積された知識（つまり、記憶）との照合・統合を行い、一連の選択肢の中から、その選択の結果が重要となる選択を行うプロセス」と定義されています。[11] また、ジョンソン[12]は、スポーツにおける意思決定の中核的な特徴の一つとして、状況そのものの変化と選手自身が目の前の状況をいつ、どのように捉え、処理するかという時間的なプロセスが選手の意思決定に反映されると指摘しています。相手のゴール付近でのプレーという仮想シナリオを例に説明すると、実際のフィールドにおいてサッカー選手は、ボール保持者の前にドリブルのできるスペースが空いており相手ディフェンダー（ＤＦ）は遅れてアプローチに来ている、シュートを打てる距離にポジションをとれているがトラップが少し足元に入ってしまった、相手ＤＦ

[11] Bar-Eli et al. (2006)
Marteniuk (1976)
Tenenbaum (2003)
[12] Johnson (2006)

がボールウォッチャーになった瞬間にフォワード（ＦＷ）がディフェンスラインの背後のスペースをとった、別のチームメイトは動き出しが遅れてボールを受け取る隙がなくなった、などのさまざまな状況の変化と、ボール保持者が集めた情報をもとに、シュートをするか、ドリブルでのさらなる侵入をするか、特定のチームメイトへのパスをするか、という選択肢の中から、重要な結果をもたらす（＝サッカーの場合はゴール）選択を行っているということです。一般的に、一つの刺激に対して一つの反応をする場合、人は最も早く反応することができますが、運動の選択肢が増えるにつれて、どのプレーを選択する場合であっても、反応に必要な時間が徐々に長くなることがわかっています。こうした反応における選択肢の数と時間の間にある線形関係は、ヒックの法則（図４－３）といわれています。それゆえ、競技レベルの高いサッカー選手の卓越性を支える要因の一つは、限られた時間で複数の選択肢の中から最適なプレーを選択できることにあるといえます。では、なぜ競技レベルの高い選手ほど、そのようなことができるのでしょうか。それは、競技レベルの高い選手は、状況を捉えることや、状況把握の手がかりとなる情報を効率よく見つけること、そうした情報に基づいて、将来に起こりそうなことを予測することに長けているからだと指摘されています。[13]

[13] Williams (2003)

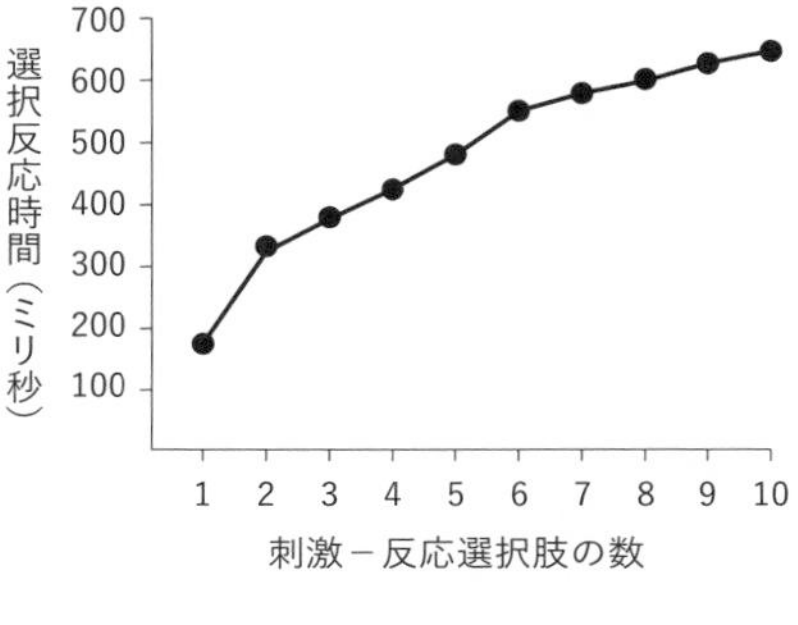

図4-3　反応における選択肢の数と時間の関係
（Schmidt et al., 1979／調枝監訳, 2006［Merkel, 1885のデータをもとにWoodworth, 1938が作成］）

意思決定プロセスと理論的枠組み

テネンバウム[14]は、意思決定プロセスを説明するヒューマンパフォーマンスモデルを提唱しています（図4－4）。このモデルでは、サッカー選手は、まず目の前の状況における関心のあるエリアに注意を向け、いま何が起こっているのか、どのようになっているのか、なぜそのようになっているのかといった状況の把握を行い、そのうえで、次に何が起こりそうかを予測します。次に、現在の状況について選手が把握していることと、これまでの経験や知識を照らし合わせながら、自分の置かれた状況においてどんなプレーを行うべきかを選択します。いつ、どのように実行すべきかが決まると、選択したプレー行動が開始されますが、状況は常に変化し続けているため、予想していた展開とは異なる場合には、とっさに判断・行動を変えられるように代替プランも準備されています。そして、プレーが行われた後には、自分の選択したプレーとその結果（うまくいったのか失敗したのか）がフィードバックされるというものです。

サッカーの試合では、選手はさまざまな状況下で絶えず意思決定を行っていますが、選手が行っている意思決定を説明する理論的枠組みとして、二つの理論が提案されていますので、簡単に紹介したいと思います。一つは、自然主義的意思決定

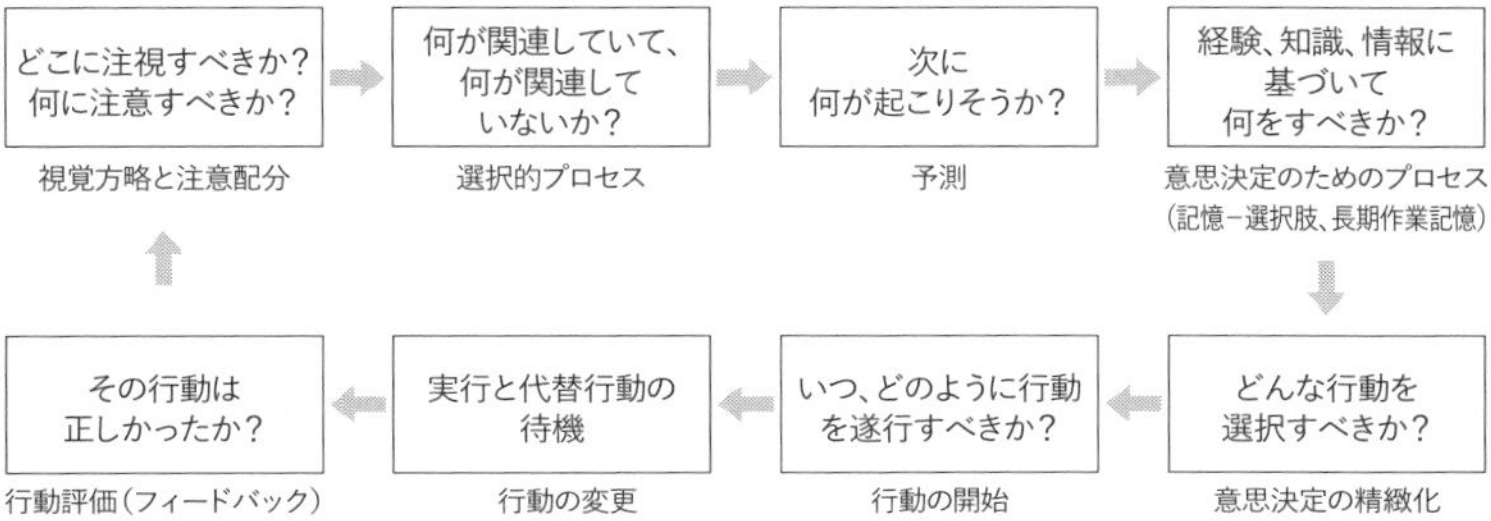

図4-4　意思決定プロセスに関するヒューマンパフォーマンスモデル（夏原，2022）

（naturalistic decision making：ＮＤＭ）です。この理論では、人は、とっさの判断が必要な場面では、その人の経験に基づく直感を用いることで、瞬時に的確な判断ができると考えられています。[15] サッカーに置き換えると、相手チームのハイプレッシャーによって、プレーを考える十分な余裕がなく、迅速な判断を強いられるような状況では、自然主義的な意思決定に依存していると考えられています。これを裏づけるエビデンスとして、競技レベルの高い選手ほど、その時々の状況においてどのようなプレーを選択することが良い結果に結びつきやすいかということに関する経験に基づく精緻に構造化された知識を持っているため、ＴＴＦ（take-the-first）ヒューリスティックを用いていることが明らかにされています。[16] もう一つは、長期作業記憶理論（long-term working memory：ＬＴＷＭ）です。[17] 競技レベルの高い選手は、これまでの経験から、膨大な量のプレーパターン（≒戦術メモリ）に関する精緻化された情報を、いつでも引き出せるようなかたちで長期記憶に蓄積しているため、プレー状況を把握する際、その状況から手がかりとなる情報に注意を向け、脳のデータベースから目の前のプレー状況と、以前のプレー経験との構造的な類似性について検索・照合をすることによって、その状況に最も適した意思決定を下すことができると考えられています。[18] つまり、比較的プレーに時間的・空間的な余裕があるときや、計画的にプレーすることができているときは、選手は最終的な判断を下す前に状況を分析し、どのプレーを選択するか、いくつかの選択肢を考えて比較検討することができるという

[14] Tenenbaum (2003)

[15] Klein et al. (1995)

[16] ＴＴＦヒューリスティックとは、瞬時に最初に頭に思い浮かんだ選択肢が質の高い最良の選択肢となることです。
Johnson & Raab (2003)
Raab & Johnson (2007)

[17] Ericsson & Kintsch (1995)

[18] Ericsson & Ward (2007)
夏原ら (2017)

ことです。この理論では、選手が想起するプレー選択肢の数と、選手が行う意思決定のクオリティーの間には正の関係があり、状況を分析し、先の展開を予測する能力が意思決定の強化につながると考えられています。[19]

このように、優れたサッカー選手の卓越したパフォーマンスの裏には、その時々の試合状況に合わせて意思決定の仕方を調整する柔軟性を持った効率的なプロセスが駆動しているのだと思われます。

意思決定に対するトレーニングアプローチ

巧みなボール捌きや、アッと驚くような状況判断などは、センスや才能といった言葉で表現され、それを持っているか否かという議論になりがちですが、エリクソンら[20]は、そのようなスキルの習熟も日々の継続的な練習を通じて獲得・向上させることができると述べています。スキルの習得に関する理論もさまざまなものがありますが、近年のサッカー界においては、エコロジカルアプローチ[21]に注目が集まっています。そこで、ここでは、エコロジカルアプローチの観点から、意思決定トレーニングについて話を進めていきます。

エコロジカルアプローチでは、人の意思決定は、環境がその選手個人に対して提供する何かを、選手が（視覚的に）知覚することによって導かれると考えられていま

[19] Ward et al. (2013)

[20] Ericsson et al. (1993)

[21] Gibson (1979)

す。つまり、選手と環境との関係が意思決定の中心にあり[22]、言い換えれば、サッカー選手が行った意思決定は、その選手自身とチームメイトや対戦相手、空間的・時間的な制約などとの相互関係が反映された結果として生じる行為ということです[23]。人が下す決断は、環境の特性とその環境下で行動する人の特性や能力との関係に基づいていることが研究によっても証明されています。例えば、高さの異なる階段を登れるか否かの判断は、個人の脚長と股関節周りの可動域に関係していることや[24]、壁やドアなどの隙間を通れるかどうかの判断は、その隙間を通り抜けようとする人の肩幅と関係していること[25]がわかっています。サッカーにおいては、ゴールキーパー（ＧＫ）がＰＫをセーブしようとする際、そのＧＫが俊敏であるほど、ダイビングするタイミングは、ペナルティーテイカーがボールを蹴った後に開始される可能性が高いことが報告されています[26]。

ギブソン[27]が提唱するこの理論は、選手それぞれの能力に基づいて行われる意思決定（身体化された意思決定：embodied decisions）を理解するのに有益とされています[28]。どういうことかというと、例えば、相手ゴール付近において、ボール保持者の目の前に立っている二人の相手ＤＦの間に一メートルほどのギャップがあると仮定した場合、パススキルに長けている選手にとっては、その空間（つまり、環境）からスルーパスが狙えるパスコースという情報を受け取った（affordances）のに対して、シュートスキルに優れた選手は、相手ＤＦが寄せてくる前にシュートを打つチャンスだと捉

[22] Araújo et al. (2006)
[23] Travassos et al. (2013)
[24] Konczak et al. (1992)
[25] Warren & Whang (1987)
[26] Dicks et al. (2010)
[27] Gibson (1979)
[28] Wilson & Golonka (2013)

えるかもしれません。つまり、サッカーのようにその時々における絶対的な正解がないスポーツにおいて、選手の能力等に違いがあるということは、ある選手にとって正しいと判断したことが、他の選手にとって必ずしも正しいとは限らないということです。

新たなスキルを身につけたり向上させるためにトレーニングを行いますが、エコロジカルアプローチにおけるスキルの学習とは、練習したプレーを試合などのパフォーマンス環境下で行うために、選手と環境の間にある関係をより適応的にするプロセスと捉えることができます。ここでいう適応とは、環境が変化し、予測が難しい不確実性の高い状況下であっても、目標とするパフォーマンスを発揮できることを意味しています。卓越したサッカー選手は、コンスタントにプレーし続けられる安定性と同時に、状況の変化に応じて行動を変える柔軟性も持ち合わせており、こうしたプレー行動は、経験や練習に依拠していると考えられています[29]。そのため、エコロジカルアプローチに基づいて意思決定トレーニングを行う場合には、選手一人ひとりがさまざまな状況における課題の制約に適応できるような学習環境をデザインすることが重要なことの一つであるといえます。

トレーニングにおける一般的な考え方・方法としては、例えば、パス&コントロールスキルの向上を目的とした場合、試合においてパス&コントロールをスムーズに行うために必要な要素を構造化し、ボールを受ける前の予備動作（いつ、何を、どのよ

[29] Araújo et al. (2020)

うに行うか)、コントロールの仕方、パスの仕方、パス直後の動作など、典型的な動作パターンが身につくように(≒身体で覚えるために)、一定のトレーニング条件下で反復するドリル練習のようなトレーニングが行われる傾向があると思います。そして、このようなトレーニングこそが、スキルの効果的・効率的な獲得に必要なんだろうと盲目的になっている可能性があります。一見すると、高度に考えられ組み立てられたトレーニングであるようにみえますが、そのようなトレーニングでは、実際の試合と違って環境の外乱(トレーニングで習得した動作を乱す外部からの要因)が低いため、実際の試合でそのプレーを的確に遂行するために、自己と環境との間の関係を理解することができず、そのトレーニングを行っている最中、あるいは、そのトレーニングのときだけは満足のいくパフォーマンスを発揮することができるものの、試合になるとトレーニングの成果が発揮されづらいといったことになりかねません。反対に、パス&コントロールだけでなくシュート、ドリブルなどさまざまなスキルや、パスの強弱、長短、高低、方向、タッチ数など場面に応じて用いるスキルやそのスキル発揮の仕方が変化する、より実践に近いトレーニング環境のほうが、そのトレーニングを行っているときには、あまり高いパフォーマンスは示されないのですが(つまり、練習中はうまくできているという実感は少ない可能性がある)、長期的には優れた学習効果、高いパフォーマンスの発揮を示すことがわかっています。[30] こうしたことを踏まえると、意思決定能力の向上においては、的確な意思決定を行うための情報が含

[30] Goods & Magill (1986)
Magill & Hall (1990)

まれる試合と近似したトレーニング環境に選手をさらすことが必要であり[31]、ベルンシュタイン[32]はこれを「繰り返しのない反復」と表現しています。

■「制約」を用いた意思決定行動の創出

エコロジカルアプローチの考え方に基づけば、選手のプレー行動は、選手がその環境・状況におけるさまざまな制約（constraint）に適応した結果として表出されたものということになります。近年、トレーニングにおいてさまざまな制約を操作することによって、選手（学習者）のスキルの効果的な学習（つまり、獲得や向上）を促すという考え方が広まりつつあります[33]。制約とは、例えば、身体形態やフィットネスレベル、心理状態、天候など、選手の個人的な身体的・精神的特徴、課題の性質、環境条件などが含まれます。選手の個人的な身体的・精神的特徴には、年齢、身体形態、フィットネスレベル、認知的な発達、不安や自信などの感情が含まれます。課題には、ゲームのルール、コーチが課す条件、ボールの大きさといった用具（身体の大きさに対する用具の大きさ）などがあります。環境的な制約には、ピッチサーフェイスや天候、視覚や聴覚などさまざまな感覚情報へのアクセスが含まれます[34]。スキルの発達における制約と運動行動の発現の関係を示した概念モデルも示されており（図4－5）[35]、こうした制約を用いたトレーニングのことを制約主導アプローチ（Constraint-led approach：CLA）といいます[36]。

[31] Gréhaigne et al. (2001)
O'Connor et al. (2018)

[32] ベルンシュタイン (2003)

[33] Araújo et al. (2004)
Davids et al. (2008)
Nakayama (2008)
中山・浅井 (2009)
Davids et al. (2012)

[34] Williams & Hodges (2005)

[35] Williams & Hodges (2005)

[36] Ramos et al. (2020)

制約主導アプローチでは、学習者の身長・体重といった構造的・身体的特性や、注意・動機づけといった機能的・精神的特性を考慮したうえで、競争あるいは協力させるのかなどのプレー環境を設定したり、2タッチでプレーしなければならないといったプレー条件などの課題を操作することによって、望ましい行動が引き出されると考えられています。[37] 中山ら[38]は、サッカー経験者と未経験者を対象に、相手がいない状況でパスを行う三角パス条件と相手のいる状況でパスを行う3対1のロンド条件を用いて、選手のパス行動にどのような影響を与えるかについて実証しました。その結果、未経験者は三角パス条件ではパスを受けてからパスを出すまでに約一・二秒を要していたのに対して、3対1のロンド条件では、その時間が〇・八秒に短縮され、サッカー未経験者のパス動作が、サッカー経験者が行う動作と類似するようになることを明らかにしました。また、中山・浅井[39]は、四つの発達段階（U－10、U－12、U－14、U－16）のサッカー選手を対象に、3対1のロンド条件において、八メートル、一〇メートル、一二メートル四方のピッチサイズの違いによって、パス行動の発現にどのような違いが生じるかについても検討しています。その結果、U－10やU－12が八メートルエリアでプレーしたときには、2タッチプレーの動作時間が短いことや、統計的差異はないものの1タッチプレーの回数が多く、時間をかけずにプレーしていたことがわかりました。ミスを少なくしたり、プレーしやすくするためには、エリアを広くすることが良さそうに思ってしまいますが、エリアを広げることは必ずし

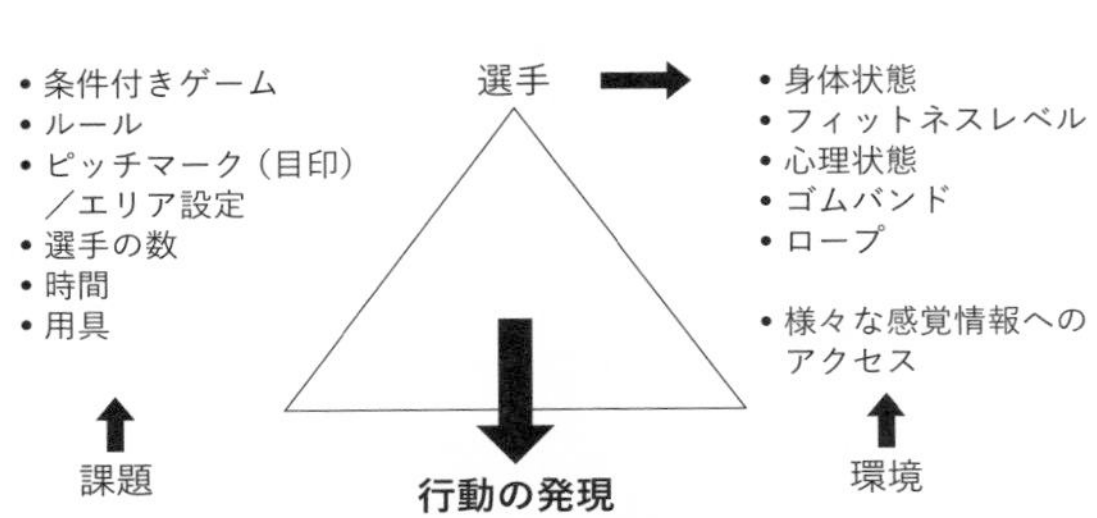

図4-5　スキル発達における制約と運動行動の発現の関係に関する概念モデル
（Williams & Hodges, 2005より一部改変［Newell, 1985を参考］）

も予想した行動の発現につながるわけではなく、むしろエリアを狭くすることによって、選手が持っているスキルが環境に適応され、望ましい行動が発現されるということが示唆されています。また、U－14やU－16など技能の習熟度が上がるにつれて、プレーエリアの狭小化が、トレーニング課題の難易度を上げる効果的な方法の一つである可能性が示唆されています。中山・浅井[40]は、サッカーでは、相手守備者からのプレッシャーが大きい中で、素早く正確にプレーすることが求められるため、簡単なプレー選択や安易なプレー行動を発現させないためにも、発達段階などに応じてプレーエリアを適切に設定することがコーチング場面において重要であると述べています。このような制約とプレー行動の関係に関する実証的な知見は、スキル学習における制約の有効性を示す有力なエビデンスの一つです。

　これらのことは、制約主導アプローチに基づいたコーチングを通じて、望ましい行動が生起するように、トレーニング環境におけるさまざまな制約を操作することの必要性を示唆しています。ウィリアムズとホッジス[41]は、サッカーにおける学習を効果的に促進するための方法として、操作できる制約の種類とそれによって発現される行動の具体例を紹介しています（表4－1）。コーチングにおいて制約主導アプローチを採り入れる場合、コーチに求められる重要な役割の一つは、適切なプレー選択や行動ができるようになるために教えたり修正することではなく、そうしたことを選手自身で気づき、問題を解決するために、選手が自ら学ぶためのトレーニング環境をどのよ

[37] Handford et al. (1997)
Newell (1986)
[38] 中山ら (2007)
[39] 中山・浅井 (2007)
[40] 中山・浅井 (2007)
[41] Williams & Hodges (2005)

うにつくるのがベストであるかを考えることであるといえます。

意思決定能力を養う取り組みから得られる効果と留意したいこと

意思決定能力を養うトレーニングの仕方は、二つの方法に大別することができます。一つは、制約主導アプローチなどに基づいて実際のフィールドで繰り返しのない反復を行うオンフィールド（on-field）トレーニングです。もう一つは、映像やコンピュータシミュレーションなど、ビデオベースのオフフィールド（off-field）トレーニングです。

オンフィールドトレーニングにおいて、トレーニングが過度に構造化され、選手の判断やプレー動作について細かく指示を出す規範的なコーチングアプローチは、そのトレーニングを始めた初期段階やトレーニング中においては、高い学習効果（≒パフォーマンスの

表4-1　操作できる制約のタイプとそれによる行動の発現に関する例
（Williams & Hodges, 2005より一部改変）

行動の制約	何が操作できるか？	一例	行動の発現
課題	条件あるいはルール	• 1タッチ／2タッチ • クロスボールからのみ得点可能 • 1タッチでシュートする（ダイレクトシュート） • サイドに回廊を作る	• パス＆ムーブ、他の選手への気づき（意識／認識） • ヘディングやボレーシュート • ポジショニング、鋭いフィニッシュ、クイックネス • クロスボールを上げる
	エリア設定（pitch markings）	• タックル禁止ゾーン • シュートゾーン	• 封じ込め、立ち止まる • シュートやフィニッシュ
	選手の数	• 5 vs. 3（守備 vs. 攻撃） • 6 vs. 4（攻撃 vs. 守備）	• 守備からのプレー • 攻撃における幅と侵入
	時間	• ボール保持における制限時間	• 速攻（カウンター攻撃）
	設備	• フリースタイルの練習と試合	• ボールタッチ／フィーリングに関する運動感覚の発達の促進
選手	四肢の連結	• GKの足首にゴムバンドを巻く • 1 vs. 1状況でロープやゴムバンドを使用してゴールポストにGKをつなぐ	• GKがクロスボールに対応する際、足を交差させずに移動する • 1 vs. 1状況でゴールの位置や角度をより意識するようになる
環境	感覚情報へのアクセス	• ボールコントロールやドリブル中に足下の視界を遮るために特別なメガネの使用	• ボールをコントロールする際、視覚よりも触覚や感覚を頼る

向上）を示しますが、その効果は一時的であり時間の経過とともに忘れられやすく、また、心理的なストレスの影響に対しても脆弱であることがわかっています。[42] 規範的アプローチとは、問題・課題に対して「どうすべきか」ということを重視するものです。そのため、練習で取り組んだことがプレッシャーのかかる試合ではできない、コーチからの外圧（≒コーチからの指示）でしか生起されないなど、学習の効率性が悪く、長期的には、規範的アプローチはスキルの習得に有効ではない可能性があるとされています。それよりも、「どうすべきか」ではなく「どうなっているのか」を重視する記述的アプローチである誘導発見学習（guided discovery learning）が提唱されています。[43] 誘導発見学習の根底にある考えは、選手が自分自身の発達（成長）に責任を持ち、直面する問題に対して、その選手独自の解決策を見出すことに重点が置かれており、コーチは手がかりを与えたり励ましたりする（気づきを与えるための問いかけ）だけであり、選手が探索と発見（言い換えれば、考えさせたり試行錯誤させる）という学習プロセスを通じて導かれるべきであるというものです。[44] このようなアプローチに基づいてトレーニングされたスキルは忘却されにくく、適応性・柔軟性が高いこと、プレッシャーに対する耐性があるなど、さまざまな状況下でその場に合ったスキルを適用できるスマートな選手を育成するのに有効であると考えられており、制約主導アプローチが有用である理由の一つになっていると思います。

　オフフィールドトレーニングにおいては、例えば、チームミーティングなどにおい

[42] Abrams & Reber (1988) Masters (1992)

[43] 例えば、Araújo et al. (2004) や Davids et al. (2008), Davids et al. (2001) を参照。

[44] Williams & Hodges (2005)

て、試合映像を振り返りながら、場面ごとのプレーについて選手どうしで議論したり、コーチが選手にフィードバックを行うといった方法を通じて、認知的側面の改善・向上を図る取り組みがなされています。また、近年では、テクノロジーの進歩に伴って、タブレット端末やコンピュータシミュレーションを活用した認知的トレーニングも行われるようになってきています。ビデオ映像によるゲームパフォーマンス分析やコンピュータシミュレーションのような方法は、今後ますますコーチ・選手の双方にとって、認知面の改善・向上にアプローチする有益な手段の一つになると思いますが、それらを盲目的に信じるのではなく、何がトレーニングされるのか、本当にパフォーマンス向上に直結するのか、どのように活用するのが効果的なのかといったことを理解することが重要です。

例えば、映像を見てある場面での意思決定を尋ねる際、サッカー選手に視聴してもらう映像を俯瞰と選手目線から見た場合では、見方や意思決定に違いがあるのかを検討した研究があります。[45] それによると、その実験に参加したサッカー選手は、選手目線の映像に比べて、俯瞰した角度からの映像を見たときのほうが、短い時間で多くの場所を見て、意思決定も正確であったことが示されました。実際の指導現場においては、ミーティング等で改善に向けた振り返りやディスカッションを行うためにコーチが高所から撮影した試合映像を見せることはよく用いられる手段の一つですが、[46] このようなアプローチは、その場では理解できているかもしれませんが、実際にはゲーム

[45] Mann et al. (2009)
[46] Mackenzie & Cushion (2013)

の流れの中で必要とされるスキルの習得に影響を与えない可能性があります。

また、近年、欧州を中心に、コンピュータシミュレーションを用いて意思決定のトレーニングを行う新しいアプローチも始まっています。例えば、サッカーに特化した意思決定トレーニングのツールとしてThe Soccer IntelliGym®[47]というものがあります。より良い意思決定を行うためには、週に三〇分のセッションを二回程度行うことが推奨されているようですが、トレーニングツールの有効性を検証する厳密な研究が十分に行われていないため、その効果は限定的であることが指摘されています[48]。

さらに、バスケットボールを対象としたものではありますが、興味深い研究があります。スタークスとリンドレー[49]は、バスケットボール選手を対象に、ビデオ映像を用いた意思決定トレーニングの効果を検討しています。意思決定トレーニングの内容としては、ビデオトレーニングを受ける選手は、決定的な場面の直前でプレーが停止する映像を視聴し、その状況においてボール保持者にとって最適な判断は、シュート、ドリブル、パスのどれであるかを選択するよう求めるというものです。意思決定トレーニングを受けたグループと受けなかったグループを比較したところ、トレーニングを受けたグループのほうがわずかに意思決定能力が向上していたものの、それが実際のフィールドでのパフォーマンスにはつながっておらず、単に映像を見て判断する能力が向上するだけであることを示唆しています。

このように、ビデオ映像を用いた意思決定トレーニングに関するさまざまな研究が

[47] The Soccer IntelliGym® のウェブサイトを参照 (https://soccer.intelligym.com/)

[48] Harris et al. (2018)
Renshaw et al. (2019)
意思決定トレーニングへのテクノロジーの活用に関しては、夏原 (2022) を参照。

[49] Starkes & Lindley (1994)

行われていますが[50]、現状では、ビデオベースの意思決定トレーニングは、学習者の意思決定能力の向上に寄与しないという結果が全体的な傾向として報告されています[51]。加えて、身体運動を伴うか否かによって意思決定が異なってくることもいくつか報告されています。例えば、フリーキック場面で得点の可能性が最も高くなるようにゴールのどこを狙うかを意思決定する際、実際のフィールドでフリーキックを行う際の判断とビデオシミュレーションでの判断を検討した研究では[52]、ビデオシミュレーションでの意思決定は実際のフィールドでの意思決定とは異なり、より難易度の高いゴールの位置を狙うようになるものの、それを実際に行った際の達成度は二五パーセント程度であったことが示されています。同様に、PK場面を対象に、実際にシュートをセーブしようとする条件と、方向の予測だけを行う条件では、GKの視線行動が異なっており、実際にシュートをセーブしようとするとき、GKはPKのより早い時期からより長い時間ボールに視線を向けていたことを明らかにしています[53]。このような違いは、実際のフィールド上で行われる意思決定が、選手の能力(つまり、ボールをキックする、ダイビングするといった選手の持っている運動能力やスキル)に基づいているためであると考えられています。

映像を見てその結果を予測して、最も望ましい結果になるように意思決定するときでも、意思決定に基づいて行動をリアルタイムにコントロールしなければならない場合であったとしても、何かを見て判断するという知覚的な側面だけに注目すると、一

[50] Williams et al. (2011)
[51] 例えば、Dicks et al. (2015)を参照。
[52] Paterson et al. (2013)
[53] Dick et al. (2010)

見、そこに決定的な違いはないように思われます。しかし、実際には、単に判断だけをする際に働くメカニズムと行動のオンライン制御を必要とする際の意思決定を支えるメカニズムは、大きく異なる可能性があることが指摘されています。[54] ミルナーとグッデイル[55]は、視覚皮質内には、視覚対象の位置や動きの把握、視覚情報を使って動作をコントロールすることに関係する背側視覚経路と、視覚対象の認識、形状、色などを知覚することと関係する腹側視覚経路という二つの視覚経路が存在することを明らかにしています（図4－6）。背側視覚経路は、進行中の動きを瞬時にコントロールするための視覚情報をオンラインで取得する行動のための視覚（vison-for-action）であるのに対して、腹側視覚経路は、時間的な制約を受けずに視覚対象が何であるかを認識するために視覚情報を長い時間軸で利用する知覚のための視覚（vision-for-perception）であるため、[56] 人は視覚－判断をする場合と視知覚－行動をする場合では、異なる視覚情報を利用していると考えられています。[57]

サッカーのトレーニングに置き換えて考えた場合、ミーティングなどで映像や作戦ボードなどを使って、ゲーム場面で何を行うべきかという意思決定の改善に働きかけることや、映像やコンピュータシミュレーションを使った意思決定トレーニングは、視覚情報を知覚（判断）に結びつける視覚－判断プロセスであるのに対して、制約などを用いて実際のフィールドで行われる意思決定を伴うトレーニングは、視覚情報を行為に結びつける知覚－行為プロセスだといえます。ピッチ外で行われる意思決定ト

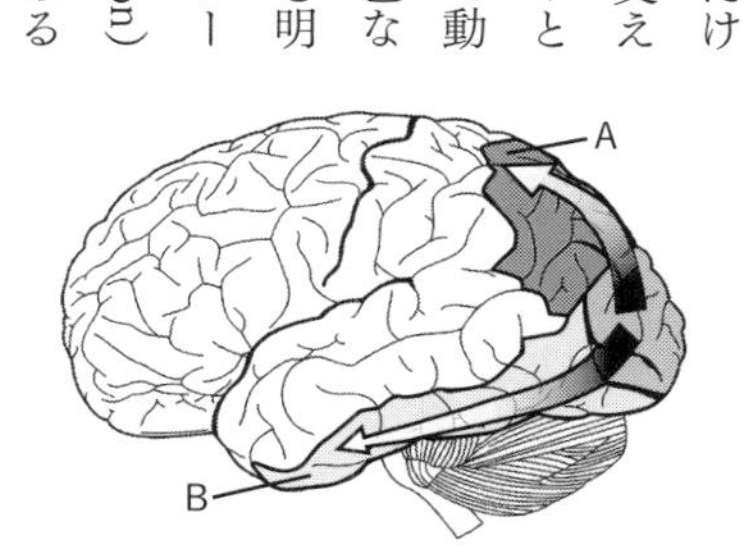

図4-6　視覚野に存在する２つの視覚経路図
（画像出典：Wikipedia）
Aは背側視覚経路、Bは腹側視覚経路を示す

[54] Cisek & Pastor-Bernier (2014)
[55] van der Kamp et al. (2008)
Milner & Goodale (2008)
[56] Nortje et al. (2014)
[57] van Doorn et al. (2009)

レーニングが、フィールド上での意思決定に直接的に影響を及ぼすということや、実際のフィールドで行う意思決定トレーニングと同等以上の効果を上げるといった研究成果は今のところ見出されていません。[58] しかし、フィールドでのトレーニングの補完的位置づけとしてビデオベースの意思決定トレーニングに取り組むことで、選手のパフォーマンスを向上させることができるという可能性は示唆されています。[59]

こうしたことを踏まえると、ピッチ外での意思決定トレーニングを練習の一部として使用する場合、フィールドでのトレーニングを補完するものであるべきであり、フィールドトレーニングを代替するものではないということを理解する必要があります。[60] 日々のトレーニングにおいては、エコロジカルアプローチに基づいた制約を活用したトレーニングをベースとしつつ、例えば、選手が怪我などによりプレーできない期間などに、こうした補助的なツールを用いてビデオ／コンピュータシミュレーショントレーニングを行うことは有効な活用方法の一つかもしれません。

[58] Williams & Manley (2016)

[59] van Lier et al. (2011)

[60] Hopwood et al. (2011)

5章
各年代で必要な心理的・社会的スキル

3章で取り上げたように、サッカーの試合でピークパフォーマンスを発揮するためには、心理的スキルを身につけておくことが非常に重要です。そもそもピークパフォーマンスとは、持っているスキルの絶対値を指すのではなく、その状況で要求されるスキルを最大限に発揮できることです。試合中のある状況でそれぞれの選手が要求されるスキルを十分に発揮するためには、4章で取り上げたように、その状況を的確に理解し、必要なスキルは何かを瞬時に判断できる力が必要です。

最近では、特に育成年代と呼ばれる小・中・高校年代の選手に対してプレーについて厳しい要求をかけてプレッシャーを与えるなど、早くからトップレベルの選手がやることと同じような練習を取り入れているチームが増えてきています。

一方で、諸外国では競技レベルのピークをナショナルチームの年代に定めて段階的に育成する取り組みや、理論的に競技力や専門性を高めていく取り組みがなされています。もちろん、海外で行われている研究や取り組みが無条件に良いわけではありませんし、国や環境が異なる場合は海外の事例をそのまま導入するのは無理が生じて効果的に運用できません。それでも、参考にできる要素は多く、日本のスポーツ環境でも十分活用できる知見はたくさんあります。そこで、こうした現状を踏まえて、選手が試合でピークパフォーマンスを発揮するために、各年代別に必要な心理的・社会的スキルを紹介していきたいと思います。

U-12

■U-12年代におけるアプローチ

サッカー選手のパフォーマンスの向上や成長に関して、競技レベルが上がるほど身体的・技術的な差異は小さくなり、パーソナリティやモチベーションなどの心理的な要因が大きく影響することが指摘されています[1]。もちろん、必ずしもサッカー選手になることがすべてのサッカーに関わる人たちのゴールではありません。多様なカテゴリーでサッカーを長く楽しくプレーするためには、身体的・技術的・戦術的なスキル以上に、心理的・社会的なスキルが不可欠です。サッカーをはじめ多くのスポーツを通して獲得されたそのスキルは、汎用的なスキルとして社会生活でも活かされる場が多くあるはずです[2]。

U-12という年代では、心身の加速度的な発達のタイミングであり、今に集中する選手以上に、それに関わるコーチや保護者といった大人たちの長期的な視野に立ったアプローチが重要となります。

また、近年はスポーツ経験とライフスキル[3]の獲得に関する研究も進んでいます。人間形成においてスポーツ経験が重要な影響を与えていることが示唆されています[4][5]。一方で、単にスポーツ活動に参加するだけでは社会的に望ましいスキルを獲得できるわ

[1] Vaeyens et al. (2008)

[2] The Sport for Life Society (https://sportforlife.ca/long-term-development/) を参照。

[3] 日常生活で生じるさまざまな問題や要求に対して、建設的かつ効果的に対処するために必要な能力 (WHO, 1997)

[4] 島本・石井 (2009)

[5] 上野・中込 (1998)

けではないとも示唆されています。[6][7] つまり、心理的スキルの発達を促すスポーツ活動には、必ず意図的なコーチングが施されることが重要で、身体的・技術的なスキルの獲得と同時に、心理的・社会的なスキルを獲得するための仕掛けが必要とされているわけです。

■5Csのフレームワークを活用した心理的アプローチ

多くの研究報告[8]から、スポーツ活動が適切な環境下で実施される場合、スポーツ活動は社会生活でうまく機能する身体的、心理的、情緒的スキルの獲得とその発達を促す最適なコンテキストとなることは周知のことになりつつあります。同時に、それらのスキルの獲得や発達段階にある選手たちが、スポーツ活動を通して、社会生活でより良く生きるために欠かせないライフスキルの効果的な獲得プログラムについても研究や実践が進められています。

では、U－12年代での若い選手たちにとって、適切な環境とは何でしょうか。全天候に対応した人工芝のピッチを有する施設さえあればよいでしょうか。もちろん、そのようなハード面の整備も重要ですが、それが最も重要ではないことに多くの方はすぐに気づくはずです。本項でレビューする5Cs《ファイブシーズ》は、イギリスのラフバラ大学クリス・ハワード氏の研究[9][10]をもとに、根拠に基づく考え方（フレームワーク）として、スポーツ活動を通して心理的スキルの向上を促す際に、選手やコーチ、そして保護者を

[6] Weiss (1995)
[7] Hodge & Danish (1999)
[8] Gould & Carson (2008) など。
[9] Harwood (2008)
[10] Harwood et al. (2015)

支援するために開発されたもので、現在、イングランドサッカー協会が推奨するプログラムの一つです。このプログラムでは、U－12年代から心理的サポートの環境整備を図るように、選手、コーチ、選手の保護者に求めています。特に、9歳以下では、保護者のサポートは不可欠で、その質を向上させるために、選手自身よりも保護者に対してコンセプトの説明や講習会を行うことで、コーチと共通理解のもと、家庭を含めて選手に対して継続的なアプローチを推奨しています。[11] また、9歳から12歳には、保護者と一緒に選手に対しても説明や講習会が行われ、メンタルトレーニングを実施することが推奨されています。そして、13歳以上では、選手自身がこのコンセプトを理解し、自ら実践することを推奨しています。もちろん、サッカー選手として成功するには、身体的なスキルの獲得や、能力の問題もありますが、5Csを意識して計画されたトレーニングを継続することが、一人の人間としての成功の鍵となることは間違いないでしょう。

5Csは、Commitment, Communication, Concentration, Control, Confidence の五つのCから始まる概念で構成されています。5Csについてウェブサイト[12]を参照しながら簡単に触れておきます。

Commitment：コミットメント、貢献、目標設定、継続性

コミットメントは、若い選手をスポーツに駆り立てるモチベーション（動機）を表

[11] Harwood et al. (2019)

[12] The 5Cs. のウェブサイトを参照 (https://the5cs.co.uk/)

現したものです。努力（effort）、関与（engagement）、自己挑戦（self-challenge）、粘り強さ（persistence）は、選手に必要とされる心理特性です。このコミットメントは、目標を達成するためにひたすら打ち込む際の内なる原動力であり、その意思の表れと言ってよいでしょう。特に多くのスポーツ活動において、成功よりも圧倒的に失敗が多いことが容易に想像できると思います。うまくいっているときは、目に見える成果が伴い、がんばるのは簡単ですが、逆に、うまくいかないときは諦めてしまいがちです。そのような困難なときにこそ、実はコミットメントが試されています。コミットメントを高めるためにはいくつか方法があります。例えば、成功体験にフォーカスし、できる限りポジティブな感情を保つことです。また、継続的に取り組むことで成功につながるようにSMART Goals[13]を意識し目標を設定するとよいでしょう。長期間にわたって楽しさを維持させ、興味を高めることで前向きにハードワークするチームの雰囲気を生み出すようにすることが大切です。

コミットメントの向上を促すためには、他の選手との比較よりも、努力する姿勢や選手自身の改善を重視するような環境をつくり出すことです。例えば、U－12年代でも多く取り入れられているボールを扱うドリル練習では、決められた時間内にどれだけ成功するか記録し、さらに、次はその記録を破ろうと挑戦を促します。具体的なフィードバックとして個別の記録を提供するだけではなく、選手が練習の中で取り組んだことについてコメントできるように、振り返りの時間をつくることが大切です。

[13] ドラン博士によって提唱された目標設定の際に役立つ考え方です。SMARTは、Specific, Measurable, Assignable, Realistic, Time-relate の頭文字をとって表現されたものです。Doran (1981)

サッカーノートなどに言語化して整理することも良い取り組みです。また、トレーニングに向かう中で、保護者は「今日の練習で改善したいことは何？」と尋ねることもできるでしょう。選手自身が「今日の練習で改善しようと思うことを一つ挙げてみよう」と自問するようになれば最高のコミットメントでしょう。

Communication：コミュニケーション

コミュニケーションは、選手とコーチや両親、チームメイトといった他者との、言語的および非言語的な関係性を意味しています。この5Csでは、強力なHELPAs[14]の形成を目指しています。コーチや両親との関係性だけではなく、選手同士、つまりチームメイト間でのコミュニケーションも重要な概念です。5Csでは、他者を助け、他者を励まし、他者のことをよく聞き、他者を賞賛し、他者を認めることがコミュニケーションの狙いでもあります。このようなチームメイトとのコミュニケーションを促すきっかけをつくるのはコーチの役割です。

[14] Help, Encourage, Listen, Praise, Acknowledgeの頭文字で表されているコミュニケーションの概念です。

Concentration：集中

集中力とは、ある対象や人、思考、感情、または行為に対して注意を持続させる選手の能力です。集中力は、注意の向けられている場所（attentional focus）と、気を散らすことなく必要とされる時間だけ注意を持続できる能力（attention span）によって決定されます。スポーツをする際には、時に応じて注意を向けるべきことがたくさんあります。これらに注意を向けたり、調整したりする能力は、選手が判断し決定した結果によって明らかになり、フィードバックを通じて、さらなる集中力の向上に反映されます。

当然、サッカーの試合でも、集中力は重要です。試合に勝つためには、最大限のパフォーマンスを発揮することに集中する必要があります。集中力の低下が勝敗を分ける可能性は大いにあります。試合の中で、選手の集中を妨げるものとしては、対戦相手、ミス、審判、サポーターといった選手自身ではコントロールできない外的な要因と、不安やマイナス思考といった選手の抱く感情といった内的な要因があります。また、試合だけではなく練習の際も集中力を維持することが同様に重要なことは改めて言う必要はないでしょう。

集中力を高めるには、選手が特定の行動、状況やイベントに関する正しい手がかりに注意を向けられるよう支援することが大切です。コーチの役割は、選手が集中しなくてはならない時間を少しずつ増やしたりしつつ、選手の集中力を試しながらその調整をしたり、疲労が増す中で集中力を維持するようなことに挑戦させたりすることです。

保護者は、子どもたちが注意すること自体に注意を向けられるように働きかけることで集中力の向上をサポートができます。例えば、ボールを保持しているときやそうでないとき、さらには、休憩中など、練習や試合の特定の瞬間に、何を考えていたか、何をしていたか、もしくは、何をしようとしていたか、よく考えるように子どもたちに促すことが大切です。選手自身も、次はそれまでの注意の向け方をどのように改善できるのか検討し、例えば、疲労が増すような難しい状況でも、同様に集中力を維持できるかさらなる挑戦をすることで自らの成長を促進させることが大切です。

Control：コントロール、気持ちや感情の制御

コントロールは、選手の注意、思考、感情と密接に関連しています。選手は、試合でゴールを決めた際には、喜び、幸福、興奮といったポジティブな感情を抱くことができますが、一方で、失点した際には、さまざまなネガティブな感情を抱くことがあります。コントロールには、ネガティブな感情を理解し、受け入れ、管理・制御すると同様に、選手自身が先走りしないように助けてくれるセルフコントロールがあります。常に状況の解釈が重要で、ネガティブな状況でもポジティブな行為につながる可能性があることを理解しておくことが重要です。すべては私たちの選択次第であることを知っておく必要があります。このコントロールと情熱を混同しないように気をつけなくてはなりません。決して感情的になってはならないということではなく、自分の目標とする最適なパフォーマンスに適したレベルに、感情をコントロールすることができることが重要です。その際、情熱はコントロールのエネルギーとして欠かせな

いものでもあります。

コントロールスキルのコーチングにおいては、パフォーマンスの前と最中に、感情を管理する選手の能力を最適化することに重点が置かれています。選手として望ましい覚醒状態を達成するように支援し、次に、パフォーマンス中に起こったミスからすぐに立ち直ることに注力することが大切です。コーチの役割は、選手の感情への気づきを高め、練習や試合で使えるいくつかの方法（呼吸法、セルフトーク、チームメイトからの応援）を選手に提示することです。そして、異なるシナリオに最適な対応ができるよう練習環境を設定することも大切なアプローチです。

保護者としては、パフォーマンスをする前に子どもが落ち着けるように促し、その後の挑戦で、たとえミスをしたとしても、前向きに、次に役立つような反応をとることです。子どもが自分の思考や気持ち、感情を認識し、難題に直面した際に前向きな反応をみせることによって、子どものコントロールスキルの発達を支援することができます。練習や試合、その前後に経験した感情について、オープンに話し合う機会を設け、使える方略を一緒に考えることも大切です。同様に、選手自身も、自身の思考や感情、情緒を認識し、練習や試合の前後やその最中に、他者とこれらの情報を共有することは、コントロールスキルを向上させるための重要な方法となります。自身が使える多くの方略の中から、何が最も役に立つかを、練習や試合で常に試しながら考えてみることも重要です。

Confidence：自信

自信は、これまでの四つのCの影響を受けて養われるため、最後の「C」と位置づけられます。自信は、望ましいレベルでスキルを遂行することや特定の結果を達成することで得られた確信によって強化されるこころの状態を表したものです。この自信は、選手自身が養うことができるスキルで、努力によって築かれたその成果でもあり、選手の支えとなるものです。そして、このスキルによって、アスリートは挑戦し、チャンスを掴み、それまで自信のなかった選手にとっては脅威とみなされるような決断を下すこともできるようになります。若い選手にとって、自信の源となるのは、直近で成し遂げたこと、追体験（他人の体験を自分の体験として捉えること）、言語的な説得、感情のコントロールの四つがあるといわれています。

また、自信は、次に挙げる三つの確固たる基盤の上に構築されていない場合、頻繁に変動する可能性があります。その三つとは、「課題に積極的に取り組む姿勢」「達成感の蓄積」「他者からの積極的な支援」とされています。

コーチの役割としては、選手が失敗を恐れない環境をつくり、段階的に達成感を得られるようにセッションを構成することで、選手の自信を育むことです。どんな小さな成功体験も重要で、個々に意味のあるものであり、大きな成功は、その小さな成功体験の上に築き上げられるべきだという認識が大切です。

保護者は、子どもたちが達成したことや、発達の進捗状況を記録したものを作成し、それらをうまく使って励ますことで、自信の構築をサポートできます。また、個人の強みについて振り返り、さらには、その強みをさまざまな競争的状況においてどのように使うことができるのかについて、じっくり考えることを推奨することで、同様に、自信を構築するサポートができるでしょう。

選手としても、同様の取り組みで自信を構築することが可能ですが、この自信はコミットメントとも強く関連しています。設定した目標に集中し、目標達成に向けて持続的に取り組むことは、パフォーマンスを改善していくうえで重要なことです。さらには、ピッチの外やスポーツ活動以外で起こることすべてが、ピッチの中の出来事に影響するはずです。いつ、どこで、何をしていても、自らのパフォーマンスに注意を向けて、決定を行うようトレーニングすることも自信を養ううえでは重要です。

U－12年代において、現場に携わる指導者ライセンスを持たない多くのボランティアコーチをはじめ、保護者や、さらには子どもたち自身でも、5Csの概念を活用したアプローチが実践できるはずです。サッカーを始めたばかりの子どもたちは、期待や希望に溢れています。一見、同じような状態に見えても心理的なスキルは外見的な見かけ以上に個人差も大きいはずです。保護者やコーチが選手一人ひとりに丁寧に向き合い、対話することで選手の心理的な成長を支援することが大切です。

U-15

■発育発達段階

文部科学省はこの年代の若者について「中学生になるこの時期は、思春期に入り、親や友達と異なる自分独自の内面の世界があることに気づき始めるとともに、自意識と客観的事実との違いに悩み、さまざまな葛藤の中で、自らの生き方を模索し始める時期である。また、大人との関係よりも、友人関係に自らへの強い意味を見いだす。さらに、親に対する反抗期を迎えたり、親子のコミュニケーションが不足しがちな時期でもあり、思春期特有の課題が現れる。また、仲間同士の評価を強く意識する反面、他者との交流に消極的な傾向も見られる。性意識が高まり、異性への興味関心も高まる時期でもある」としています。[15] 現在のわが国においては、「生徒指導に関する問題行動などが表出しやすいのが、思春期を迎えるこの時期の特徴であり、また、不登校の子どもの割合が増加するなどの傾向や、さらには、青年期すべてに共通する引きこもりの増加といった傾向が見られる」ことを指摘しています。[16]

青年前期の子どもの身体的・心理的発達において、重視すべき課題

この年代での身体面について小野[17]は「人間は誕生から成人に至るまでの間に、二回

[15] 子どもの発達段階ごとの特徴と重視すべき課題 https://www.mext.go.jp/b_menu/shingi/chousa/shotou/053/shiryo/attach/1282789.htm（2023年6月22日参照）

[16] 子どもの発達段階ごとの特徴と重視すべき課題 https://www.mext.go.jp/b_menu/shingi/chousa/shotou/053/shiryo/attach/1282789.htm（2023年6月22日参照）

[17] 小野(1998)

の発育急進期を迎える。一回目は誕生から乳幼児期に至るまで、二回目は中学生前後にかけての期間である。そして、二回目の発育急進期は、思春期スパートに関わってくるもので、子どもが大人へと急速な変化を遂げていく重要な時期とされている」と述べています。この時期は形態面での急激な発達に機能面がついていけなかったり、身体全体や部分の大きさが変化してバランスが悪くなり、動きが一時的にぎこちなくなったりします。また、骨格の成長は支点と力点の距離を狂わせ、今までできていた技術が一時的にできなくなってしまうこともたびたびみられます。

このように、成長期における身体の急激な発達に伴うパフォーマンス低下や不調はスポーツの現場では「クラムジー」と呼ばれています。JFAはこのクラムジーを踏まえて「成長障害への配慮も必要な年代である。また、成長の個人差が大きく、あらゆる面でアンバランスな時期と言える」とアドバイスしています。[18] したがって、この時期は、新たな技術を習得するには不利な時期であり、今ある技術を安定させることを重視する必要があります。その後の身体面については、「不利な面と有利な面とが混在した時期が過ぎていくと、形態的な発育速度の低下および各機能の発育とともに再び安定した時期へと入り、『即座の習得』こそもうないが、『筋力』という武器を備えた新たな運動系のクライマックスへと向かっていく」と言及されています。[19]

また、運動・スポーツ活動への参加について、手塚ら[20]は、「体力増強、メンタルヘルスの改善、および仲間の獲得などさまざまなメリットがある」とする一方で「長時

[18] JFA (2020)

[19] 小野 (1998)

[20] 手塚ら (2001; 2003)

間にわたる練習やクラブ内のルールに縛られることで、運動・スポーツ活動以外の自由な時間が奪われ学業や日常生活に支障をきたすなどのデメリットも存在する」と報告しています。さらに、海外の研究では「過度な運動によるストレスは、傷害の発生だけでなく、睡眠や食欲の喪失、楽しみや満足感の低下、パフォーマンスの低下、後々のスポーツ離脱を引き起こす原因となる可能性が示されており、いくつかの研究により若年アスリートの約三割がやり過ぎのオーバートレーニングを経験している」ことがこの時期について報告されています。[21] つまり、この年代は、長時間にわたる練習やクラブ内のルールに縛られることで、大きなストレスや傷害の発生率が高まる恐れがあります。

[21] Matos et al. (2011)
Raglin et al. (2000)
Winsley & Matos (2011)

■サッカー指導

こうした状況の中、どのようなところに焦点を当ててサッカー指導を行う必要があるでしょうか。特に、指導者側から選手への心理的アプローチに関しては、小野[22]によると「思春期は、急激な身体的発達に精神面がついていけなかったり、自我の芽生える頃でもあり、情動的にも極めて不安定な時期である。したがって、指導者も選手の精神状態を把握する努力をするとともに、トレーニング中の接し方にもいろいろな注意を払う必要がある。しかし、この時期に『腫れ物に触るようにそっとしておく』ことは間違いで、むしろ、積極的に選手の内面に働きかけていくべきである。親を始め

[22] 小野 (1998)

として他からの干渉を極端に嫌うこの不安定な時期には、なおさら内発的な動機づけが必要になってくる」と述べています。

筆者も、大分トリニータやベガルタ仙台ジュニアユース年代の指導を担当したことがあります。その経験から、いくつかの事例を挙げさせていただきます。特に、この時期は発育のスパート期（思春期スパート）にあたり、筋・骨格が急速に伸びたことで身体のバランスが今までとは違ってしまうため、感覚が狂い、習得した技術が一時的にできなくなったり、上達に時間がかかったりといった現象が指導の中で起こってきました。また、成長の個人差も大きかったと思います。そのため、他の年代に比べて、いつも以上に時間をかけて指導していました。特に個別に細かく指導することや悩み事などをしっかり聞いてあげることで、もやもやした気持ちが緩和されてきたように思いました。また、指導している際、気になる選手は、選手の両親と会って、普段の生活の様子や学校生活などを話し合い、指導の参考にすることもしていました。

この時期は、肉体的にも精神的にも非常に不安定な時期であり、指導において特に難しい年代であることは間違いないと思います。そのため、「クラムジー」「思春期」「反抗期」についてよく理解し、それぞれの子どもにあった指導を心がける必要があります。特にこの頃になると性差がはっきりしてきます。女子は男子よりも早く思春期が始まることも認識しておくべきです。子どもたちの体格や、体力的な差が大きいのもこの時期です。画一的な指導ではなく、一人ひとりを理解し、それぞれに適した指導を心がけるべきです。

■必要な心理的・社会的スキル

この年代でのサッカー選手として必要な心理的・社会的スキルとしては、特に技術面に関しては、「クラムジー」の時期にどれだけ基本技術を徹底して行うことができる忍耐力です。反復トレーニングの中で基本技術の徹底に積極的に取り組めるメンタルが大切です。また、体格、体力的に差が大きい中でも、トレーニングに励むことができる集中力です。そして、こうした「思春期」においての自身の感情をうまくコントロールすることです。そのために、パフォーマンスの低下や向上に対して自己をコントロールするメンタルが大切だと思います。最後に「反抗期」の中でも、親や仲間との関係を構築する協調性です。学校での人間関係など、試合中以外のこともしっかりコントロールできていることが大切になります。

U－18

■発育発達段階

文部科学省はこの年代の若者について、「親の保護のもとから、社会へ参画し貢献する、自立した大人となるための最終的な移行時期である。思春期の混乱から脱しつつ、大人の社会を展望するようになり、大人の社会でどのように生きるのかという課題に対して、真剣に模索する時期である。現在、我が国では、こうした大人社会の直前の準備時期であるにもかかわらず、自らの将来を真剣に考えることを放棄したり、目の前の楽しさだけを追い求める刹那主義的な傾向の若者が増加している。さらには、特定の仲間の集団の中では濃密な人間関係を持つが、集団の外の人に対しては無関心となり、さらには、社会や公共に対する意識・関心の低下といった指摘がある」ことを指摘しています。[23]

青年中期の子どもの身体的・心理的発達において、重視すべき課題

この年代での身体面では、小野[24]は「今までの身長の伸びもほぼ終了に近づき、晩熟型の子どもでも、ほぼそのピークは越えている頃になる。急速な身体変化によるさまざまなアンバランスも徐々に消え去り、身体が再び調和を取り戻すと全体的に筋肉も目立ち始め、運動系の新たなるクライマックスを迎えることになる」としています。パワーや筋力の発達はこの時期にかけて急激に向上しているため、一三歳以降の基本的な反復トレーニングに加え、筋力トレーニングやジャンプ系の運動が可能になります。

[23] 子どもの発達段階ごとの特徴と重視すべき課題 https://www.mext.go.jp/b_menu/shingi/chousa/shotou/053/shiryo/attach/1282789.htm（2023年6月22日参照）

[24] 小野（1998）

■サッカー指導

実際のサッカーにおいて、ゲームは、11対11で正規ピッチサイズの九〇分が基本になります。そのため、チーム戦術をしっかりと理解して攻守において自分の役割を理解しながらプレーできるようになることが大切です。この時期は、特に自立のための準備期になるので、責任感や規則といった自立させるためのルールの中で役割を持たせることもします。また、技術面でもそれまで身につけたサッカーの基本動作や基礎を土台として、さらにその上に自らの個性を発揮できるようになることが大切になります。今まで身につけてきた技術をより速く、より強く、プレッシャーの中で発揮できるようにすることです。その他これにより小さい頃から培われていた才能をさらにレベルアップさせることができます。

したがってオランダサッカー協会[25]によると「精神的にも肉体的にもバランスがとれるようになる過程にある」としています。こうした状況の中、指導において、どのようなところに焦点を当てて行っていくかというと、JFAは「指導者側から選手への心理的アプローチに関しては、成長期が終わり肉体的にも身体的にも再び安定を取り戻し、大人の仲間入りをする年代である。しかし、外見は大人のようだが、まだ内面は子どもの部分も多く、『分かっているようで分かっていない』という年代であることも事実である。主張するもののまだまだ責任感の薄いプレーも多く、状況の中でやるべきプレーよりも自分のやりたいプレーをしている場面も多くみられる」としてい

[25] オランダサッカー協会（2003）

ます。[26]

筆者も、仙台育英学園や滝川第二高等学校でこの年代の指導を担当したことがあります。その経験から、いくつかの事例を挙げさせていただきます。特に身体が再び調和を取り戻すと全体的に筋肉も目立ち始め、運動系の新たなるクライマックスを迎えることになります。そのため、パワーや筋力の発達が著しいこの時期からは、基本的な反復トレーニングに加え、筋力トレーニングやジャンプ系の運動を多く取り入れました。また、筋トレが可能な年齢ということで競技の強度も自然と上がってくる時期になり、当たりの強い中でのプレーの精度やプレッシャーの中での判断、精度、トップスピード下でのボールコントロールなどなどさまざまな変化がこの時期にみられるようになります。自分の得意、不得意といった特徴が明確になってくるため、自分でも何が必要かなどと考えて取り組めるようになってきます。ただし、成長の度合いが選手により違うので、個々に合わせたメニューを行うことが大切になってきます。そのため、その選手にとって得意なプレーを意識させたり、選手に自信を持たせ、プレーの質を上げていくことが重要になってきます。

次に選手一人ひとりにオン・ザ・ピッチ、オフ・ザ・ピッチどちらにおいても人としての自立を促すことも大切になってきます。これは、この時期になったからといって急に指導を始めるのではなく、徐々に自然に身につけさせることが大切です。この自立を促す指導については、選手をコントロールするところが難しく、どの程度まで

［26］JFA（2008）

干渉する必要があるのかが、いつも悩みの対象でした。このように、外見は大人のようですが、まだ内面は子どもの部分も多く、どのようなアプローチが適当であるかを判断することが、指導のポイントになると思います。

■必要な心理的・社会的スキル

この年代でのサッカー選手として必要な心理的・社会的スキルとしては、特に自立のための準備期になるので、他にないストロングポイントを身につけることです。技術面に関しては、今まで身につけてきた技術をより速く、より強く、プレッシャーの中で発揮できることです。また、ゲーム中でのプレッシャーの受け止め方です。逆境に立たされても、ポジティブなメンタル、常に平常心の状態を継続できるメンタルが大切だと思います。

次に戦術面に関しては、チーム戦術や自分の役割を理解しながらプレーできるようになることが大切です。そのため、チームメイトのミスをカバーする大らかさや、チームのミスによって動揺しないメンタルが大切だと思います。一方で、自立のための準備期になるので、課題が見つかったときに常に自分で切り開ける能力とメンタルが大切だと思います。

最後に、オフ・ザ・ピッチでの人間関係などのコントロールです。社会の一員としての自覚を持った行動を身につけていくために、規則正しい生活習慣や人間関係をコントロールできるメンタルが大切だと思います。

大学生

■発育発達段階

大学は、社会に出るまでの最後の教育機関です。特に四年間という時間をどのように過ごすかは人それぞれであり、将来像も人それぞれだと思います。サッカー競技に関わりながら、プロ選手を目指す者、公務員や会社員を目指す者、起業する者など、さまざまな選択肢を模索しながら過ごしています。特にプロサッカー選手への道を進む選手は、ほんの一握りです。大学生はそれなりに時間があり、自由と誘惑の存在は、自分自身の将来像への意志を試されることにもなります。そして、自分を律することの必要性を学ぶ時期でもあります。大学を卒業した先には、それぞれの将来像や目標に向き合うことがあると思います。しかしながら、在学中は同じクラブに属し、同じ目標へ向き合う大学サッカーにはさまざまな魅力、可能性を感じることも多いと思います。そして、その可能性のぶんだけ、大人一歩手前のような大学生の指導に関わる立場にある人の向き合い方は非常に重要です。

■サッカー指導

順天堂大学蹴球部の監督として、大学サッカー界で数多くのタイトルを獲得してきた吉村雅文氏によると「私が長年、大学サッカーの指導者として携わってきた選手たちの特徴は二つである。ひとつは高校卒業時にプロ契約できず、大学四年間で力をつけてもう一度プロに挑戦したいという思いが強いこと。もうひとつはその反面で『試合に勝つか負けるか』、『選手として上手いか下手』、『チームとして強いか弱いか』など、サッカーという競技の捉え方が短絡的である。断片的な表現にとどまる選手が非常に多い」と述べています。実は高校のときに優秀だといわれていた選手ほど、その傾向が強いようです。そこで吉村氏は、「あえて大学に進学してきた選手が、高校とは違う環境でサッカーをする機会を生かし、成長するためには、選手にもう一度、『サッカーってどんなスポーツなんだ?』、『サッカーの特性っていったい何なんだ?』という本質を考えてもらうことである。長年やってきた中でこの『本質の追求』というのが、選手の成長につながるキーワードなのではないかと考えている」と述べています[27]。

筆者も、関西国際大学や追手門学院大学体育会サッカー部でこの年代の指導を担当したことがあります。その経験から、いくつかの事例を挙げさせていただきます。クラブ内にはさまざまな経験をしている選手がたくさんいます。また、高等学校とは違う、さまざまな地域から大学に来ています。そのため、いろいろな思考を持っている

[27] COACH UNITED https://coachunited.jp/column/000433.html# (2023年6月22日参照)

選手は少なくないと思います。もちろん、その選手が高校までに受けてきた指導方法も違っています。その中で、一人ひとりが自身で考え発言・発信していくことの捉え方は、クラブに属する一人ひとりにとって異なります。周囲からの声で、自分自身を見つめ返し、これまでの自分から脱却していくこともあります。その結果、自分自身を変える機会につながっていき、これから見据える将来も異なってきます。そんな人々が集まるクラブで受ける刺激は大学スポーツの良さでもあります。選手の誰しもが時に迷い、悩み進んでいる中で、自分自身の意思を持ち、考えて発言・発信できる力を持つ人間は、周囲へ大きな影響を与えることができるようになります。これは、ずっと年の離れた指導者から言われることよりも影響は大きく、同い年、同世代だからこそ、生まれる刺激だと思います。

また、競技以外のことに触れる機会が多くあります。例えば、講義だけでなく、アルバイトやインターン、就職活動、ボランティア等のさまざまな機会があります。他の競技に取り組む機会もあるでしょう。プロ選手とは異なり、サッカー以外のことに触れる時間をいろいろ経験することは、大学生ならではの時間の使い方です。そして、競技以外のことに触れることで、自分自身にとっての競技への考えや、競技に取り組むことへの重要性を考え、将来設計をしていくことになります。さまざまな経験の中で、考えを深めていくことのできる機会が大学生にはあり、競技力向上だけがすべてではないと思います。

■必要な心理的・社会的スキル

この年代でのサッカー選手として必要な心理的・社会的スキルとしては、自立した時期になるので、常に大人の目線からアドバイスしていく必要があると思います。中学・高校年代で指導していた内容とは異なり、より自主性を促す指導が必要となります。選手が考えている道を少し軌道修正してあげる程度が適当な指導につながっていくような気がします。他の世代にないストロングポイントです。将来に向けて、自分に何ができて、何ができないのかを自覚させる必要があると思います。また、技術面では、高校生年代より一層速く、強く、プレッシャーの中でスキルを発揮できるようにレベルアップを図ります。

社会人／プロ

■成人として

最終的な教育機関を経て、就職することになります。サッカー選手として今まで継続してきた中で「働く」ということを考えたときに、自身で葛藤が始まります。例えば、サッカー選手としてプロの道を選択する「挑戦」を選ぶのか、一般企業に勤めて「安定」を選択するのかという岐路に立たされます。もちろん、現在の社会では、プロのような一年契約で、業績をもとにシビアに評価する企業も少なくないと聞いています。このことから、サッカー選手が「働く」ということに関しては、世の中にはたくさんの「働いている人」がいて、「働く」ことに関する問題や議論も満ちあふれています。

それでは、そもそも何のために「挑戦」するのでしょうか。現状では生きていくことが困難である場合などには、その状況を打ち破るために「挑戦」することはある意味必然的な行為です。しかし、衣食住も足り、安定した生活を送っていながら、ときにはリスクをおかしてまでも何かに「挑戦」することの目的はどこにあるのかを模索することもしばしば起きてきます。

プロ選手への挑戦は「夢」であり、届きそうな届かなさそうな目標であると言えましょう。「夢」は、実現可能性に多少の差はあれ、未来におけるある程度不確実性を持った願望です。それでは、プロ選手への挑戦を目標としたとき、あるいは夢破れて企業で「働く」ということを考えたときに、プロ選手を目指す過程で培われた「性格」は、社会適応にどのように有利に働く可能性があるでしょうか。鶴[28]は「学力や偏差値のような『頭の良さ』(認知スキル)だけでなく、むしろテストでは測れない『性格スキル』が人生の成功に影響する」と述べています。さらに、「性格スキル」についてはビッグファイブ[29]と呼ばれる五つの性格因子をもとにして「真面目さ」「開放性」「外向性」「協調性」「精神的安定性」であると述べました。

[28] 鶴(2018)

[29] ビッグファイブについては谷ら(2023)を参照。

①真面目さ：目標と規律を持って粘り強くやり抜く資質、勤勉性
②開放性：好奇心や審美眼、想像力、新しいものへの親和性
③外向性：社交性や積極性、コミュニケーション能力
④協調性：思いやり、優しさ、利他性や共感性、仲間と協力して取り組む力
⑤精神的安定性：不安や衝動が少ない資質、緊張への強さ、自分に対する自信

鶴によると、「『真面目さ』の裏づけとして、例えば高校生時代の無遅刻は、その後の学歴を高め正社員になりやすいことや大阪大学が実施した日米調査（男性対象）では、日米とも『真面目さ』が年間所得を高めることを示した」とのことです。また、「性格スキルが賃金に及ぼす影響は対象者の学歴とあまり関係がないことも明らかである。どのような学歴の人でも、性格スキルが向上すれば賃金も上がる比例関係にある。性格スキルは大人になってからも、そして年をとってからも伸ばしていくことができる。さらに『精神的安定性』『協調性』については、社会人になってからの伸びが大きいことは興味深い。新たな環境の中で粘り強く適応していく『真面目さ』が求められたり、新たな人間関係を構築しなければならない『協調性』と『外向性』も鍛えられる」とのことです。[30]

ここまでは、社会で「働く」ための性格的スキルを紹介してきましたが、社会で将来の可能性に向かって挑戦を続けるサッカー選手にとって、筆者が考える必要な心理

[30] ただしビッグファイブは「五つの性格因子」であり、望ましい側面と望ましくない側面の双方を併せ持つものであるため、伸ばすべきスキルであるとする考え方には注意が必要です。例えば「誠実性」（真面目さ）が高すぎると簡単な仕事においてパフォーマンスが低下してしまうことなどの問題も指摘されています。川本（2021）

的スキルを身につけるべきなのかという点に関しては、非常に共通したところが多くあります。つまり、サッカーチームも社会の縮図であり、そこでどうすれば大成できるのかについての考え方はほとんど一緒のように感じるからなのです。

■サッカー指導

社会人やプロ選手は自立した一人の大人であるため、これまでの育成年代とは違ったアプローチとなります。特に指導者の役割は、大きく分けて三つあります。

①戦術を選手にしっかりと伝え、引導する

指導者としてのフィソロジーやチームの方針を伝えていくことが大切になります。

②ベストなメンバーを組めるよう選手のコンディションをコントロールする

ある程度完成した選手であれば、いまさら、急激に技術力や戦術眼がレベルアップすることは望めません。したがって、いかにピークパフォーマンスに持っていけるか、身体面でコントロールすることが大切になります。

③モチベーションの向上

メンタル面に関しては、一人の大人として接しますが、一人ひとり考え方を持っている成人は、いかにコミュニケーションを図りながら相手の気持ちを理解し、納得のいく方法でプレーできるかが極めて重要だと思います。

以上のことが、主に行う指導になりますが、技術的なところでいうと、「ボールを止めて蹴る」というパスの精度などの基本的な動作から見直すときもあります。つまり、選手自身が、できているようでできていないことが実際には多々あるのです。そうした基本的な技術部分や戦術を見直すこともあります。社会人、プロ選手となると、生い立ちや、年齢、考え方もさまざまであり、いろいろな指導で培ってきた自負もあります。そこで、選手を否定することなく理解することと、自身の考え方を理解させることが非常に大切だと思います。

■必要な心理的スキル

これまで、プロサッカー選手として所属した湘南ベルマーレやコンサドーレ札幌、コーチや監督として選手を指導したヴィッセル神戸や大分トリニータでの経験から、プロサッカー選手として必要な心理的スキルを紹介していきたいと思います。

プロサッカー選手の一〇の特徴

①自分は必ず成功するという自信がある
　常に高い目標を視座に置き、強い信念を持って遂行するメンタル
②チャレンジ精神がある
　調子が悪いときでも、悪いなりにチャレンジするメンタル
③チームメイトのミスをカバーする大らかさ

チームのミスによって、動揺しないメンタル
④ゲーム中、プレッシャーに対して冷静・沈着でいられる
常に平常心の状態を継続できるメンタル
⑤課題が見つかったときに解決策を自ら導ける
常に自分で切り開こうとするメンタル
⑥ゲーム中、どんな状況に対しても、邪魔されない集中力
サポーターからの罵声など邪念があっても集中できるメンタル
⑦ゲーム展開や自身のプレーへの感情のコントロール
ゲームの展開や自身のプレーに一喜一憂しないメンタル
⑧他にないストロングポイント
他の選手に決して真似できない自分自身の特徴
⑨ゲーム中でのプレッシャーの受け止め方
逆境に立たされても、ポジティブなメンタル
⑩オフ・ザ・ピッチでの人間関係などのコントロール
規則正しい生活習慣や良好な人間関係をコントロールできるメンタル

以上に挙げた一〇の特徴は、プロサッカー選手としてのみならず、社会において も、一人の大人として、身につけることが必要な「心理的スキル」であると言えましょう。

6章
シーズンでの心理的アプローチの方法

シーズンでのピリオダイゼーション

大事な試合や目標とする大会でベストパフォーマンスを発揮するためには、「計画性」が必要です。試合当日にピークの状態で臨むために、一年間をいくつかのシーズンに期分けして、短期的、長期的にトレーニングを計画することを「ピリオダイゼーション」といいます。ピリオダイゼーションとは、日本語で「期分け」という意味です。長期的なトレーニングにおいて、常に同じトレーニングプログラムを実施するのではなく、期分けした時期によって行うトレーニングを変化させていきます。ピリオダイゼーションの時期区分は、基本的には一年間または半年間を最も大きな「マクロサイクル」と呼ぶ全体として捉え、それをメゾサイクルと呼ばれる通常四週間から八週間のいくつかの時期に区分します。そして各「メゾサイクル」はそれぞれ一週間の「ミクロサイクル」と呼ばれる単位から成り立つことになります。ここでは、「メゾサイクル」を準備期（プレシーズン）・試合期（インシーズン）・移行期（ポストシーズン）の三つに大きく分けて構成し、心理的アプローチの方法を紹介します。

「メゾサイクル」の三つの構成と心理的アプローチ

■準備期（プレシーズン）

準備期はその目的に応じて、一般的準備期と専門的準備期とに分けられます。[1] 一般的準備期とは、最終的に向上させたい体力要素の一時的な低下を前提とし、一定期間大きな負荷をかけ続けることが目的となります。専門的準備期は、一般的準備期に蓄積した疲労を回復させていき、競技においてより専門的な体力要素の発達を引き出すことが目的です。準備期では、この二つの関係性が大切になります。また、一般的準備期は鍛錬期とも呼ばれ、筋力や持久力、バランス能力など、スポーツの基礎となる身体づくりの期間です。目標とする試合まで時間がありますので、基礎トレーニングをしっかり実施できます。体力テストを行い、基礎体力で不足している面を強化する必要があります。また、試合の一～二か月前からは、技術トレーニングや戦術トレーニングを主とします。実践に近いトレーニングを取り入れ、試合に勝つためのトレーニングを行います。そして試合の一週間ほど前からは筋力トレーニングなどのフィジカル面のトレーニングの量を減らします。プロの場合、試合は連戦ではなく一試合がほとんどであり、ゲームに向けてのコンディショニングを大切にしながら、選手個々の、そしてチーム全体の強化を目的として取り組みます。このことからも準備期は全

[1] ボンパ（2006）
村木（1994）

面的な基礎体力から専門的な体力までを向上させるための期間であり、また試合期のパフォーマンスを左右する重要な期間であるといえます[2]。

そのため、心理的アプローチとして準備期は、まず最初に目標を定め、試合までのプランを立てます。また、試合当日までにどんな練習をどれだけやれば、どこまで上達するかも考えましょう。特に、長いシーズン、良いときもあれば、うまくいかないときもあります。したがって、この時期にタフなメンタルをつくり上げておく必要があります。苦しくなり、どうにもできない状態になったときこそ、この時期を思い出すくらい鍛えて、自分自身にしっかりと自信を身につけておく必要があります。また、この自信と類似した概念に自己効力感（self-efficacy）があります。「自己効力感」とは「自分ならできる」と、自分の力を信じる「確信」度合いのことです。自己効力感が「強い」と「弱い」とでは、その人の行動に差が出てメンタルにも影響を及ぼす可能性があります。スポーツ選手の自信や自己効力感に影響する要因には、競技前の練習量、生活習慣、心身の状態などがあります。そして、結果や目標達成に対する自信によって、競技に対する総合的な自信が形成されます。一般的な自信の高め方には、競技の作戦のリハーサルを十分に行っておくことや技術の達成度を向上させることなどがあります[3]。したがって、この時期に一定期間、最終的に向上させたいサッカーの要素に大きな負荷をかけることを目的として鍛錬することにより、心身ともにシーズンで戦う準備ができあがります。

［2］田中（2009）

［3］徳永（2011）

■試合期（インシーズン）

疲労を蓄積させないよう、コンディションをできるだけ高く保ち、パフォーマンスの安定を図る時期になります。特に、この時期は試合が行われる期間であり、ここに合わせてコンディションをピークの状態に持っていく必要があります。また、試合に向けて疲労を溜めすぎないことが重要ですが、試合期が数週間から数か月間に及ぶ場合、この時期に全くトレーニングをしないと体力は低下します。体力を維持するためにも、短時間で高強度のトレーニングを行う必要があります。

阿部[4]によると「土日に公式戦が連戦で組まれることが多い場合、週末に向けてコンディショニングを行う」と述べられています。例えば、月曜日は土日試合の後に有酸素運動と軽い運動・ストレッチングを入れることで疲労を除去する狙いがあります。プールでのコンディショニング、交代浴、サウナ（短い時間）、アイスバスなどを有効に使います。試合にメインとして出ていた選手のグループと出ていない選手グループに分けてコンディショニングを行う必要もあります。コンディショニングメニューとアジリティ・パワーメニューを取り入れて約一時間程度です。火曜日は心身ともにリフレッシュすることを目的として完全なオフとしますが、やはり試合出場の状況によってストレングストレーニングを行います。故障者などは身体のトリートメントを行い、傷んだ身体のケアを行います。水曜日・木曜日は通常トレーニングとなり、金曜日は試合前のため質・量ともに軽めのメニューで調整します。毎週のように連戦が

[4] 阿部（2013）

続くので一週間のトレーニングやトレーニングのボリュームは状況に応じて変更していく必要があります。そのため、心理的アプローチとして試合期は、自分が今やっているプレーに意識を集中することが大切です。すなわち「マインドフルネス」な状態で、勝敗などの結果や過去、未来を考えないことです。なぜなら、試合をするとき勝ちにいくのは当たり前で、それより何をすれば勝てるかという「プロセス（やるべきこと）」に意識を集中すべきです。また、スポーツではミスが当たり前で、ミスをどう次へつなげるかが重要です。ミスを気にする完璧主義（自分を批判しすぎる、反省しすぎる、完全を求める）の選手は、トラブルが多いことも事実です。[5] 一流選手は、何か起きたときの対処がうまく、気持ちの切り替えがうまいと思います。以下に、試合前、試合中の心理的アプローチ方法を高妻[6]をもとに紹介します。

試合一週間前

試合の一週間ぐらい前から「調整」を行います。その調整は心・技・体のバランスを考えてやりましょう。心理的準備ではイメージを使ったシミュレーションを行い、徹底して勝つための予測・プランを立てましょう。また、試合までは、セルフトークを活用したポジティブな言葉づかいや声出しを心がけましょう。会話や他人とのコミュニケーションもポジティブに行い、頭の中をプラス思考にして試合に対する準備をする必要があります。そして、プラス思考になり、試合が楽しみで待ちきれないと

[5] 8章「バーンアウト」も参照。

[6] 高妻（2005）

いった気持ちにする努力をしましょう。特に一週間前からは、起床時間、朝食や練習の時間を試合当日に合わせることも重要です。例えば、毎日夕方に練習しているのに試合は午前中だとすると、ピークパフォーマンスを発揮するために、ひと工夫が必要となります。さらに、試合の数日前か前日には、会場を下見したり、その場所で練習をしたりすると安心感につながります。試合会場から見た風景を確認し、大勢の観客や役員らをイメージして会場の雰囲気を想像し、そこでどんな試合をして実力を発揮するかをイメージします。迷いや不安をなくし、安心感と自信を持ちましょう。

試合直前（試合前日）

試合前日の過ごし方は、できるだけ毎日のペースを壊さないようにし、もし前日に宿泊するなら時間を有効に使うことを考えます。例えば、チームメイトとのポジティブな会話、コーチとのプラス思考の会話など、食事や夜の過ごし方を楽しくリラックスしたものにしてください。夜寝る前のセルフコンディショニングをします。朝のセルフコンディショニングで、目覚めをよくします。例えば、リラクセーションミュージック、または好きな曲など、目覚めの音楽を流すといいです。朝は散歩をします。散歩で試合で勝つための気持ちの調整をするのです。具体的には、ゆっくりとした時間をつくり、こころの余裕を持ち、身体を動かし、おなかを減らします。散歩は笑顔で楽しく、気楽にしてください。胸を張り、上を向くような姿勢で行います。こうして一日の心理的準備ができたら、食事へ向かいます。朝のトレーニングをするなら気持ちよく行い、身体だけでなく気持ちの面も調整します。朝食はおいしい食事を楽しく摂ります。元気よく、気持ちのいい声で「いただきま〜す」とポジティブなセルフトークを行い、食事中はプラス思考の会話をします。効果的に一日の栄養補給をし、満足した食事ができるよう工夫してください。食事の時間も、一日をスタートする準備となるこころのトレーニングとして活用し、チームメイトや家族とのコミュニケーションスキルを高める場とします。朝は二度寝をしないようにします。気持ちよく爽やかに家、ホテル、寮などを出て行きます。いい気持ち、いい雰囲気で出発し、気持ちよく元気にあいさつやセルフトークをします。セルフトークで自分の気持ちをポジティブにし、気持ちのスイッチを入れるのです。

移動

電車やバスを使うなら、ウォークマンやスマートフォンなどで音楽を聴き、こころの準備をします。集団での移動なら、バスの中などで試合前に気持ちが乗る音楽や映像を流し、試合会場につく前に試合がやりたい、待ちきれないという気持ちをつくります。チームメイトとの楽しい会話や雑談を利用するのもいいです。

試合会場到着

試合会場に着いたら、係の人や関係者に気持ちのいいあいさつをします。このあいさつが自分の気持ちをより良いものにしてくれます。こころの準備ができていると気持ちのいいあいさつができるものです。好きな鼻歌を口ずさみながら、または音楽を聴きながら、気持ちを乗せてロッカールームへ向かいます。チームのテーマ音楽を流したり、個人で好きな音楽を聴いたりして、気持ちを乗せながら更衣をしてください。さらに、チームメイトやコーチたちとの楽しい会話でリラックスし、勝つための雰囲気づくりをします。

更衣を終えたら、試合会場の下見です。試合当日のグラウンドのコンディションをチェックし、同時に時間をゆっくりとってリラックスします。目標を思い出し、自分のしたいこと、やるべきことをイメージします。身体を動かしたイメージトレーニングとプラスの言葉でこころのスイッチを入れます。やる気が出る、気持ちのいい、気持ちの乗った、いつも通りのリラクセーション・サイキングアップ（心理的準備）と、いつも通りの身体のウオーミングアップを行います。試合までの時間、何をやれば自分（チーム）の最高のプレーができるかを考えて過ごします。監督の話も「ポジティブ」に聞き、試合前の素晴らしい雰囲気をつくります。

試合中

自分のベストプレーなど成功イメージだけを持ち、試合中やプレー中にフォームや身体の動きについて悩んだり、考えすぎたりしないことです。特に試合中の気持ちの切り替えが大切になります。つまり、プレーとプレーの「間」での気持ちの切り替えです。サッカーの場合、スローイングやファウルでゲームが止まったときなどです。試合でベストパフォーマンスを出すために、ルーティンやフォーカルポイント[7]を用い、今やるべきことに意識を集中します。またセルフトークをしたり、プラスのコミュニケーションをとったりします。

[7] 目を使った集中・気持ちの切り替えのこと。

劣勢のとき

試合が終わるまで、チャレンジを続けるプラス思考（強気・前向きの気持ち）でいます。ピンチのときに何をしたら気持ちが切り替えられるか、ルーティンやフォーカルポイントを持っておくことも大切です。コーチの言葉を常にプラス思考で、いいアドバイスとして受け止め、呼吸法を活用したセルフコントロールのテクニックも活用して、試合を楽しむ方向へ切り替えます。焦らないことが重要です。

同点のとき

試合が終わるまでチャレンジの気持ちを保ち、自分やチームメイトに対する「言葉がけ」や発声をポジティブに行い、チャレンジ精神をつくるためのコミュニケーションや雰囲気づくりをします。ここでも、自分へのチャレンジ、限界への挑戦、苦しみ、自分の力の発揮を楽しむなど、試合を楽しむことを意識します。

優勢のとき

試合が終わるまでチャレンジの気持ちを維持し、気持ちが守りに入らないようにします。気持ちが守りに入ると自分のリズムを壊し、プレーがガタガタになる可能性もあります。あと何点取ろう、そのために「今やるべきことは〜だ」などと新しい目標を設定し、チャレンジ精神を持って試合を楽しみます。楽しむことが自分の集中力を向上させるのです。

■移行期（ポストシーズン）

試合期直後の期間です。準備期、試合期で蓄積した身体的、精神的疲労を回復させ、低強度のトレーニングやレクリエーションなどによって、怪我や疲労の回復を行います。[8] 試合を振り返り、次のシーズンに向けた準備をします。阿部[9]によると「移行期のコンディショニングの取り組みは、次のシーズンの成績を左右する」と述べられています。よって、綿密に計画されたプログラムの実施とフィードバックが必要で、選手・チームの状況を十分に考慮して比較検討します。シーズン終了から、身体のメ

［8］山本（2014）
［9］阿部（2013）

ンテナンスを主に行います。具体的にはトリートメント、プールなどの水中でのコンディショニング、ジョギング、ランニング、エアロビクスなどの有酸素運動、コアエクササイズ、簡単なストレングスメニューなどを実施します。そのため、心理的アプローチとして移行期では、いつもと違うスポーツ（レクリエーション）や、気分転換になるような運動などを行う休養期間を一～四週間設けることで、次のオフシーズンにうまく移行することができます。新たに始まるシーズンに向けて「こころも身体もリフレッシュしてがんばろう」という気持ちになるような期間を過ごすことが特に大切です。この期間は長すぎず短すぎず、選手のモチベーションが高まる程良い期間設定が重要になります。このサイクルは、一日単位だけでなく、週単位、そして年単位でも成立します。きちんとオフをとって心身ともにリフレッシュしなければ、良いパフォーマンスを継続することはできませんし、能力を伸ばすこともできません。いくら毎日しっかり睡眠をとり、必要な栄養をとっていても、オフシーズンという「完全リラックス」の時間を作らなければ、パフォーマンスは低下し、怪我や病気の原因となる危険性があります。例えば、プロサッカー選手の場合、厳密には一か月間は完全なオフを取り、次の一か月間で新シーズンへの準備（チームの合宿など）を行い、一〇か月間試合を続けるという形が理想です。このサイクルをきちんと続けていくことができれば、毎年成長を続けられ、選手生命も延びる可能性が高まります。

7章
怪我による心理的対処方法

サッカーにおける傷害の取り組み

サッカーは世界中で最も人気のあるスポーツです。現在の競技者人口は約二億四〇〇〇万人で、うち四〇〇〇万人が女性です。実際にサッカーをプレーする人が常に増え怪我の頻度も上昇し続け、治療費とプレー時間の損失につながっていることから、傷害予防プログラムの必要性が認められます。国際サッカー連盟（Fédération Internationale de Football Association：ＦＩＦＡ）は、現在二〇五の加盟国を統括するサッカーの国際管理団体です。ＦＩＦＡはさまざまな試合を、男女ともにあらゆる年齢集団とプレーのレベルにおいて、フェアプレーの精神で円滑に運営することを保証する責任を負っていると自負しています。このため、ＦＩＦＡは所属サッカー選手の健康に対する責任も負っていると考えています。あらゆるレベルで行われる年間試合数の増加に伴い、傷害発生率と身体症状の発現率も明らかに上昇しています。ＦＩＦＡの目標は、現在の知識に基づき、上昇し続ける傷害発生率を低下させるとともに、一次的な傷害および二次的な変性変化を予防することを確保することです。[1]

［1］国際サッカー連盟（2007）

サッカーにおける傷害について

サッカーはゴールキーパーを除いては、広いフィールド内で手以外のあらゆる身体部位を使い、ボールを相手ゴールに入れる競技です。そこではダッシュ、ジャンプ、スライディング、サイドステップ、急激な方向転換、サッカー特有のキック動作などを相手と競り合いながら繰り返し行っています。このような特殊な動作を有するサッカーは、当然他のスポーツと異なるスポーツ傷害を有します。スポーツ傷害とは、スポーツ活動中に外力を受け一回の外傷を生じた場合をいいます。これと異なり、スポーツ障害とは運動トレーニングやスポーツの反復練習中などに起こりうる慢性的な異常をいい、トレーニングを行う個人に対して質的にも量的にも強すぎる場合における障害として捉えられています。中野ら[2]によると「反復繰り返しの中で発生してくる局所の過労状態である使いすぎ症候群に起因する」と考えられています。アスリートにとって怪我は避けては通れない問題です。また、長い競技生活の中で多くのスポーツ選手が大なり小なり、怪我を負った経験を持っているにちがいないと思います。こうしたスポーツ傷害に関する医学的観点からの研究は、非常に多くの研究が行われています。そこで得られた知見は実践へ有効活用され多くの成果を挙げてきています。

近年、この領域において心理学的側面からも研究が行われています。受傷したス

[2] 中野ら（1982）

ポーツ選手は身体ばかりではなく、こころにおいてもさまざまな問題を抱えているという現状があります。そのようなスポーツ選手の心理的側面を明らかにすることは競技生活への完全なる復帰を考えるうえで重要です。怪我は一時的な競技停止による競技能力の低下を招くだけでなく、最悪の場合にはスポーツ選手としての引退を迫られる原因ともなりえます。現に一流のスポーツ選手が怪我を理由の一つにして引退しているケースも多々あります。右膝の怪我が引退の一因となった元プロサッカー選手の名波[3]は、自身の負った怪我について、「ケガをすること自体、選手にとってはそれがどんなに小さいものでも、ものすごくショックなんだ。その上、長きにわたってリハビリをすれば、メンタルで落ち込み、ケガの状態以上に長引くケースもあるだろうね」と当時の思いを記しています。彼の発言からもスポーツ傷害がアスリートの人生に与える影響の大きいことや、それが単に身体的な問題だけでなく、心理的な問題も関与していることが理解できると思います。

三輪ら[4]は、受傷アスリートの訴える痛みについてサンダースが提唱したTotal Painの概念を援用し、「負傷による身体的な痛みは、単に身体に異常があるだけでなく、不安や焦燥感などの心理的な痛み、理解者の不在や周囲に受け入れられていないという社会的な痛み、さらには、競技を続ける意味を失い、競技者としての自己の揺らぎを引き起こすスピリチュアルな痛みに結び付く」ことを示唆しました。受傷アスリートは、スポーツ傷害からの早期復帰を目指したリハビリテーション（以下リハビリ）

[3] 名波（2009）

[4] 三輪ら（2004）

への取り組みを余儀なくされることになります。ジョンソンら[5]によると「リハビリ期間中の受傷アスリートの潜在的問題には、競技アイデンティティの喪失、食行動の変化、恐怖、不安、自信の喪失、チームから離れることへの罪悪感、痛みに対する無力感、ソーシャルサポートネットワークからの離脱、不規則な睡眠、復帰への執着などの身体面・心理面への影響がある」と主張しています。さらに、受傷アスリートは、「チームから離れた場所でリハビリに取り組むことが多くなり、必然的に他者との関係が疎遠になる状況を生み出す可能性が高くなる」と報告しています。受傷アスリートはチームメイトとともに練習ができないことに加え、他者と離れた場所でリハビリを行うことで孤立感や疎外感を高じさせやすくなります。つまり、アスリートにとってのスポーツ傷害とは、競技者としての自己の存在を揺るがすような大きな心理的危険性を伴った体験であると考えられます。

[5] Johnson et al. (2012)

スポーツ傷害発生の特徴

サッカーは、運動強度が高く傷害発生率が高い競技の一つです[6]。そのためサッカーにおける傷害に関する調査は、高校生[7]や大学生[8]、プロサッカー選手[9]など種々の年齢層および性別[10]、競技レベルで数多く報告されています。傷害の発生状況別（試合時、練習時）に分けて比較する報告[11]や傷害の内容別（外傷と障害）に分けて調査している研

[6] Hawkins et al.（2001）, Rahnama et al. (2002)
[7] 澁谷ら (2004)
[8] 葛原ら (2010)
[9] 山本 (2013)
[10] 中尾ら (2004)
[11] Hägglund et al. (2005)

究報告[12]などさまざまな分析に関する報告が多いです。競技力の向上には技術面や戦術面の強化が重要ですが、選手の傷害も競技成績に大きく関与します。したがって、選手はもちろんチームを指揮する監督、コーチなどチームに関係するスタッフが、競技によって生じやすい傷害の特徴、ケア方法について理解および把握することは必須です。

[12] Waldén et al. (2005)

■受傷時期

スポーツは冬期のスポーツ種目を除き春先から活動することが多く、外傷発生も五〜七月をピークとして春が秋よりやや多い傾向があります。「一一月以降はスポーツ活動自体が少なくなるため外傷も減少する」と報告[13]されています。当然、サッカー競技も、時期に応じて外傷発生状況も変化してくると考えられます。したがって選手や指導者は、時期に合わせた受傷状況を把握し、的確な判断が求められます。

[13] 福林ら (2012)

■個人競技と団体競技による受傷傾向と受傷部位

池辺[14]は、「陸上競技の競技者とサッカー競技者とで傷害ごとの発生数を比較したところ、サッカー競技者は陸上競技の競技者に比べ足関節の捻挫や骨折などの外傷性の傷害が多い傾向がみられた」と報告しています。競技の違いにより、スポーツ傷害の種類のみならず傷害発生頻度の違いがみられることが伺えます。また、福林ら[15]によ

[14] 池辺 (2010)

[15] 福林ら (2012)

ると、サッカーの外傷発生件数は三九二九八件で、加入者数が比較的多いスポーツ種目別では一番多く、「外傷別では足関節捻挫一五・一パーセント、手・指骨折九・二パーセント、手関節骨折六・六パーセント、膝関節捻挫（靭帯損傷）五・五パーセントと、下肢中心の競技であるにも関わらず、足関節捻挫に限らず、意外にも手・指の骨折や手関節脱臼骨折が比較的多かった」「サッカー競技で受傷件数と頻度が多い第五中足骨骨折（疲労骨折を含む）中高生の第五中足骨骨折の発生件数は四一七件で、一一種目中最も多かった。発生頻度でも、体操に続いて二番目だった」「中高生のサッカーによる膝前十字靭帯損傷の発生件数は、バスケットボールの三分の一程度だが、今回の対象である一一競技のうち二番目に多い三八六件だった。いずれの学年も女子は少なく、男子生徒のみで学年別の発生件数をみると、中学一年生に最も多くみられ、発生頻度では高校二年生が最も高かった」と報告されています。これはサッカーが比較的幼少時から親しみやすいスポーツであり、受傷者の中に、小中学生が多数含まれていることによると思われます。

■性差による受傷

大部分のスポーツでは、男女が同じ条件で競技します。つまり、男女が同じタイマーを使い、同じ距離を走り、同じ規則を遵守する、などです。このため、女子チームのコーチは男子用の身体トレーニング法から多くの部分を採り入れます。問題は、試合や規則が同じでも、男女には生理学的な差があるため、男子には効果があることでも女子にはそれほどの効果がなかったり、悪くすると、男子と同じトレーニングによって女子には傷害が起こったりするおそれもあります。男子プロサッカー選手は九〇分の試合中に一〇～一二キロメートル走り、女子選手は八・五キロメートルほど走りますが、女子でも男子並みに一〇キロメートル以上走った記録もあります。このように、男子より身体能力が全体的に低い女子が、男子と同じくらいの距離を走る場合もあり、そのためには、男子より相対的に高い強度でプレーしなければならないのです。[16] つまり、同じ一〇キロメートルを走ったとしても、男子は身体能力の七五～八〇パーセントでプレーしているかもしれませんが、女子は身体能力の八〇～八五パーセントでプレーする必要があるかもしれません。

また、女子選手が男子選手と同じトレーニングをした場合、男子より特定の骨（主に脛骨と足の骨）の疲労骨折がはるかに多いことが明らかになってきました。それは女子選手特有の三兆候（栄養、月経、骨の健康）が原因として関わっていたためであり、女子選手の指導者はこのことについても念頭に置くべきです。

次に実際の現場での状況を把握するために福林ら[17]は、独立行政法人日本スポーツ振興センター学校安全部で平成二三年度（二〇〇九年度）統計による外傷発生数での中学校・高等学校の体育的部活動中の事故として届出のあったものを基準に調査を行いました。その結果「サッカーによるスポーツ外傷の学年別・男女別発生件数・頻度

[16] 国際サッカー連盟（2007）

[17] 福林ら（2012）

発生件数では、やはり男子のほうが女子に比べ、どの学年でも圧倒的に多い」ことが報告されています。その内容について、詳細を説明すると、外傷発生数では男子は中一、中二で多く、女子では高一、高二で多くなっています。これに対して、発生頻度でみてみると、男女差はほとんどなく、中二、高二にピークを持つ同様な傾向を示していると報告されています。特にサッカー競技で発症例が多い膝前十字靭帯損傷では、発生件数で男子が女子を大きく上回っているものの、発生頻度では逆に女子が上回り、中学校では五倍、高校でも三倍以上となっていました。膝前十字靭帯損傷の各学年の発生頻度をみると、男子では高校生になって増加しており、高校二年生にピークがありました。女子の中学生では発生件数が少なく省略されていましたが、高校では女子の発生頻度が男子を倍以上に上回っていました。また、使いすぎ症候群などの症例に関しては、中尾ら[18]は、「女性サッカー競技者の方が男性サッカー競技者よりも使いすぎ症候群の発生頻度が有意に多い」と述べています。重症の割合でいうとマーチンら[19]は「女性サッカー選手の傷害発生率は、全体的にみると男性サッカー選手と同等なものの、重傷の割合は女子サッカーのほうが高い」とのことです。

「女性サッカー選手は、主に膝と足首の靭帯損傷が多く、男性選手と比較して傷害による離脱が二一パーセント多い」との報告[20]から、女性サッカー選手の傷害発生リスクがエストロゲンやプロゲステロンなどの生殖ホルモンの周期的な変動と関連することが知られていますが、月経周期のどのステージでリスクが上昇するのかということ

[18] 中尾ら (2004)

[19] Martin et al. (2012)

[20] Martin et al. (2012)

については、一貫した結論が得られていません。また、月経機能障害の原因としてエネルギー可用性[21]の低さがあり、それがアスリートの怪我のリスクを高める可能性も指摘されています。

■年代別による受傷

サッカーをしている子どもが思春期に近づくと、試合でさらに磨きをかけるべき相応の基本的スキルをおそらく持っていることでしょう。コーチは以前より上級の戦術を導入し、交代ルールはより厳しくなり、フィットネスがより要求されるようになります。このため、選手が身体的に成熟するにつれ、試合の身体的要求がより重要になるとともに、各選手が競技したいと願う成人のレベルまで進歩するにつれ、トレーニング全体の量が増加し、強度が高まります。

特にユース選手の怪我に関する考慮事項として、プレー強度が高まる試合中に受傷のリスクも高まることがあまり認識されていないことです。傷害発生率は加齢とともに上昇しますが、各年齢内で競技レベルが上がれば上昇します。例えば、発育期の選手で最も傷害発生率が低いのはレクリエーションでプレーする者たちであり、より高度なプレーをするために選抜された選手ではこれより高く、全国レベルの育成チームの選手ではさらに高くなると考えられます。[22]

福林ら[23]は、年齢による外傷の特徴を比較するために、一〇歳、一三歳、一九歳、二

[21] エネルギー可用性は、〔エネルギー消費量〕ー《マイナス》〔エネルギー消費量〕で表します。エネルギー可用性が低い状態とは、身体がエネルギー不足に陥っている状態です。

[22] 国際サッカー連盟(2007)

[23] 福林ら(2012)

〇歳代（二〇～二九歳）、および五〇歳代（五〇～五九歳）の外傷統計について比較検討しました。その中の内容を以下で説明します。

まず、骨折は、年代順に、一〇歳で三六・一パーセント、一三歳で四一・四パーセント、一九歳で一三・一パーセント、二〇歳代で一六・四パーセント、五〇歳代で一九・九パーセントとなり発育・発達期では骨端線の開存もあり、骨折の頻度が高いですが、成長が終了すると骨折は全体の二〇パーセントを占める程度となります。一方、捻挫は年代順に一〇歳で三一・九パーセント、一三歳で二七・四パーセント、一九歳で五四・八パーセント、二〇歳代で五二・二パーセント、五〇歳代で四五・二パーセントとなり、成長が終了するとその割合が増加し外傷の約半分を占めるようになります。

部位では、一〇歳・一三歳では手・指が多く、その次に足関節が続き、膝の外傷は比較的少ないです。一九歳・二〇歳代では、手・指の外傷より、足関節捻挫や膝の外傷が増えています。また五〇歳代になると足関節捻挫が相対的に減少し、膝の外傷や下腿の外傷が増えています。

症状と部位のクロス集計では、一〇歳・一三歳では手・指や手関節周囲の骨折と足関節捻挫が多く、膝関節捻挫（靭帯損傷）は比較的少ないです。一九歳・二〇歳代では手・指の骨折が減り、反対に肩関節脱臼が二一一件と増えており、また、膝関節捻挫（靭帯損傷）が一四五五件（一二パーセント）と急増しています。五〇歳代では膝関節捻挫（靭帯損傷）や足関節捻挫は九・七パーセント、八・一パーセントと減少傾向を示すも、下肢の筋腱の断裂が三九三件、三・六パーセントと増加しています。

また、川井[24]は、育成年代別の受傷部位について、「U－12～U－17までの全体でみると、下肢が八〇パーセントであった。なかでも、足関節捻挫が多く見られた」と報告しています。

[24] 川井(2005)

■カテゴリー別による受傷

Jリーグ

Jリーグにおいては、一〇年間で公式戦二五八六試合中二一六八件、一試合平均〇・八四件の割合で外傷がみられました。また、外傷を発生部位別にみると、下肢が最も多く、「六五パーセントに見られた」と報告されています。[25]一方で、森川[26]は、サッカーの傷害について「サッカーの外傷は下肢に多いというのは今まで多くの報告があるが、特殊なポジションであるゴールキーパーやヘディングの競り合いで生じる頭頸部の外傷も比較的多かった。この中では顔面の外傷があり、部位別にみると下腿とほぼ同数であった」と報告しています。

[25] 川井(2005)
[26] 森川(2009)

大学学生リーグ

小玉ら[27]によると「大学サッカー選手における傷害調査の結果、総発生件数は二四三件であり、体幹は一一・九パーセント、上肢は一〇・七パーセント、下肢は七七・四パーセントであり、下肢の発生件数が最も多かった。下肢の発生件数一八八件の内訳は、足部三六・六パーセント、膝部一八・九パーセント、大腿部一一・一パーセント、鼠径部六・二パーセント、下腿部四・五パーセントの順で多かった。傷害疾患について外傷は八六・四パーセント、障害は一三・六パーセントであった」と報告しています。

[27] 小玉ら（2015）

高校生サッカー

神内ら[28]は、高校クラブ活動時のスポーツ外傷・障害について、計六九四名に本人直接のアンケート調査を行っています。その結果、サッカー部で最も多かった部位は足関節でした。外傷・障害名で多かったのは骨折・捻挫でした。また、田中ら[29]による、高校サッカーチームにおける傷害発生状況の時期別の調査では、「足関節の傷害発生が多く、外傷、障害とも高校入学後約六か月以内に多く発生し、特に障害では殆どがこの時期に集中していた」と報告されています。

[28] 神内ら（2017）

[29] 田中ら（2014）

怪我の予防とトレーニング

■怪我予防のコンディショニング

怪我は、さまざまな要因が重なって発症します。これには、関節の異常動揺性であったり、筋力不足であったり、ボディバランスの悪さだったり、疲労だったり、集中力の低下だったり、ウォームアップ不足であったり、本当にさまざまな要因があります。[30]

この中で疲労による怪我について考えることとします。身体的、精神的に疲れているときに、怪我は起こりやすくなります。これは、ほとんどの選手が実感していま す。したがって、怪我を予防するときは、疲労をいかに少なくするかが、大事なテーマとなっています。また、良いコンディションで練習に励むことは怪我の予防だけでなく、練習に真剣に取り組んで技術を上達させていくうえでも重要です。では、どのように良いコンディションをつくるべきでしょうか。

[30] JFA (2016)

ウォームアップ（準備運動）の重要性

スポーツ競技の種類などにより多少異なりますが、一般的には軽度〜中等度の運動を行います。安静の状態からいきなり高強度の運動を行うと、急激な血圧の上昇を招き不慮の事故へとつながる危険性があります。また、ウォームアップの目的の一つに体温の上昇があります。ウォームアップを行い体温上昇させることにより以下のメリットがあります。[31]

[31] 一般社団法人 日本臨床整形外科学会：ウォームアップ．online

- 呼吸器・循環器系の活動が高まり、酸欠状態を起こしにくくなる
- 筋の柔軟性が保たれ、肉離れなどの外傷が起こりにくくなる
- 動作を円滑にすることができ、パフォーマンスを発揮しやすくなる

特にサッカー選手は、鼡径部、股関節屈筋群、足関節背屈筋群（足指を上向きに持ち上げる筋群）において柔軟性の不足や筋硬結がみられると、肉離れや腱損傷の発生や再発の危険因子となります。このためウォームアップ時に、これらの問題部位のストレッチングをなおざりにしないよう選手を促すべきです。

食事・栄養と睡眠の重要性

睡眠不足や偏った食事をしていては、コンディションが悪くなり、怪我のリスクが高くなります。質の高い食事と睡眠にこだわって生活することは、怪我のリスクを減らします。[32] スポーツを行ううえで栄養面では、エネルギー源となる「糖質、脂質、タンパク質」、体づくりの材料となる「タンパク質、脂質、ミネラル」、体の免疫や代謝

[32] JFA (2016)

などの調整を行う「ビタミン、ミネラル、タンパク質」が重要な役割を担っています。競技を良い状態で行えるために、栄養バランスの良い食事を摂ることが大切です。またその日の活動量に応じて「食事の量を調整する力」を身につけることが大切です。

心理面の重要性

精神的な疲労も怪我のリスクが高くなるといわれています。疲労による集中力の低下は、怪我を誘発する原因となりえます。また、練習中に長時間、途切れることなくプレーに集中することを心がけることも、怪我の減少につながります[33]。

また、選手が練習や試合などで緊迫した場面に遭遇し、その場面を「ストレスフル」と認知した場合、ストレス反応が活性化され、その結果、スポーツ傷害発生の危険性が高まります。

ウィリアムズとアンデルセンは、心理社会的側面から、受傷がストレスから病気へと至る過程に示唆を得て、「ストレス－スポーツ傷害の心理的概念モデル」を提唱しています（図7－1）。このモデルの基本的な考え方は、競技者が練習や試合などで緊迫した場面に遭遇し、その場面を「ストレスフル」と認知した場合、スト

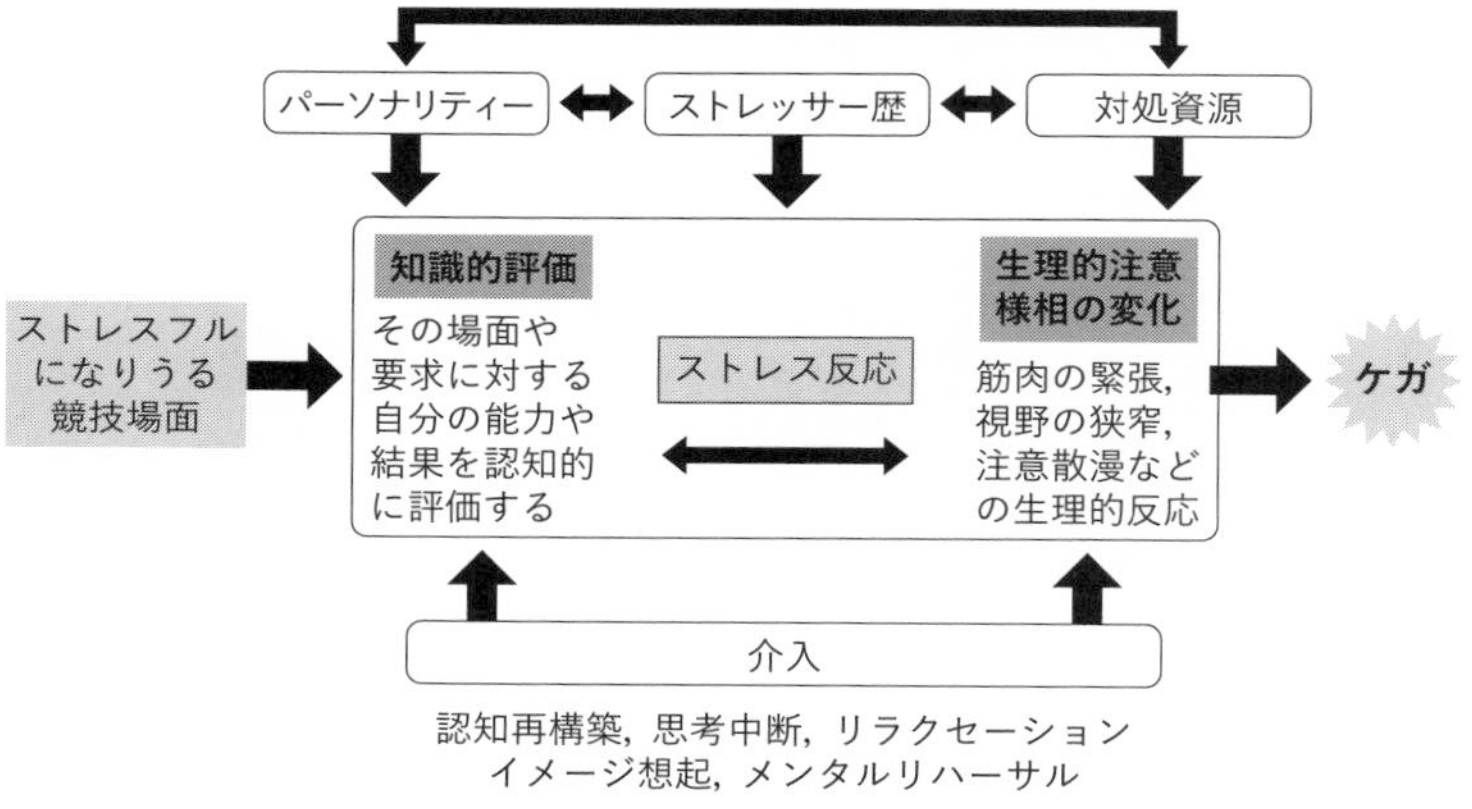

図7-1 「ストレス－スポーツ傷害」の心理的概念モデル（改訂版）
（Williams & Andersen, 1998）

レス反応が活性化され、その結果、スポーツ傷害発生の危険性が高まるというものです。そして遭遇する状況が「ストレスフル」な経験となるかどうかは、個人のストレッサー歴、パーソナリティ特性、対処資源の相互的あるいは個別の影響によって異なり、発生するストレス反応に対して影響が及ぼされると仮定されています。すなわち、スポーツ傷害の発生頻度や種類が個人によって異なるのは、ストレス反応過程に影響を与える心理社会的要因の相違による一因もあることが、このモデルから示唆されます。

[33] JFA(2016)

受傷後の心理的特徴[34]

怪我からの復帰の過程については、キューブラー＝ロスの「臨死5段階モデル」を用いた報告があります。[35] そこでは、怪我をしてからの「否認」に始まり、その後の「怒り」「取り引き」「抑うつ」、そして「受容」という過程において選手が心理的に成長し、結果的にトレーニングへの積極性を生じていく可能性が指摘されています。

「否認」は、怪我という不測の出来事に直面し、目の前にある事態を受け入れることができない段階です。「怒り」は、怪我をした自分自身の行動に対する腹立たしさや医師に対する怒りの段階です。「取り引き」は、怪我によってどうしようもないと認識しつつ何かの救いがないかと模索する段階です。「抑うつ」は、競技をできないこ

[34] 松山(2022)の内容をもとに一部改変しています。

[35] McDonald & Hardy(1990)
上向ら(1992)
Uemukai(1993)

とから競技の引退やスタッフへの転向など自己の存在を問いただす状態の段階です。「受容」では、治療や復帰の見通しが立ち、あるいは新たな役割や自分の存在意義の発見により、競技継続の意欲が生まれた状態の段階です。また「否認」から「抑うつ」は何度も往来し、「受容」に至ります。上向[36]の受傷アスリートへの調査結果では、怪我の程度、経過日数による各情緒の表出と変容は示されましたが、細やかな段階を同定するには至りませんでした。しかし、アスリートはスポーツ傷害により出場機会やレギュラーを失うという状況を一時的に体験します。このような観点から受傷後の心理反応の変容は、精神分析における対象喪失後の悲哀の心理過程により説明が可能とされ、このモデルを援用している研究がいくつか認められています[37]。

また、辰巳ら[38]によると、受容に至った選手の心理的特徴として「情緒的安定性」「時間的展望」「所属運動部における一体感」「脱執着的対処」という肯定的な四側面が観察されました（図7－2）。マクドナルドとハーディ[39]は、受傷アスリートが未来志向の対処行動を可能にするための前提として、「自らの傷害を自認することができる情緒的コントロールが図れていること」を挙げ、この状態が「受容」であるとしています。

これらの言及からは、スポーツ傷害の受容とは、「自らの傷害をありのままに見つめることができている状態」や「情緒的に安定し、負傷者としての役割を受け容れて未来志向的な対処ができている状態」にある心性であることが推察されます。

[36] 上向（1995）
[37] 例えば、Gordon（1986）
中込ら（1994）を参照。
[38] 辰巳ら（1999）
[39] McDonald & Hardy（1990）

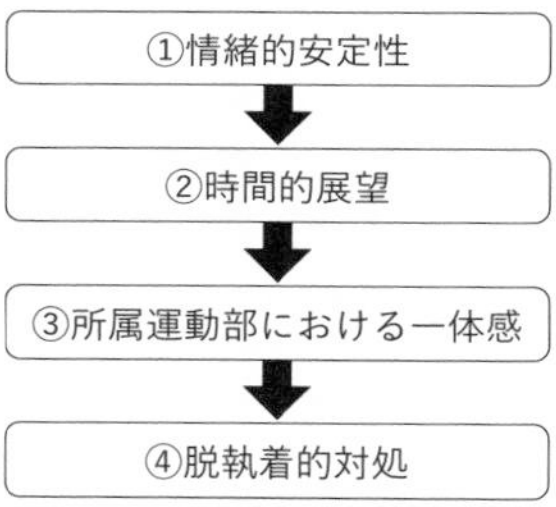

図7-2　けがの受容（辰巳ら，1999）

負傷した選手への心理的援助[40]

鈴木ら[41]によると、スポーツ選手は受傷に伴い、不安、焦り、孤立感、失望感、抑うつを増大させるなどネガティブな心理的反応を示します。そしてこれらの反応の変容を明らかにするために「受容」という概念の有効性を示唆しています。受容とは「怪我の過酷さを認識しながらも、気持ちの折り合いをつけ、状況を克服するために今やるべきことは何か、先にやるべきことは何であるのかを自ら見出し、対処していこうとする心理状態」です[42]。そして受傷アスリートを扱う医師、理学療法士、アスレティック・トレーナー、さらには活動をともにする指導者やチームメイトが受傷アスリートの受容の心理的問題を理解することにより、効果的なサポート提供が可能になると考えられます。

受傷アスリートの心理的問題に対処するための効果的なサポートとして、ソーシャルサポートが注目され、研究が広く展開されてきました。ソーシャルサポートはストレス緩衝効果があるとされ、心身の健康状態を良好にする影響があると考えられています。鈴木ら[43]はソーシャルサポートについて、怪我の受容を直接的及び間接的に促進していること、受傷アスリートにさまざまな気づきがなされることで競技者としてだけでなく人格的成長を求められる機会となることを指摘しています。その他にも、受

[40] 松山（2022）の内容をもとに一部改変しています。
[41] 鈴木ら（2011）
[42] 辰巳（2009）
[43] 鈴木ら（2013）

傷アスリートを対象としたソーシャルサポートの効果については、リハビリテーション段階や性別、受傷アスリートが求めているサポート内容やサポート提供者の違いにより異なることが報告されてきました。その一方で、高野ら[44]は「情緒面でのサポートは、受傷時の心理状態にポジティブな影響だけでなくネガティブな影響を与えた」ことも示しており、個々に合わせたソーシャルサポートを提供する必要があります。人によっては、受傷をきっかけに競技への新たな関わり方を模索する必要が生じるかもしれません。

また、ソーシャルサポートにおいては、受傷したアスリートの部内での居場所づくりや、時には負傷した選手の代弁者としてリハビリに専心できる環境調整を行います。

[44] 高野ら(2011)

受傷体験と成長[45]

[45] 松山(2022)の内容をもとに一部改変しています。

身体的回復と同時に、心理的回復への理解が進んでいます。

近年のスポーツ傷害の心理的側面においては、マクドナルドとハーディ[46]や上向ら[47]によって、受傷後のアスリートの心理的成長に関する研究が報告され、アスリートの心理面に対してネガティブな影響のみならず、ポジティブな側面を持つ可能性が明らかにされてきました。また、豊田[48]は「アスリートにとって、受傷は大きな転機であり、

[46] McDonald & Hardy (1990)
[47] 上向ら(1992)
[48] 豊田(2006)

その経験を通じて心理的に成長することもある」と述べています。杉浦[49]は、受傷のような危機に直面し、適応的に変化することで生じる心理的成長を、「スポーツ選手としての心理的成熟」と捉え、その特徴が危機を克服することによって促進されることを明らかにしました。このように、アスリートにとって受傷は、さまざまな心理的問題を呈するストレスフルな体験または危機となるがゆえに、自己の成長を促す要因になる可能性があると考えられます。

ワーディら[50]は「受傷後のアスリートは、技術の向上や筋力の増加といった身体的側面、自信やモチベーションの増加といった心理的側面、ソーシャルサポートの獲得やネットワークの拡大といった社会的側面での成長が見られる」ことを明らかにしました。心理学では、心的外傷後成長（Posttraumatic Growth：ＰＴＧ）という概念を用いて研究が行われています。ＰＴＧとは、「危機的な出来事や困難な経験における精神的なもがき・闘いの結果生じるポジティブな心理的変容体験[51]」です。

また、中込[52]は、アスリートにおけるスポーツ障害を「怪我を含む競技場面でのアスリートの滞り全般」と意味づけたうえで、スポーツ障害はこころの課題・問題と同期しており、スポーツ障害を克服するときにアスリートに「心理的成長（ＰＴＧ）」が生じることや、反対に、アスリートが技術的・心理的成長を果たす過程で「スポーツ障害」が生じることがあることを示しています。具体的には、競技力の向上に高いモチベーションをもつアスリートが、怪我などのアクシデントをきっかけとして従来の

[49] 杉浦(2001)
[50] Wadey et al. (2011)
[51] Tedeschi & Calhoun (1996)
[52] 中込(2016)

プレースタイルからの変化を余儀なくされ、変化への希求のもとに練習と試行錯誤を重ねた結果「コツ」を獲得し、パフォーマンスが向上（技術的成長）すると同時に、コツ獲得の経験が支えとなって「自信がつく」「競技に対する意欲がさらに向上する」「動きの中に余裕が生まれる」「新たな競技観が生まれる」などといった心理面の変化（心理的成長）が生じるというプロセスモデルを提唱しています。

本章の結びに、サッカー競技者の受傷体験後の心理的成長の声を紹介します。[53]

- 受傷後、自分のプレーをより注意深く観察するようになり、正しい技術やフォームを習得するようになりました。
- 再発防止のために、サッカーの試合やトレーニング時のストレッチやエクササイズを見直すことにしました。
- これまで、自分のことしか見えませんでしたが、受傷後、自分自身を客観的に見られるようになりました。
- これまでの自分のサッカー人生を振り返ることができる時間ができました。
- 受傷後、サッカー選手にとって「成熟したプレー」「我慢強くプレー」「自立心の芽生え」「ポジティブの思考」に変化しました。

[53] 松山（2022）

8章
バーンアウト

「小学生からサッカーを始めたAくんは、高校では地元のサッカー強豪校に入部し、高校サッカー選手権大会出場を目標に、他のことには脇目も振らずに、ただひたすら一生懸命にサッカーに打ち込んできました。そして、高校サッカー選手権大会への出場をかけた県大会決勝戦に勝利し、ついに念願の目標を達成することができました。(パラレルシナリオ：でも、残念ながら、Aくんの所属するチームは、高校サッカー選手権大会への出場をかけた県大会決勝戦に負けてしまいました。)ところが、目標としていた大きな大会を終えて以降、Aくんは突然、サッカーへのモチベーションを失ってしまい、家でただゴロゴロするようになってしまいました。そして、そんな自分に嫌気すら差してくるようになってきました」。

バーンアウトとは

前述のエピソードはフィクションですが、このように、大きな目標を達成したことによって次の目標を見つけられない場合や、反対に、一生懸命に努力したにもかかわらず、その努力に見合った結果を得ることができなかった場合、その虚無感からそれまでモチベーション高く何かに打ち込んでいた人が、突然やる気を失ってしまう症状のことをバーンアウト症候群（Burnout syndrome）(以下、バーンアウト）といいます。

バーンアウトとは、医療や福祉、教育など対人サービスに関する専門職に従事する人にみられる心理的現象を表現した造語です[1]。その後、社会心理学者のクリスティーナ・マスラクを中心とする研究グループが、バーンアウトを情緒的消耗（emotional exhaustion）、脱人格化（depersonalization）、個人的達成感の低下（reduced personal accomplishment）の三つの症状を特徴とする症候群と定義しました[2]。情緒的消耗とは、気力や体力の主たる源が情緒的側面に起因し、それらが仕事を通じて出し尽くされ、消耗・枯渇してしまった状態のことを指しています。脱人格化とは、相手に対する思いやりがなく、無情で非人間的な態度・対応をとってしまうことを指しています。例えば、同僚などの他者への気配りが面倒に感じたり、つき合いや関わりに距離をとるといった行動がそれにあたります。人は情緒的なエネルギーがなくなってしまうと、自分を守るための防衛手段として、脱人格化を伴う行動を起こしやすくなるといわれています[3]。こうした行為は、ストレスの負担を軽減し、ライフイベントに耐え、それ以上の消耗を防ぐための防衛反応の一つ（回避行動）であるとされています。そして、脱人格化がさらに進むと、個人的達成感の低下が起こります。個人的達成感とは、職務に関わる有能感や達成感のことを指します。つまり、個人的達成感の低下とは、例えば、他者との間にさまざまな齟齬が生じることによって仕事の質やその成果が急激に落ちてしまい、それにより達成感ややりがいなどが得られない状況といえます。

このように、情緒的なエネルギーが枯渇した状態に陥ることで、それ以上の消耗を

[1] Freudenberger (1974; 1975)

[2] Maslach (1982)
Maslach & Jackson (1981)
Maslach, Jackson et al. (1996)

[3] Maslach, Schaufeli et al. (2001)

防ぐための防衛反応の一つとして脱人格化が生じます。この脱人格化と呼ばれる行動による社会的断絶は対人関係に支障をきたし、その結果、個人の達成感を損ない、悪循環を引き起こす可能性があるといわれています。

スポーツにおけるバーンアウト

スミスは、スポーツにおけるバーンアウトを以前は楽しんでいた活動からの心理的、感情的、時には身体的な離脱と定義し、アスリートにおけるバーンアウトの概念モデルを図8－1のように説明しています。このモデルは、状況的要求と個人的資源、認知的評価、生理的反応、対処行動という並列的な関係にある四つの要素から構成され、性格や動機づけの影響を受けるという仮説に基づいた概念モデルです。例えば、世界トップレベルのリーグに属するチームで不動のレギュラーとして活躍するサッカー選手として世間から認識されている選手がいるとします。日本代表としてプレーする際には、活躍して当然であり、チームが不甲斐ない試合をした際には、その矢面に立たされるほどです。そして、次のワールドカッ

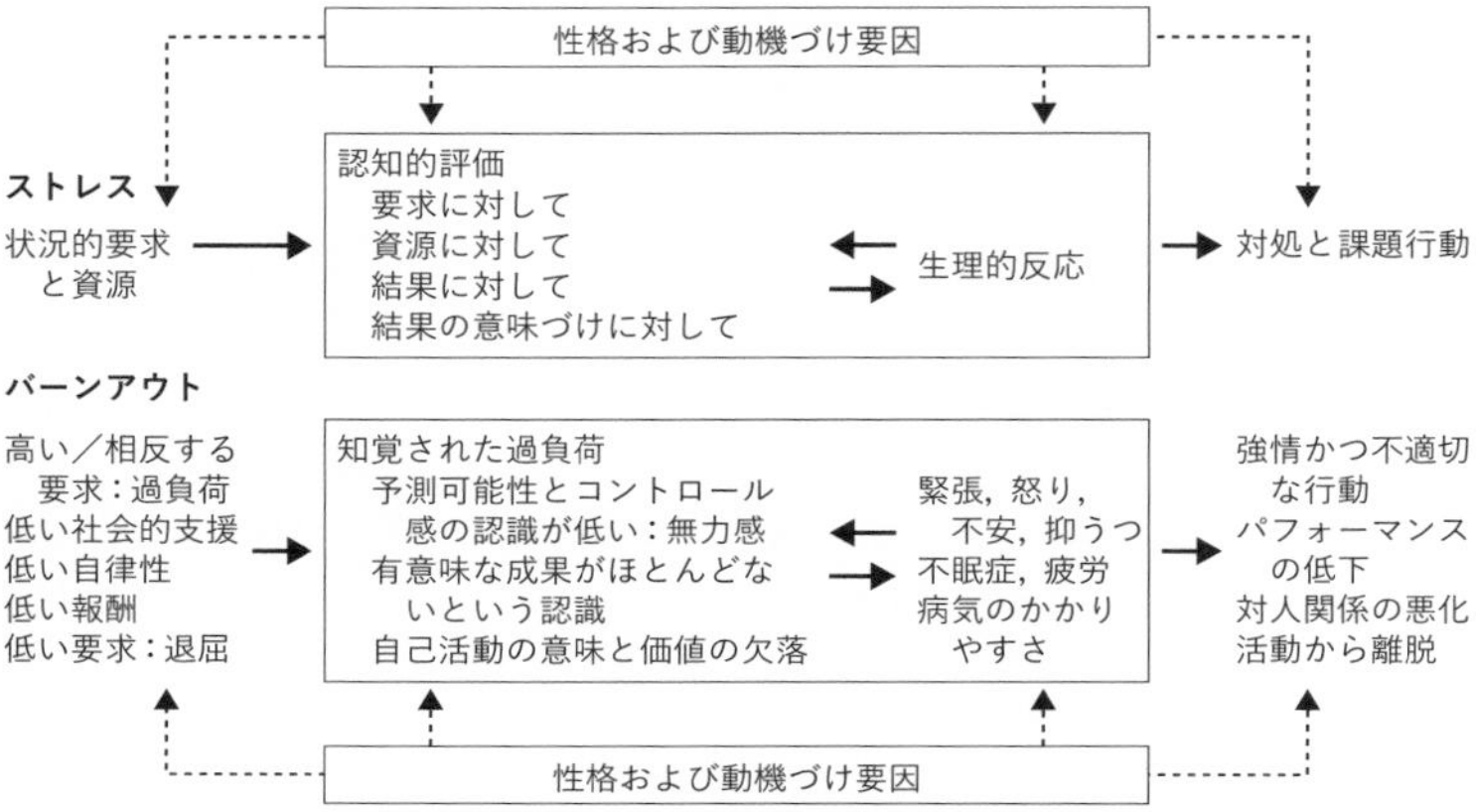

図8-1　バーンアウトにおける認知－情動ストレスモデル
（Smith, R. E., 1986をもとに筆者翻訳）

プでは、当然、この選手がチームを過去最高の結果に導いてくれるはずだと、日本中の国民から高い期待をかけられています。しかしサッカーはチームスポーツであるため、個人の能力だけではどうしようもない部分もあります。チーム全体の力に見合わない過剰な期待が、チームの中心的存在である特定の選手にかけられたり、チームとしてもその選手に過度に依存してしまっているといったシチュエーションが状況的要求にあたります。選手は、心理的プレッシャーともいえる高い要求に対して、がんばらなければ、または/さらに、もっと自分自身やチーム全体として努力を重ねなければといった認知的評価をします。そして、そうした慢性的なストレスに長期にわたってさらされ続けることによって、不安や緊張、継続的な疲労、睡眠障害といった生理的な症状が生じ、最終的に、心理的にその活動からの離脱という対処行動をとってしまいます。スポーツにおけるバーンアウトに関するこれまでの研究を批判的に検討した研究（システマティックレビュー）においても、ストレスを知覚することやコーピングがバーンアウトを予測する因子であることが明らかにされています。[4] こうしたことからも、このモデルは、アスリートのパフォーマンス低下やスポーツからの離脱に至るプロセスなど、バーンアウトを理解するうえで有用なモデルの一つとされています。

レーデク[5]は、スポーツにおけるバーンアウトについて、バーンアウトの症状をアスリートに適用させるためにはアスリート特有の概念化が必要であると主張しまし

[4] Goodger, Gorely et al. (2007)

[5] Raedeke (1997)

た。そして、レーデクを中心とする研究グループは、マスラクが示したバーンアウトの構成概念をスポーツ場面に適用させ、アスリートのバーンアウトを、情緒的・身体的消耗（emotional and physical exhaustion）、達成感の低下（a reduced sense of accomplishment）、スポーツ価値の引き下げ（sport devaluation）の三つの症状を特徴とする症候群と定義しています。[6] 統計的推定に基づいたものにはなりますが、バーンアウト症状を経験しているアスリートの数は、おおよそ一〜九パーセント程度であることが示唆されています。[7]

サッカーを含むアスリートのバーンアウトの測定・評価を行っているほとんどの研究において、Athlete Burnout Questionnaire（ＡＢＱ）[8] が用いられています。ＡＢＱは、競技種目を問わず、また、幅広い年齢（尺度開発時のサンプルでは、一三歳〜二三歳までのアスリートを対象としている）、競技レベルのアスリートのバーンアウトレベルを測定することにおいて、信頼性および妥当性が担保されている心理尺度であり、アスリートを対象とした自己報告式のバーンアウト評価として推奨されています。[9] ＡＢＱスコアは、バーンアウトレベルの初期評価やモニタリングにおける指標として用いることができるため、例えば、チームのコンディショニングコーチなどが選手のメンタル面における心身の消耗度合いや、達成感の低下、スポーツの価値を軽視するといったバーンアウト症状がみられないかどうかを確認する際にＡＢＱを活用することは有効な方法の一つであるといえます。なお、ＡＢＱの日本語版については、

[6] Raedeke & Smith (2001) 情緒的・身体的消耗とは、スポーツに取り組むことに伴って生じる一般的な疲労以上の消耗を経験することを指しています。達成感の低下とは、目標に到達できていないなど、不十分であることや効果がないと感じることを指しています。スポーツ価値の引き下げとは、スポーツに取り組むことへの関心が低下することを指しており、例えば、そのスポーツをやめてしまうことを選択する場合がこれに該当します。

[7] Gustafsson, Kenttä et al. (2007)

[8] Raedeke & Smith (2001)

[9] Raedeke & Smith (2001; 2009)

[10] 野口・衣笠 (2020)

佐々木が訳出しているものがあります（表8－1）。

近年、アスリート・ウェルビーイングの重要性に対する認識が高まりつつあります[10]。この流れはサッカーにおいても例外ではなく、サッカー選手、コーチのバーンアウトに対して適切に対処することが求められてくるはずです。そこで、次節では、サッカー選手、コーチそれぞれのバーンアウトに関する研究を概観し、サッカーとバーンアウトの関係について整理します。

サッカー選手におけるバーンアウトの特徴

サッカー選手がバーンアウトに陥ってしまったとき、身体的・精神的・社会的側面のそれぞれにおいて、どのような変化・特徴として現れるのかを知っておくことは、サッカー選手自身はもちろんのこと、コーチ、チームメイト、親など、その選手の関係者全員にとっても非常に大切なことです。これまでの研究から、バーンアウトに陥ってしまうことによって、身体的側面に関しては、パフォーマンス

表8-1　日本語版 ABQ（Raedeke & Smith, 2001／佐々木訳, 2004）

指示：以下のような気持ちや状態を，あなたは最近どの程度感じていますか	
1	私は［　　　　　　］に関するたくさんのやりがいのあることを成し遂げている
2	私は練習のせいでかなり疲れており，他のことをするためのやる気がなかなか出てこない
3	私が［　　　　　　］のために費やしている努力は，他のために費やした方がましだ
4	私は［　　　　　　］に対する取り組みがもとで，あまりに疲れ過ぎている
5	私は［　　　　　　］の成績や成果を十分に上げていない
6	私は［　　　　　　］の出来栄えを以前のようには気にしていない
7	私は［　　　　　　］の能力を上げていない
8	私は［　　　　　　］のせいでくたくたに疲れている
9	私はかつてのようには［　　　　　　］に心を奪われていない（心酔していない）
10	私は［　　　　　　］のせいで体がぼろぼろになってしまった感じだ
11	私は［　　　　　　］で成功することに対して，かつてよりも関心が少なくなっている
12	私は［　　　　　　］に取り組む上で求められる精神的なことや身体的なことのせいで疲れ切っている
13	たとえ私が何をしようとも，本来すべきかたちにはうまくやり遂げられない
14	私は［　　　　　　］の選手として成功していると感じている
15	私は［　　　　　　］に対して否定的な印象を持っている

Note：回答法-5段階法　⑴ほとんどない，⑵まれに，⑶時々，⑷しばしば，⑸ほとんど常に。項目1と14は逆転項目。下位尺度-成就感の減退：RA=reduced sense of accomplishment　1, 5, 7, 13, 14；感情的・身体的枯渇：E=emotional/physical exhaustion　2, 4, 8, 10, 12；価値観の低下：D=devaluation　3, 6, 9, 11 15（Raedeke & Smith（2001, p.306）Appendix を筆者が訳出。ただし，「指示」は論文内容から筆者が判断し加筆した。各項目の［　　］内には具体的種目名を入れる。）

の低下やトレーニングによる疲れからの回復力の低下、怪我のリスクの上昇、精神的側面に関しては、幸福感や自尊心、自信、競技意欲の低下、社会的側面に関しては、チームメイトとの軋轢、孤立、ドロップアウトなどが生じる危険性があるといわれています。[11] アスリートの心理的側面のコンディション管理における方法の一つとして、例えば、先に紹介したＡＢＱなどを用いてバーンアウト症状を定期的に評価することはその手立ての一つであるといわれていますが、[12] それ以上に、どのような要因がバーンアウトにつながってしまうかをまず理解することが重要です。

■コーチが創り出すトレーニング環境

サッカー選手がバーンアウトに至ってしまうトレーニング環境とは、どのようなものなのでしょうか。異なる年齢（一一～二一歳）のサッカー選手を対象に、バーンアウトとトレーニング環境の関係について調べた研究のいくつかを紹介します。[13] サッカー選手によるコーチのコーチング行動の認識と、サッカー選手自身の精神的健康度の関係を調査した研究からは、コーチが指導する際にどのように振る舞うか、言い換えれば、コーチのコーチングスタイルがサッカー選手の心理的側面に及ぼす影響は決して小さくないことが示されています。

コーチのコーチングスタイルに関しては、選手が持つ意見や考えを聞かず、また選手にどうしたいかを決めさせることも求めず、コーチの支配的・独裁的ないわゆ

[11] Cresswell & Eklund (2006)
Gould & Dieffenback (2002)
Raedeke & Smith (2004)
Raedeke et al. (2002)
Gustafsson, Hassmén et al. (2008)
Lemyre et al. (2006)
Lonsdale & Hodge (2011)

[12] Goodger, Wolfenden et al. (2007)

[13] Balaguer et al. (2012)
Adie, Duda et al. (2012)
Cheval et al. (2017)
González et al. (2016)
González et al. (2017)

るトップダウン型のコーチングでは、選手がバーンアウトしやすいということが報告されています。つまりは、その活動に対する意思決定に選手がほとんど（あるいは全く）関与しておらず、すべての権限が指導者に委ねられているような場合がこれにあたります。また、サッカー選手は、コーチや親との関わりにおいて、選手自身が何をするのか、どのようにするのかといった行動の選択や判断をする機会が与えられているか（自律性）、コーチや親からの要求ではなく、例えば、選手に寄り添い、考えや意見を聞き、一緒に考えるといった関わりを通じて選手の「できる」という信念を信頼しているか（有能感）、アスリートセンタードに基づいてコーチや親とコミュニケーションをとり、良好な関係が築けているか（関係性）といった自己決定理論における三つの基本的心理欲求が阻害されていると認識している場合にも、バーンアウトしやすくなることを明らかにしています。

反対に、コーチングにおいて選手の考えや意見が考慮される民主的なスタイルであったり、自分の行動に選択肢が与えられ、コーチや親からの適切なサポートを受けることができるなどコーチによって創り出されるトレーニング環境が自律支援的であるとサッカー選手が認識している場合には、基本的心理欲求の充足度が高く、バーンアウトが起こりにくいことがわかっています。さらに、選手がコーチからポジティブなフィードバックを受けることができていたり、選手が目標を達成し、それに対してコーチは満足しているだろうと選手が捉えている（認知している）場合にも、バーンアウトする傾向が低くなることがわかっています。概して、コーチがサッカー選手の自律を支援するようなコーチング行動をする場合、サッカー選手は基本的心理欲求の涵養を経験しやすく、その選手の自尊心を高め、バーンアウトを軽減させることができます。その反面、コーチの支配的なコーチングは、サッカー選手の基本的心理欲求が阻害されやすく、その結果として、自尊心の低下やバーンアウトを引き起こしやすくなるといえるでしょう。[14] こうしたことはサッカーに限ったことではないようです。サッカーは団体種目ですが、例えば、個人種目であるテニスを対象にジュニアテニス選手のバーンアウトについて調べた研究においても、やはりコーチや親などの重要な他者がつくり出すスポーツ環境に対して選手が支配的だと認識している度合いとバーンアウト症状との間には関連があることが報告されています。[15]

■先行要因における個人的特性の影響

バーンアウトの発症に関しては、コーチが創り出すトレーニング環境だけがその原因というわけではありません。選手の個人的特性もバーンアウトに関係しています。青少年サッカー選手（一二〜二一歳）を対象にバーンアウト傾向の心理的要因を予測する研究では、これまでに「情熱」、「動機づけ」、「完璧主義」などが先行要因として検討されています。[16]

例えば、プロサッカー選手になるため、もっと上達するため、後世に残る記録を残

[14] Bartholomew et al. (2011)
Balaguer, et al. (2012)

[15] Gould et al. (1996)
Reinboth & Duda (2004)

[16] Curran et al. (2011; 2013)
Gustafsson, Skoog et al. (2013)
Hill (2013)
Hill et al. (2008)
Smith et al. (2018)

すためといった自分自身の目標に向けて、多くのサッカー選手は自らの能力を最大限に発揮することに情熱を注いでいます。情熱（passion）とは、その人自身がその活動をすることが楽しみ、かつ重要であると感じており、その活動に多くの時間とエネルギーを費やす心理的傾向と定義されています。[17] 情熱は自発的な参加をもたらしますが、情熱には、調和的（harmonious passion）と執着的（obsessive passion）の二つの側面があると仮定されています。調和的情熱とは、サッカーや仕事など情熱を傾けているものとそれ以外の日常生活の間でバランスが保たれているような情熱を指します。情熱を傾ける活動が何であれ、それを行うと晴れ晴れとした気分になり、また、どんなことであっても、自分が行っていることに対して葛藤を抱くことなく、その活動が与えてくれる本質的な喜びを求めて、その活動に熱中することと表現されています。それに対して、執着的情熱とは、自分を追い込んでその活動を強いるような思考であり、それなしでは生きていけない、あるいは、それが人生のすべてであるといったような過剰にその活動に固執する情熱のことです。サッカーに関していえば、自らの意思に基づいてサッカーに価値を感じて、それに取り組むことを選択するという調和的情熱を持っている選手のほうがバーンアウトしづらいことが報告されています。また、調和的情熱は動機づけ（モチベーション）とも関連しています。つまり、調和的な情熱を持ったサッカー選手ほど自己決定的な動機づけをしており、そうした動機づけがポジティブ感情の促進や、ネガティブな認知の抑制に作用し、その結果として

[17] Vallerand et al. (2003)

バーンアウトの低減につながっている可能性が考えられるのです。

競技スポーツとしてのサッカーは、まさしく競争です。全国大会に出場できるチームは非常に限られています。また、高校生や大学生がプロサッカー選手になれる確率は一パーセント未満と言われています。サッカーをしている方の全員がプロサッカー選手を目指しているわけではないと思いますし、プロサッカー選手になることがすべてであるとも思いません。ただし、各々が掲げる目標が何であれ、私たちは不確実性の高い状況の中で目標の達成に向かって取り組んでいかなければならず、それゆえ、自らが望んでいる地点への到達が一朝一夕に進むことはなく、さまざまな障壁にぶつかることになります。こうした状況下において、現実には、さまざまな困難や逆境を逞しくやっていける人もいれば、途中で断念してしまう人もいるわけですが、その違いを生み出している要因の一つとして、スナイダーら[18]は「希望」(hope) を挙げています。希望は、「道筋と主体性（行為主体性）の相互作用的な感覚に基づく前向きな動機づけ状態」と定義されています。道筋とは、目標の達成に向かってどのような道筋でアプローチするかを考え計画するということです。レギュラーになる、リーグ戦で20得点する、優勝するといった目標を設定した場合、それに到達するまでの道のりは決して平坦なものではなく、乗り越えなければならない壁が存在すると思います。そんなとき、弱点を克服するのか、迂回する道筋を見出すのかといった、障壁へのアプローチの仕方が希望の一つの働きといえます。スナイダーは、主体性（行為主体

[18] Snyder et al. (1991)

性）とは、目標を達成するために道筋が使えると自覚する能力（目標に対するエネルギー）と定義しています。何らかの壁に直面したとき、目標達成のためには超えていくべきものとして、それに動機の矛先を向けるのはこの主体性の働きだといえます。このように道筋と主体性の相互作用によって目標の達成に向かう流れを作り出し、前向きな行動として発現するのが、希望の働きといえます。の知り得る限りではありますが、サッカー選手を対象に希望とバーンアウトの関係を調査した唯一の研究があります。[19]その研究によれば、希望を高く有している選手ほどバーンアウト傾向が低いそうです。ストレスや情動など希望やバーンアウトに関連する要因を踏まえると、サッカー選手は希望に満ちているほど、自分の生活状況をストレスフルだと感じておらず、ネガティブな感情をほとんど抱かず、ポジティブな感情を感じる傾向にあり、それゆえ、バーンアウトになりにくいということがわかりました。ポジティブな感情は、逆境やストレスなどにうまく対処するうえで重要な役割を担っているといわれています。[20]目標達成の認知とポジティブ感情は関係していることを踏まえると、直面する障壁に挫けそうな場面においては、目標を達成できると信じることが大切なことの一つであり、[21]そうした希望を持つことが自分自身への活力や、目の前の課題に立ち向かう推進力になるのかもしれません。

　近年、性格特性の一つである「完璧主義」が、バーンアウトの発症に関わっていることが明らかになりました。[22]完璧主義とは、一般的には、過度に高い水準を強迫

[19] Gustafsson et al. (2013)

[20] Folkman (2008)

[21] Sheldon & Houser-Marko (2001)
Smith et al. (2007)

[22] Flett & Hewitt (2005)
Lemyre et al. (2008)

的に追求し、厳しく、過度に批判的な自己評価を行う傾向を反映した性格特性と定義されており、三つのタイプがあるとされています。[23] 自己志向型完璧主義者（self-oriented perfectionism：ＳＯＰ）とは、例えば「私は自分自身が完璧であることを期待する」といったように、完璧でなければならないと考え、自分自身に高い基準と期待を設定し、自分自身を評価する際に厳しく批判的な態度をとり、完璧であろうとして努力をするタイプです。他者志向型完璧主義者（other-oriented perfectionism：ＯＯＰ）とは、例えば「他者は完璧であるはずだ」といったように、他者に厳しく、他者に対して非現実的な期待や完璧さを求め、その期待に応えられない者に対する非難や批判、切り捨てを行うタイプです。社会規定型完璧主義者（socially prescribed perfectionism：ＳＰＰ）とは、例えば「他者は私に完璧であることを期待している」といったように、自分が完璧であることが他者にとって価値があるという考えのもと、他者が自分に対して非現実的なほど高い基準を持ち、常に他者の期待に応えなければならないというプレッシャーを感じており、期待に応えられないと他者から厳しい批判を受けたり、拒絶されてしまうと恐れ、欠点のない人間であろうと努力するタイプです。

サッカー選手における完璧主義傾向とバーンアウトの関係を調べた研究では、ＳＰＰはバーンアウトを発症しやすい反面、ＳＯＰはバーンアウト症状と負の関係にあることが明らかにされています。また、完璧主義傾向とバーンアウトの経時的な変化を

[23] Frost et al. (1990)
Hewitt & Flett (1991)

検討した研究では、ＳＯＰは時間の経過を経ても、いかなるバーンアウト症状を示すことはありませんでした。しかしＳＰＰにおいては、ＳＰＰスコアの経時的な上昇に伴い、バーンアウト症状が増加することを報告しています。ＳＰＰがバーンアウトの予測危険因子であることを踏まえると、性格特性としてＳＰＰ傾向にある人は、そのスポーツへの関わりが長くなるにつれて、バーンアウトする危険性が高くなるということを予見することができます。ＳＰＰ傾向のサッカー選手は、コーチ、チームメイト、親といった周囲から完璧であることが期待されていると考えてしまい、「やりたいから」という初期の動機がいつの間にか「やらなければならない」という義務感のもとで、そのスポーツに取り組むようになってしまうことが、バーンアウトの引き金になっている可能性があることを理解しておく必要があるかもしれません。

サッカーコーチのバーンアウト

これまではサッカー選手のバーンアウトについて述べてきましたが、バーンアウトに陥るのは選手だけではありません。医療や福祉、教育など、対象者と直接コミュニケーションをとるような専門職に従事する人に多くみられる心理的現象を表現した造語であると紹介したように、コーチという職業も、スポーツ種目や競技レベルなどに関係なく、ストレスの多い職業といえます。そのため、当然ながら、そのような環境下においてストレスに絶えずさらされ続けることはバーンアウト発症の引き金になります。また、それだけにとどまらず、心血管疾患や生存率に対するリスク因子になるともいわれています[24]。

一般的に、スポーツコーチが経験する可能性のあるストレス要因としては、個人に起因する内的なストレスと、周囲の社会環境との関係の中で生じる外的なストレスの二つに大別されると考えられています[25]。また、サッカーコーチのバーンアウトについて質的に検討した研究[26]においても、サッカーコーチのバーンアウトには、内的ストレスに起因するパターンと、外的ストレスに起因するパターンがあることがわかっています。内的なストレスとしては、例えば、時間的制約や限られた雇用保障[27]、個人的目標に到達できないことなど[28]があります。外的なストレスとしては、例えば、選手やファンなど周囲から評価されないというプレッシャー[29]や、選手やコーチ、審判との衝突[30]、組織からのサポートの欠如[31]、財政的な制約、新しい選手のリクルート、契約の保留[32]などがあります。

これまでのところ、サッカーコーチのバーンアウトについて調べた研究は多くありません。例えば、成功したプロコーチと失敗したプロコーチのバーンアウトについて調査した研究[33]では、コーチは成功したかどうかに関係なくバーンアウトを経験する頻度が高く、バーンアウトを発症するかどうかは、試合の勝敗よりもコーチ業に関するストレスと密接に関連していることを明らかにしています。しかし、コステリ

[24] Ahola et al. (2010)
[25] Alsentali & Anshel (2015)
[26] Lundkvist et al. (2012)
[27] Kellmann et al. (2016)
[28] Hunt & Miller (1994)
[29] Kellmann et al. (2016)
[30] Debanne (2014)
[31] Pereira & Elfering (2014)
[32] Hunt & Miller (1994)
[33] Omotayo (1991)

アスがプロサッカーコーチを対象に行った調査では、プロサッカーコーチは Burnout Inventory Manual で示す医療等の対人サービス業の職業グループと比較してバーンアウト傾向が低いことを明らかにしています。オモタヨの研究は対象国がナイジェリアであるのに対して、コステリアスの研究は対象国がギリシャでした。ナイジェリアにおいてサッカーは国技として位置づけられるほどのスポーツですが、ギリシャにおける国技は、ウェイトリフティングやレスリングです。このように、その国の文化やサッカーの位置づけの違いは、そのスポーツに対する世間の関心や期待に現れるはずですので、コーチが経験するストレスのレベルにも影響を与える可能性が考えられます。そのため、さまざまなスポーツ種目のコーチを対象としたバーンアウト研究の知見を鵜呑みにすることには注意が必要かもしれません。この分野の大切なことの一つは、それぞれの文化を考慮したうえで、日本のサッカーコーチを対象としたバーンアウト調査から、日本のサッカーコーチにおけるストレスとバーンアウトの関係等についてアプローチすることだと思われます。サッカーコーチのストレスや心身の健康に対する社会的関心や学問的関心が高まりつつありますが、この分野の研究はまだ限定的であり、今後の研究の発展が待たれます。

[34] Koustelios (2010)
[35] Maslach & Jackson (1986)

バーンアウトを抑制・予防するための対処法

■ストレスなどのメンタルコンディションのコントロール

先ほど紹介したバーンアウトにおける認知‐情動ストレスモデルに基づけば、バーンアウトの発症には、スポーツ活動に関わるさまざまな不安、悩み、プレッシャー等のストレスに長期にわたってさらされることが影響しています。そのため、バーンアウトを回避するうえで、考えられることの第一には、ストレスに対する有効な対処法を身につけ、ストレスと上手につき合うことだといえます。

そもそも、どのようなときに人はストレスを感じるのでしょうか。その人が求められていることに対して、それを達成するためのリソースがないと認識することで、人はストレスを感じます。そのため、例えば、リフティングを一〇〇回するように指示されたとき、リフティングが得意な選手にとって、そのタスクは何ともないものですが、リフティングが苦手な選手にとって、そのタスクはストレスと認識される可能性があります。つまり、ストレスの原因となるストレッサーは実にさまざまあり、万人に共通する何かというよりもむしろ、何がストレスとなりえるかは、本人がその出来事をどのように主観的に意味づけるか（認知的評価）に依存します。それゆえ、バーンアウトを予防するうえでサッカー選手自身ができることの一つは、認知的評価を適切に行ったり、問題焦点型や情動焦点型による効果的なコーピングを身につけることです。問題焦点型コーピングとは、ストレスの原因となっているストレッサーそのものに働きかけて、それ自体を変化させて解決を図ろうとする方法のことです。情動焦点型コーピングとは、ストレスに対して生じる感情に働きかけ、そのとき感じている気持ちを変化させたり解消させたりしてストレスをコントロールする方法のことです。例えば、サッカーの活動においてコーチの求めるプレーができず、なかなかメンバーに登録してもらえないといったストレスを感じる場面に直面した場合、他者の言動や環境そのものをコントロールすることは難しく、思い通りにはならないものです。そのため、「今の自分にとっては、この状況を克服することが一番大事で、結果は後からついてくるはずだ」といったように、問題に向き合い積極的に関与することで学びと成長に役立つことに気づかせたり、[36] 自分自身がこれまでに問題をうまく克服できた体験の想起、チームメイトの問題解決事例を認識させるなど、「感じている心理的ストレッサーは大したものではなく何とか対処できるものである」という評価に変えるようなアプローチが重要だと思われます。ユースサッカー選手の心理的ストレスプロセスについて調べた研究においても、自らがその場の状況に応じて、考え方や感情の持ち方を工夫したり、ストレスの原因そのものを解決しようと対処するなど、ストレスに対して柔軟かつ建設的に対処するほうがストレス反応の低減には有効である可能性が示唆されています。[37]

[36] McGonigal (2016)

[37] Natsuhara et al. (2022)

ただし、ストレスに対しては常に問題焦点型のコーピングが望ましいというわけではないので、注意が必要です。認知－情動ストレスモデルで説明したように、状況的要求に対して「がんばらなければ、何とかしなければ」と悪戦苦闘し、身体的・精神的に疲れている状態のときに、「さらにがんばれ」や「何とかするために考えろ」と要求されてしまうと、ますます疲れてしまいます。そのため、バーンアウトの予防には、自分自身の状態やそのときの状況に応じて、誰かに愚痴を言う、おいしいものを食べる、リラックスして身体を整えるなど、英気を養うような情動焦点型のコーピングも必要です。情動焦点型コーピングそのものは、ストレスの原因となるストレッサーに働きかけてその解決を図るものではなく、そのときの感情をコントロールし、ストレスを一時的に軽減させようとするものですが、がんばっている自分に一時的にブレーキをかけ、心身の状態を整えておかなければ、直面する出来事に立ち向かっていけないはずです。つまり、バーンアウトの予防においては、どのコーピングが有効かということではなく、コーピングのレパートリーを豊富に持っておき、その時々の自分自身の状態や状況に合わせて柔軟に方法を変えることが重要だと思われます。[38]

また、バーンアウト症状やその初期兆候といったメンタルコンディションを継続的に評価することでバーンアウト発症のリスクを低下できることが指摘されています。[39] 田部井ら[40]は、短時間で簡便に評価できるサッカー選手用のメンタルコンディション評価シートを作成しています（図8－2）。この評価シートは、選手のメンタルコ

[38] これらに関連する心理技法は、本書の3章および5章を参照。

[39] Cresswell (2009)
Raedeke & Smith (2009)

[40] 田部井ら (2020)

Q. 過去1週間を振り返って、あなたが下の1〜15までの項目をどの程度評価できるかを、1〜10で選んで、その数値の場所に○を記入してください。

1から10まで数値が高くなるほど、評価（満足度）は高くなります。
「疲労感」は、数値が高くなるほど疲れている（疲労が抜けない）状態を表します。

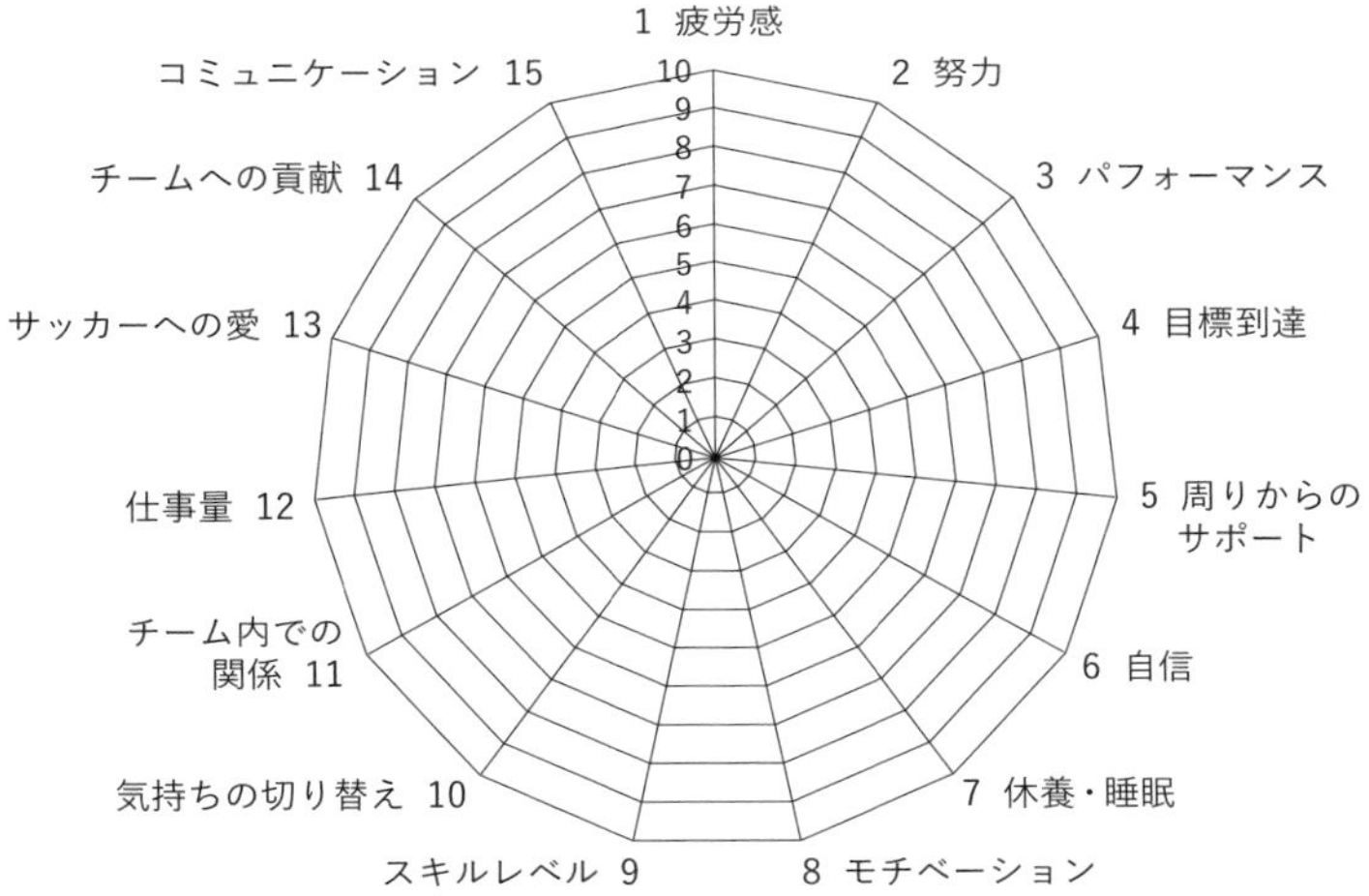

項目	内容
1　疲労感	身体と精神の疲労感
2　努力	パフォーマンス向上のための努力
3　パフォーマンス	トレーニングや試合におけるパフォーマンス
4　目標到達	設定している目標への到達感
5　周りからのサポート	チームメイトやスタッフからのサポート
6　自信	サッカーに対する自信
7　休養・睡眠	休養と睡眠の時間確保
8　モチベーション	サッカーに対するモチベーション
9　スキルレベル	自身のサッカースキルのレベル
10　気持ちの切り替え	サッカーにおけるオン・オフの切り替え
11　チーム内での関係	チームメイトやスタッフとの関係
12　仕事量	チームから課せられるピッチ上以外での仕事量
13　サッカーへの愛	サッカーそのものへの愛（関心・興味）
14　チームへの貢献	自身のチームへの貢献度
15　コミュニケーション	チームメートやスタッフとのコミュニケーション

図8-2　バーンアウトに関するメンタルコンディション評価シート　サッカー選手版
（田部井ら，2020）

ンディションを客観的に評価・管理できるため、バーンアウト予防のためのツールとして有用な手段の一つだと思われます。コーピングと組み合わせて考えた場合、評価シートを使ってメンタルコンディションを定期的にモニタリングし、そのときのメンタルコンディションに合わせて、より適切なタイミングで効果的にコーピングを使い分けることが可能になるかもしれません。

■自律支援的コーチングの実践

青少年期のサッカー選手におけるバーンアウトとコーチが創り出すトレーニング環境との関係に関する研究からは、一貫してサッカー選手の心身の育成のためには、コーチによる支配的なコーチングではなく、自律支援的なスタイルが望ましいことが示唆されています。それゆえ、青少年期のサッカー選手における育成という長期的視点に立って考えた場合、コーチや親などアスリートを支援する関係者が心がけるべきことの一つは、アディら[41]が主張するように、自律性、有能感、関係性という三つの基本的心理欲求を満たすことだと思われます。コーチの行動は、これらの心理欲求を育んだり、損なったりするうえで大きな役割を果たす可能性があります[42]。選手の三つの基本的心理欲求の涵養や阻害に影響を与える可能性のあるコーチの行動とは、自律支援型と支配型という、選手との対人関係に関わる二つのコーチングスタイルです。自律支援型のコーチングとは、自分自身が立てた目標を達成するために、アスリートが

[41] Adie et al. (2012)
[42] Mallett (2005)

自ら考え行動する自律的・自発的な行動を促すことや、アスリートの目標や価値観に基づいた選択肢を提供すること、取り組むべき課題への根拠を示したり、何を／どのように行うかといった決定に関与させること、アスリートの感情を認め、偏見を持たずにアスリートの考えを理解しようとするようなコーチングスタイルを指します。[43] 一方、支配的なコーチングとは、強制的、圧力的、権威主義的に振る舞い、アスリートに対して特定の先入観に基づいた考え方や行動を押しつけるようなコーチングスタイルのことです。[44] したがって、日頃、指導している選手がバーンアウトに陥らないようにするためには、彼らと良好な関係を築き、選手個々の能力を信頼し、そのスポーツを実践する彼ら自身の考え・意見や選択を継続的に求める環境を整えることが、指導する側の重要な責務の一つであるといえます。

支配的なコーチングを避け、できるだけ自律支援的なコーチングをするためには、どうすればよいのでしょうか。選手によるコーチのコーチング行動の認識と選手自身の精神的健康度の関係を調査したゴンザレスら[45]は、研究知見に基づき、次のような実践的示唆を提示しています。まず、コーチが支配的なコーチングをしないためのポイントを三つ挙げています。一つ目のポイントは、よりハードなトレーニングをさせるなどコーチにとって望ましい行動をしたときには報酬を与えるが、そうでなかったときにはポジティブな態度や言動を控えるといった、いわゆる「アメとムチ」のようなコーチング行動は控えるというものです。二つ目のポイントは、コーチの考えに共感

[43] Mageau & Vallerand (2003)

[44] Bartholomew et al. (2010)

[45] González et al. (2016)

しない選手とは親しくしない、トレーニングやプレーができていない選手への関わりが少なくなるなど、選手によって振る舞いや対応を変えないように配慮することです。最後に三つ目のポイントは、ピッチの内外を問わず、人前で大声を出したり、特定のことを強制する目的で脅すなど、威嚇や立場を利用した過度な個人的支配力を行使しないことです。そして、こうしたことを避けつつ、自律支援的なコーチングの実現のために必要な心がけとは、どのようなものなのでしょうか。それは、アスリートに対して「自分はコーチから理解され、大切にされている」と感じさせる、本人にとって楽しく、意義のある選択肢を提供することです。具体的には、①トレーニングや試合場面において、選手が自分の能力に対して自信を持てるようなサポートをすること、②選手に対してトレーニング等の活動において質問するように働きかけ、かつ、選手からの質問には丁寧に答えようとすること、③選手のサッカーに対する気持ちを理解する努力や、選手が取り組んでいる活動における目標を選手に理解させるための働きかけを行うことです。このように、支配的コーチングを避け、自律支援的なコーチングを用いることで、選手のトレーニングや試合への取り組みやパフォーマンス向上の促進が期待できると示唆されています[46]。

[46] Blegen et al. (2012)

■コーチのウェルビーイング支援

サッカー選手を含めすべてのアスリートにとって、スポーツを通じた身体能力や運動技能の向上、人間性の形成において、コーチが非常に重要な存在であることは言うまでもありません。本章のテーマであるバーンアウトについても、サッカー選手がバーンアウトを回避し、より主体的にサッカーに関わるうえで大切なことの一つとして、コーチが創り出す自律支援的なコーチングを説明しました。しかし一方で、コーチは、周囲からの過度な要求や期待、困難な課題への対処など、強い心理的プレッシャーにさらされています。[47] そして、こうした状況に心身が脅かされ続けると、コーチもバーンアウトに陥ってしまう危険性があることが示されています。[48] それゆえ、質の高いコーチングをコーチに実践してもらうためには、コーチ自身のメンタルヘルスにも目を向けなければなりません。つまり、コーチのメンタルヘルスを良好に保つことが必要になってきます。

コーチのコーチング行動に影響を及ぼす精神的要因として、ウェルビーイング(well-being)があります。ウェルビーイングとは、身体的・精神的・社会的な健康を意味する概念であり、満足した生活を送ることができている状態、または、幸福な状態、充実した状態など多面的、持続的な幸せを意味する言葉です。ステビングスら[49]が二〇一一年に行った研究によれば、コーチのウェルビーイングの状態によってそのコーチがどのようなコーチング行動をするかを予測することができ、ウェルビーイングの高いコーチは自律支援的な行動を行い、支配的なコーチング行動はあまりみられないことを明らかにしています。また、コーチが身体的・精神的に疲弊していると認

[47] Knight et al. (2013)
McNeill et al. (2017)
[48] Moen et al. (2018)
[49] Stebbings et al. (2011)

識している場合、コーチングの関わりが少なく、アスリートも自律支援的なコーチング行動を受けていると認識していない反面、コーチが自分自身のウェルビーイング状態が高いと認識している場合、コーチは自らがやるべきことに没頭し、アスリートも自律支援的なコーチング行動を受けていると捉えていたことが明らかとなっています。[50] これらの研究からは、コーチのコーチング行動は、常にどちらかのコーチング行動を行っているというよりもむしろ、コーチをとりまく外的・内的状況とそれによるコーチのウェルビーイングの状態に応じて自律支援的になったり、支配的になったりするものと思われます。

ウェルビーイングを高めるための方法としては、例えば定期的な運動やマインドフルネスなどさまざまなアプローチの方法が考えられますが、ここでは、アスリートセンタードコーチングの観点から、コーチのウェルビーイング向上につながる研究を紹介します。まず一つには、コーチ自身がコーチという仕事（有償無償を問わず）をどのように捉えているかが関係します。これは、先ほど紹介したストレスに対する認知的評価と少し考え方が似ているかもしれません。一般的に、仕事に対する捉え方は、ジョブ型、キャリア型、コーリング型の三つに大別されます。[51]「三人のレンガ職人」というイソップ寓話をご存じでしょうか。簡単に説明すると、自分が取り組んでいる仕事が、お金や生活のためにやらなければならない労働なのか（ジョブ型）、地位や責任、キャリアをつくるための手段なのか（キャリア型）、社会的意義や使命感を感

[50] Balk et al. (2019)

[51] Wrzesniewski et al. (1997)

じられる活動なのか（コーリング型）、ということです。つまり、コーチという仕事を、体力向上や技術指導する活動、個人やチームに結果を出させる活動、スポーツの意義と価値を社会に発信し、望ましい社会の実現に貢献する社会役割を担っている活動のうち、どの活動と捉えるかがウェルビーイングの高低に関わってきます。コーチングをジョブ型あるいはキャリア型と捉えているコーチのウェルビーイングは低く、コーリング型と捉える人のウェルビーイングは高いことがわかっています。

スポーツをする以上、運動能力や技能の向上を追求する姿勢や、勝利を目指して努力を積み重ねることはとても大切なことです。しかし、こうした側面はそのコーチの取り組みを評価する基準に一つにすぎません。コーチなどスポーツを支える側の人にとって重要なことの一つは、コーチングとはスポーツを通じて選手の人間性を育てる活動であると認識すると同時に、それがコーチのウェルビーイングにもつながっているということを理解することだと思います。

9章
チームビルディング

「スーパー！」「ブラボー！」「ダンケシェーン（ドイツ語で「ありがとう」）！」。

なんとこれは、育成年代でなく、「大人」のプロ選手を指導する、ルバン杯優勝監督のサンフレッチェ広島・スキッベ監督が、選手に頻繁に発する言葉なのです。[1] 同クラブの公式動画サイトでも、試合後のチームミーティングの様子が発信されています。[2] 映像からは、スキッベ監督が常に「ポジティブな言葉」、「選手たちのプレーへの賞賛」、そして必ず「感謝の言葉」を伝えていることがわかります。そのとき、選手たちはなんともうれしそうでイキイキとした、まるで「子ども」のような素敵な表情をしています。しかしそんな温かな雰囲気に包まれた中でも、選手たちの輝いた真剣な眼差しは、監督の言葉を聞き逃すまいとしっかりと監督に注がれています。このようなポジティブで活気があり、目標達成を目指して選手が真剣にリーダーと向き合うチームは、どのようにしてつくり上げられるのでしょうか？

もちろん、そのようなチームをつくることは容易ではありません。しかしチームビルディングの枠組みや心理学的メソッドを整理できれば、年齢や世代に関係なく、あなたの考えるチームを理想の姿に近づけることは可能です。本章では、スポーツ心理学や組織心理学などの研究成果をもとに、前半は「チームビルディングの枠組み（考え方やプロセス）」の整理、後半は「チームビルディングを効果的に進める心理学的メソッド」を紹介します。本章の内容を自分たちのチームに当てはめてながら読み進めてください。きっと、明日からの取り組みがみえてくることでしょう。

[1] 中野（2022）
[2] サンフレッチェ広島（2022）

チームビルディングの枠組み（考え方とプロセス）

「チームビルディング」とは、文字通り「チームを組み立て構築（ビルディング）していく」という意味です。チームビルディングに関しては、実践的知見に加えて多くの研究成果が蓄積されています。効果的なチームビルディングは、チームやチームビルディングの枠組みを理解することから始まります。

■なぜ、いま「チーム」が必要なのか？

チームや集団での活動には、人間関係づくりや調整などの面倒な作業がつきものです。また個人の自由が尊重される昨今、なぜいま「チーム」が必要とされているのでしょうか？　それは、チームが個人よりも多くの潜在的な成長可能性を持つという事実があるからです。これまでの研究から、個人に比べチームの活動が、三つのことで上回ることがわかっています。[3]

①多様な環境へ適切に適応できる。
②生産性（活動の成果）を向上させられる。
③課題に対する臨機応変かつ創造的な問題解決能力を向上させられる。

[3] 李・猪俣（2017）

■「チーム」とは？

チーム活動のメリットは、一時的な集団や単なる仲よし集団では享受できません。チームとして成果を上げるためには、次の三つのことが必要になります。

①多様な個性を持つメンバー[4]が、尊重されながら活動している。
②メンバーが、特定の目標や課題を共有している。
③メンバーが相互に影響し合い、責任を持って課題解決と目標達成に向け協働している。

■いま、望まれる「理想のチーム」とは？

みなさんがつくり上げたいチームとは、どのようなチームでしょうか？　一昔前には、全国大会で好成績を収めている「強豪チーム」＝「最高のチーム」と考える傾向が強かったかもしれません。しかし近年は、社会的環境の変化やスポーツへの期待の高まりから、「競技力向上」に加え、「人間性や社会性を成長させられること」や、「意欲ややりがい、希望や幸福感を感じられること」が、チームに強く望まれるようになっています。

みなさんの思い描く理想のチームも、「個人もチームも、サッカー選手としてまた人間としても、主体的に協働して成長していくチーム」に近いのではないでしょう

[4]「メンバー」「リーダー」「フォロワー」に含まれる人々について、本章では以下のように整理します。
メンバー：チームに所属するすべての構成員
リーダー：指導的立場にあるチームスタッフや選手（監督・コーチ・キャプテンなど）
フォロワー：リーダー以外のメンバー

か。みなさんの思い描く理想のチームには、次の要素が必要とされています。

①目標や活動に社会的意義があり、誇りを感じられる。
②互いに尊重され、思いやりや連帯感を通した安心感を感じられる風土がある。
③チーム活動の中で、喜びや達成感を感じ、自分の価値を高め自己実現を図れる。
④重要な情報が開示され、矛盾を感じるルールがない。

■チームの構造（しくみ）を知ろう

図９－１に示すように、チームは、「風土」・「文化」・「規範」の三つの階層で成り立っています。「風土」は、長期間にわたり積み上げられてきたチームの雰囲気やメンバーの関係性などでつくられます。目には見えませんが、メンバーの多くが感じることのできる、いわばチームを支えている「土台」といえます。その上に、共有される価値観や信念などの「文化」が形成され、その文化に基づきチーム内で「常識」となっている行動基準（判断・評価・行動選択の拠るべき規則や基準）などの「規範」が存在します。文化や規範は、リーダーやメンバーによりつくられるものであり、暗黙の了解として存在するものもあれば、文章化され共有されている場合もあります。

風土が文化を生み出し規範を形づくる場合（自然な成長）もあれば、規範を

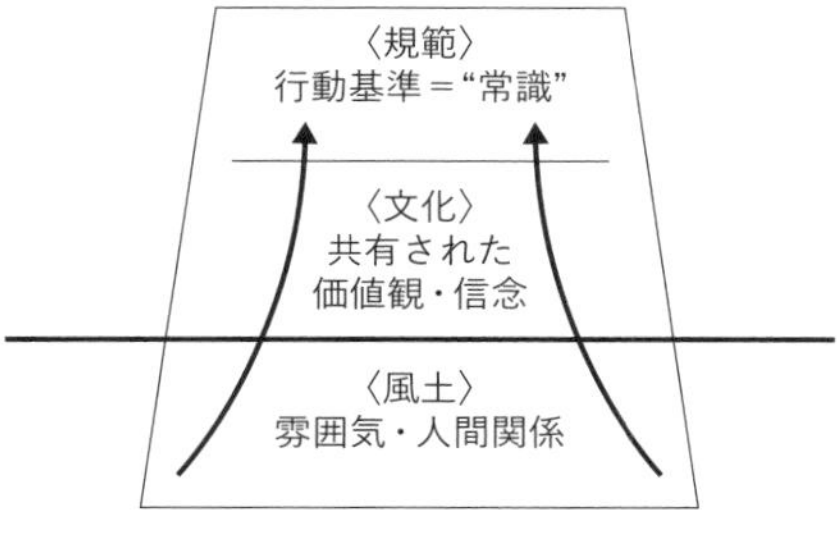

図9-1　チームの構造（仕組み）
「風土」は目に見えないが感じられるもの。
「文化」「規範」は明文化されていたり、
暗黙の了解として存在するもの。

変えることで文化が変容し新たな風土が生み出される場合（人工的な成長）もあります。揺るぎない風土がないと、どんなに魅力的な文化があっても、メンバーは活発に活動できません。一方、適切な行動基準がないと、メンバーの活動はバラバラな方向へと発散し、魅力的な文化は形成されません。

■チームビルディングの時期に合わせたリーダーの役割

チームは、段階的に成長していきます。この成長段階を理解し、各段階に適した方法でチームビルディングを進めることが重要です。ここでは、チームの成長段階を整理した有名なタックマンモデル[5]を参考に、表9－1に示すようにチームビルディングを「五つの段階」に分けて説明します。みなさんのチームは、いまどの段階にあるか確かめながら読み進めてみましょう。

①「形成（始動）期」：メンバーの個性を観察し、次に備えよう！

チーム創設やチームが代替わりするこの時期は、メンバーが互いに遠慮しながら誰かに依存している状態です。様子見や控えめな行動が多く、一見するとチームは順調に進んでいるようにも感じられます。しかし、要注意！　この時期に、スタッフと選手、選手間で意見交換や意思決定などのコミュニケーションの仕組み（形態や頻度など）をつくり、定着させておきましょう。さもないと、次の段階で大変なことになっ

[5] Tuckman (1965)

てしまいます。

②「混乱（激動）期」：問題も多いがチーム成長の正念場、粘り強く関わろう！

様子見の時期が終わると、個人やグループの主張が衝突し、チーム内で多くの問題が噴出する「正念場」がやってきます。時には、互いの主張が激しくぶつかり合い、チーム運営に大きな支障をきたす問題や対立が起こることもあります。そのため、この時期を「激動期」と表現する研究者もいます。しかし、互いの遠慮がなくなり、自分の考えを通そうとする自己主張や他者批判が表に出てくるこの時期は、主張がぶつかり合う中で、チーム目標や活動理念への理解を深めていける「チーム成長の絶好のチャンス」といえます。リーダーには、多様な個性と価値観をぶつけ合うメンバーたちの話に耳を傾けとことん話し合うことで、互いの主張を整理・調整しながら対立関係を改善していく関わりが求められます。しかし、明らかな違反行動をとるメンバーが出た場合には、毅然とした厳しい対応も必要となります。

この時期のメンバーとの関わりの中で、リーダーをサポートで

表9-1　チームの発展過程の特徴と各段階において重要なリーダの関わり

段階	主な特徴	リーダーの関わり
①形成期（forming）	メンバーの特徴や役割を確かめ、リーダーへの依存など互いの依存関係を形成する。「様子見」や互いに遠慮がちに活動する。	指針提供・意思決定・コミュニケーションの仕組みづくり
②混乱期（storming）	互いの意見や主張が出始め、対人関係や役割の衝突、対立や分裂が生じたり、チーム目標や方針に抵抗する。	傾聴・受容・調整・規範の理解促進・人材発掘・毅然とした対応
③規範化期（norming）	抵抗や混乱を乗り越え、チームとしての感情や連帯感が改善され、新たな判断や行動の基準が作られ共有される。	規範の共有と実践・成長準備・課題達成へのコーチング
④遂行期（performing）	メンバー間の人間関係や協働性が改善・効率化され、各自の役割の機能性や柔軟性が高まる。問題解決能力が高まりチームが大きく成長する。	見守り・相談・提案・目標の調整
⑤散会期（adjourning）	チームが成熟し目標が達成されたり、メンバーの入れ替わりにより、チームの解散や新たなチームへの移行が必要となる。	評価・検証・移行準備

きる人材やグループ相互の調和に寄与できる人材を見出し、彼ら彼女らにチームビルディングの中心的メンバーに加わってもらうことで、次の段階の準備も進めましょう。

③「規範化（規範形成）期」：対立を乗り越え、価値観や行動基準を整理し共有しよう！

メンバー間の衝突や対立の中から、新たな判断や意思決定、行動基準が作られ共有される時期となります。リーダーは、チームとしての感情や対人関係が改善されることの時期に、チーム基準に関するメンバーの理解を深めて成長の準備を整えましょう。

④「遂行（収穫）期」：チームが落ち着き、活気を取り戻したチームの成長を実感しよう！

いよいよ、これまでのプロセスで積み上げてきたものを収穫する時期が到来します。段階的に、リーダーとなる選手にチーム運営の主導権を委ねていくことで、チームの成長も飛躍的に高まることが期待されます。選手たちの成長を見守りながら、必要に応じて相談に乗ったりアドバイスや提案を行ったりしていきましょう。

「形成期」から「遂行期」にかけて、新たなリーダーの育成とフォロワーの成長を進めることが重要となります。チームビルディングでは、人材の発掘・育成も重要な要素となります。

⑤「散会期」：チームビルディングの集大成を検証し、チーム移行の準備をしよう！

選手個人が成長し、チームとしての協働性やパフォーマンスが向上した「チームの成熟期」がやってきます。時には目標達成に及ばない場合もあるかもしれません。しかし、みなさんの積み上げてきた努力と成果を検証できる重要な時期となります。これまでの取り組みと成果について、PDCAサイクル（177ページ図9－4参照）を用いて分析・評価してください。

また多くのチームでは、卒業や引退など多様な要因でメンバーが入れ替わる時期にあたります。分析結果をもとに、新たなチームを築き上げていく準備に取り掛かりましょう。

■チームビルディングとリーダーシップ：「フォロワーの尊重」がキーコンセプト！

リーダーが、どのようなアプローチでチームの成長を促していくのか、そのリーダーシップはチームビルディングに大きな影響を及ぼします。[6] これまでのリーダーシップ研究では、意思決定のプロセスをもとにした「指導者専制型」・「民主型」・「自由放任型」や、目標達成（P）と集団維持（M）の二つの機能のバランスを用いたPM理論（図9－2）などさまざまなリーダーシップスタイルの分類がなされてきました。また異なるリーダーシップがチームの生産性やパフォーマンスに及ぼす影響も検

[6] Shaw (1976)
田原・小川 (2021)

討されています。近年の研究からは、リーダーがフォロワーへ報酬と罰を与えることにより影響を及ぼす「交換型リーダーシップ」に代わり、チームビルディングへの「変革型リーダーシップ」の有用性が報告されています。変革型リーダーシップでは、まずリーダーがフォロワーの感性を尊重し、フォロワーのニーズや情動に訴えることで個人のモチベーションを高めます。そしてフォロワーのリーダーへの成長を促し、組織に変革をもたらしていきます。[7]

　加えて、リーダーがまずフォロワーに奉仕した後に相手を導くことを重視する「サーバント（奉仕型）リーダーシップ」も注目されています。フォロワーを尊重することで関係性を築く点は、変革型および奉仕型（サーバント）ともに共通しており、チームビルディングを担う現代のリーダーにとって必須の要素となっています。

　しかし、スポーツチームのリーダーには、重要なメンバー選考など、フォロワーの意向にとらわれず、明確で共有された基準のもと、時にはすべての責任を背負い、孤独で困難な決断を求められることもあります。その場合には、必ずしもフォロワーの意向を尊重するリーダーシップをとり続けることはできません。チームのリーダーには、多様なリーダーシップを理解したうえで、チームの実情に合わせ臨機応変にリーダーシップスタイルを変えていくことが求められるのです。

［7］Bass (1985)

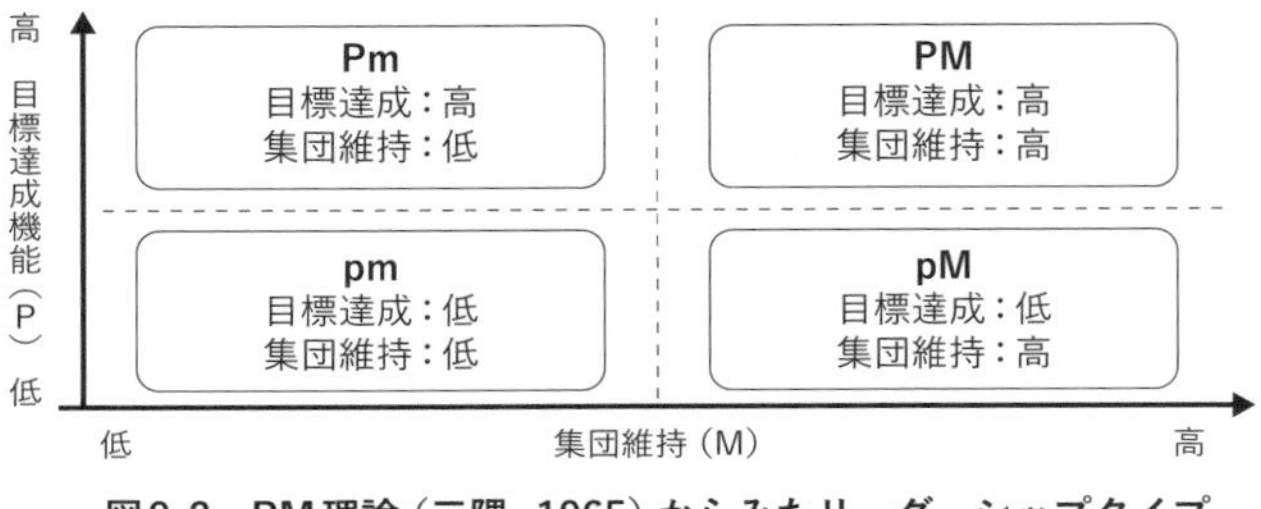

図9-2　PM理論（三隅, 1965）からみたリーダーシップタイプ
PM型を理想とするが、高いレベルで両者を両立することは難しい。

■理想のチームをつくるには？

ここまで、チームビルディングの枠組みを整理してきました。ここからは、実際に望まれるチームをつくり上げていく「チームビルディング」の戦略や具体的方法について、次の三つのステップに分けて考えていきます。

ステップ1：「目標設定」

トライしてみよう① 「MVVモデル」の作成

「どんなチームを目指すのか」。チームの目標設定は、チームビルディングにとても大切になります。そこで、まずはあなたのチーム目標をつくっていきましょう。この目標は、「やりがいや誇り」を感じられるものであり、チームの誰もが理解し共感できるものであることが重要となります。

図9－2では、チームの目標設定の際に役立つ「ミッション」・「ビジョン」・「バリュー」（略して「MVV」）の考え方を紹介しています。

①Jリーグクラブの例

浦和レッズの公式ウェブサイト[8]を覗いてみましょう。「浦和レッズ

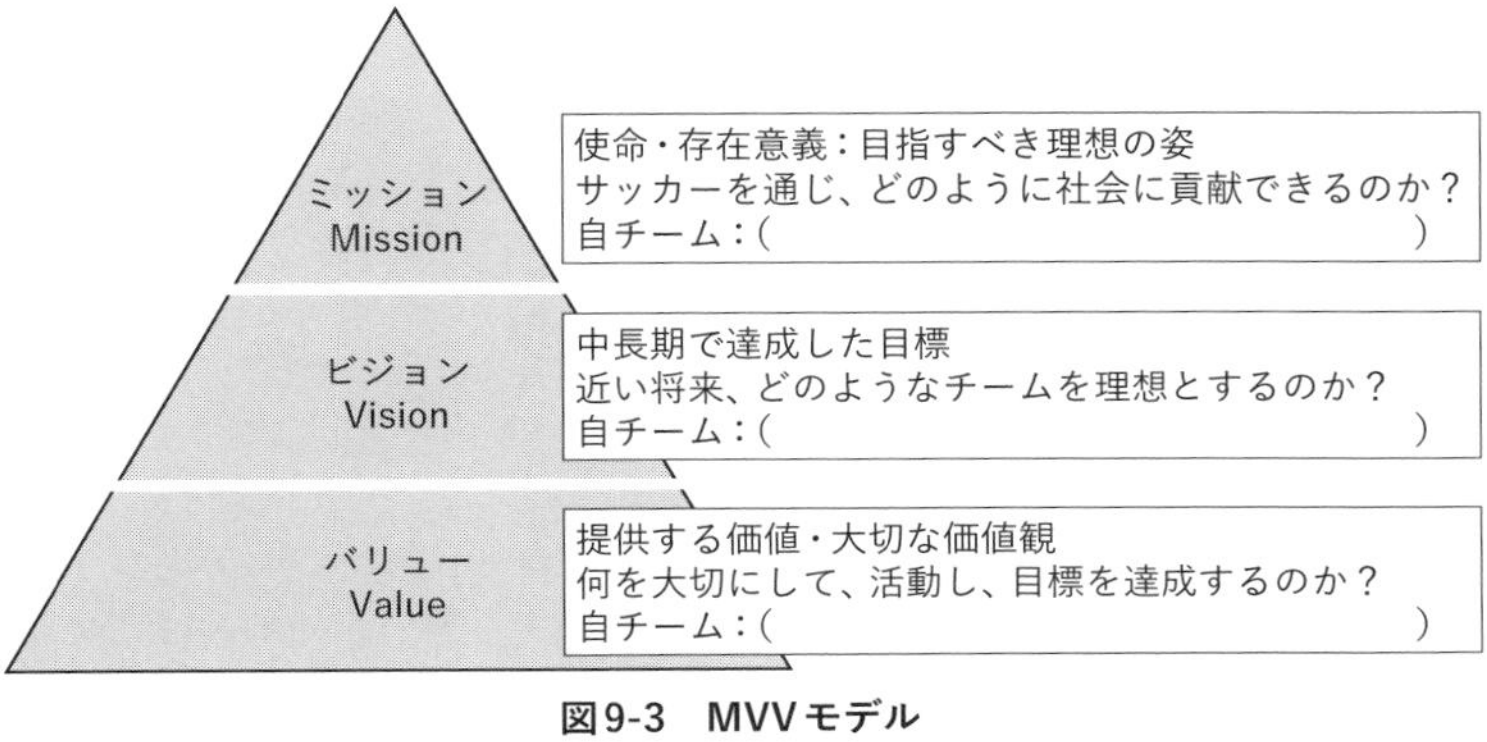
ミッション
Mission
使命・存在意義：目指すべき理想の姿
サッカーを通じ、どのように社会に貢献できるのか？
自チーム：（　　　　　　　　　　　　　　　）
ビジョン
Vision
中長期で達成した目標
近い将来、どのようなチームを理想とするのか？
自チーム：（　　　　　　　　　　　　　　　）
バリュー
Value
提供する価値・大切な価値観
何を大切にして、活動し、目標を達成するのか？
自チーム：（　　　　　　　　　　　　　　　）

図9-3　MVVモデル

本文で上述したように、競技レベルが高まると、「全員が平等に試合に出場できるメンバー選考」は困難になる。しかし、選考の基準（練習の参加率、パス成功率、仲間からの信頼程度、チームへの貢献程度など）を明確にしチームで共有することで、メンバーの理解を得やすくなる。

理念」の中に、「浦和レッズ宣言（ミッション）」として「浦和レッズは、サッカーをはじめとするスポーツの感動や喜びを伝え、スポーツが日常にある文化を育み、次世代に向けて豊かな地域・社会を創っていきます」と記載されています。続いて、「今後の二五年に向けたビジョン」と「浦和レッズの大切にする価値観（バリュー）」が掲載されています。急速に変化を遂げるプロサッカー界で、このクラブが「ＭＶＶ」を基軸に活動しようとしている姿がよく現れています。

［8］浦和レッドダイアモンズ（2022）

②チームの「ＭＶＶ」を書き入れてみよう！

みなさんも、自身のチームの「ＭＶＶ」を考えて、図9－3の（　）に書き入れてみましょう。すでに「ＭＶＶ」をお持ちの場合は、その内容を再確認してみてください。みなさんの「ＭＶＶ」は、チームのメンバーに、「やりがいや誇り」を感じてもらい、「挑戦してみたい」と思わせるものとなっているでしょうか？「ＭＶＶ」の作成と整理を通して、先に述べたチームの三つの階層のうち、規範や文化について、みなさん自身の目指すべき理想の姿が具体的にイメージできたのではないでしょうか。このＭＶＶは、チームの背骨や基軸になるものです。もしみなさんが、チームビルディングを行っていく中で課題や困りごとに直面し判断や意思決定に悩んだ場合には、議論の方向性や意思決定の拠り所となる重要な道標《みちしるべ》となってくれます。そのため、ＭＶＶを明文化し、メンバーやチーム関係者にわかりやすく開示し共有しておくことが望まれます。

ＭＶＶが作成できたら、次はＭＶＶを達成するために、中期・短期の具体的目標を設定してみましょう（24ページ表２－１参照）。「千里の道も一歩から」。理想のチームにつながる「ＭＶＶ」を目指し、チームの実情に合わせた現実的な短期目標を設定し、その目標達成を積み上げていきましょう。

ステップ２：「現状分析」

トライしてみよう②「課題の見える化」

ここでは、グループダイナミクス（集団力学）などの研究から明らかにされているチームビルディングに必要な要因や機能をもとに、表９－２に「チーム分析に役立つチェックリスト」をまとめています。まずは、このチェックリストを用いてチーム分析に取り掛かってみましょう。しっかりと時間をかけて、可能であれば信頼できるメンバーと一緒に客観的な分析にトライしてみてください。⑩以降に、チームに合わせたオリジナルの分析項目を加えると、さらに丁寧な分析ができるようになります。

実際に分析してみると、みなさんの感じていたことが明確となり、これまで漠然と感じていたことや気づかなかった改善すべき課題（Gap：ギャップ）を「見える化」できます。また理想とするチームの「風土・文化・規範」のどの階層に、チームの改善すべき課題が存在しているかに気づけたことでしょう。自分が理想とするチームへ

改善のための具体的プランを具体的に書き入れてみよう！

表9-2　チームの現状分析に役立つ「課題の見える化」チェックリスト

	要素	内容	課題を考えるポイント（○・△・×で評価）
	① MVV目標	MVVや目標は？	・「MVV」は魅力的か？明確か？ ・競技面と競技以外の面の両者が設定されているか？ ・競技面は共有されているか？ ・中期・短期目標は、具体的か？現実的か？
風土	②雰囲気	雰囲気は？	・心理的安全性は確立できているか？ ・個人の考えや提案は尊重されているか？ ・自己実現（個人の成長）への期待を持てているか？
風土	③人間関係	人間関係は？	・個人の考えや提案は尊重されているか？ ・一体感・連帯感はあるか？ ・互いへの要求はなされているか？ ・コミュニケーション（報告・連絡・相談）の機会と仕組みは整っているか？
風土	④凝集性	魅力を感じているか？	・MVVや中期・短期目標に魅力を感じているか？ ・集団のつながりや連帯感に魅力を感じているか？ ・積極的な参加意欲はあるか？
文化	⑤文化	共有された価値観や信念は？	・チームや個人の価値観や信念は共有されているか？ ・チームや個人の価値観や信念は明文化されているか？ （暗黙の了解やチームの常識として共有されているものがない場合、明文化すること で、チームが作り出そうとする価値観や信念を見える化できます）
規範	⑥構造	組織構造は？	①トップダウン（専制）型②民主型③自由放任型 ・MVVを念頭にしたリーダーシップ変容の準備はできているか？ ・メンバー同士のリーダーシップとフォロワーシップのバランスは？
規範	⑦役割	役割分担は？	・役割ごとの具体的責任（期待される内容や役割）と権限は明確か？ ・役割ごとの具体的責任と権限は共有されているか？ ・報告・連絡・相談の範囲と方法は明確か？また共有されているか？
規範	⑧基準	定着した行動指針や約束事は？	・チームや個人の行動指針や約束事は共有されているか？ ・チームや個人の行動指針や約束事は明文化されているか？ （暗黙の了解やチームの常識として共有されているものがない場合、明文化することで、メンバーの望まれる行動選択の判断基準や拠り所を見える化できます）
困りごと	⑨役割期待	期待される役割と実際の役割の矛盾・ズレは？	①期待される役割②本人の理解する役割③実際の取り組み ・３つの役割に矛盾やズレはあるか？ ・矛盾とズレの確認と改善の取り組みは共有されているか？
時期	⑩チーム成長の時期	チームの成長段階は？	①形成期②混乱期③規範化期④遂行期⑤終了期 ・チーム成長の全体像から、現状を把握できているか？ ・チームビルディングの時期に合わせたリーダーシップを採用しているか？ ・次の段階への準備は整っているか？
追加	自由追加		

と成長するために必要な改善すべき課題の「見える化」がチームビルディングの鍵となります。この理想と現実のギャップを縮めながら、理想のチームづくりを進めていくことがチームビルディングになります。現状分析を終えたら、チームを成長させていくための適切なプラン作成を進めてみましょう。

リストのうち、「風土」に関する②～④の課題を改善するためには多くの時間とエネルギーが必要となります。そのため、まずはリーダーのもとで取り組みやすい⑥～⑧の課題から改善に取り組むのがよいでしょう。規範が共有・実践されると、チームのつくり出そうとする価値観や信念を形成しやすくなります。そして、継続的な取り組みにより、「MVV」を目指すための揺るぎない「風土」ができあがっていくことでしょう。このようにチームの土台である「風土」の変容には、長期の取り組みが必要となります。しかし、揺るぎない土台があれば、チームの継続的成長が可能になります。そのため、「土台づくり」に粘り強く取り組むことがとても重要になります。

ステップ3：「プランニング、振り返り、改善」
トライしてみよう③「PDCAサイクル」と「OODAループ」

次に分析により明らかになった「理想と現実のギャップ」をいかに縮めていくのか、具体的プランを作成することになります。「風土・文化・規範」のどの階層に改善すべき課題があるのかを分析し、その課題を改善するための段階的かつ具体的改善プランを作成していきます。具体的プランは、先ほどつくっていただいた短・中期の目標達成を念頭に、チーム環境に応じて作成してみましょう。

プラン作成が終われば、そのプランに基づいてチームビルディングを実行していきます。しかし、どんなに素晴らしいプランができても、プラン通りにチームづくりが進むことはごく稀です。そのため、継続的にチーム活動を振り返ること（分析・評価）、そしてその結果をもとに継続的改善の取り組みが非常に重要となります。ここでは、図9－4に示す二つの振り返りのメソッドをご紹介します。

①「PDCA（ピーディーシーエー）サイクル」

計画を実行し、その結果を分析・評価し、新たな目標設定や目標へのプロセス修正などを繰り返して活動していきます。活動が終了したタイミングで実施するため、立ち止まってじっくり考えることが可能になります。

②「OODA（ウーダ）ループ」

状況を観察し情報を集め、それらの情報から次の行動の選択肢を分析して、最善と考えられる選択肢を決断し、行動を実行するループ（回路）になります。変化する状況に応じて素早い意思決定が行えるため、チームの活動中に行う振り返りに適しています。

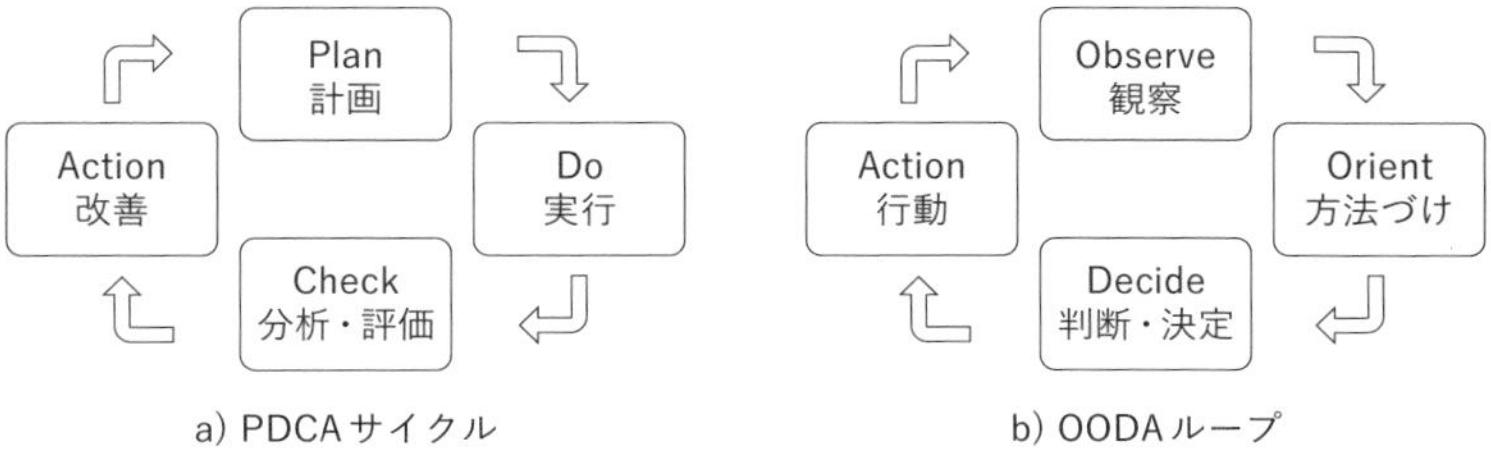

図9-4　2つの振り返りメソッド

③チームでの二つのサイクルの実践例

例えば、トレーニング中はOODAループで次々とトレーニング改善にトライし、トレーニング終了後に「PDCAサイクル」でしっかり振り返り、次のトレーニングをプランニングすることができます。あるいは、日々のチーム活動については個々のメンバーがOODAループで改善に取り組み、週や月ごとに複数のスタッフやリーダーと協力し、PDCAサイクルを用いてチーム分析を行うことも有効です。二つのメソッドを上手に使い分け、プランの作成と修正を効率的に進めてください。活動後だけでなく活動中にも、チームパフォーマンスを改善し続けることが可能になります。

まずはみなさん、ここまで整理した内容をもとに、チームビルディングにトライ、またはイメージしてみましょう。

チームビルディングに効果を発揮する心理学的メソッド

みなさんには、ここまでチームビルディングの知識を整理し、実際にチームビルディングにトライ、イメージしていただきました。しかし、せっかくチームビルディングの素晴らしい枠組みを作ったはずなのに、チームが思うように活性化しない、成長しないと感じられている方も多いのではないでしょうか。ここからは、チームビルディングに関する心理面に焦点を当て、効果的なチームビルディング・メソッドについて考えていきます。

■チーム活性化の鍵を握る「こころの三大栄養素」を注入しよう！

理想のチーム像で考えた「主体的に協働し成長していくチーム」をつくり上げ、メンバーが「やる気に満ちた表情」で活動するためには、何が必要となるのでしょうか？　すでにお気づきの方も多いことでしょう。そのためには、2章で述べた「こころの三大栄養素（『自律性』、『有能感』、『関係性』）」がとても大切になります。2章で述べたように、チームのメンバーは「自ら成長したい（実現傾向）」という欲求を持っています。そのためチームビルディングでは、メンバーの実現傾向を妨げている障害を取り除き、ポジティブに活動できる環境を整えていきます。そうすることで、メンバーの力を最大限発揮してもらい、成長を促していくことが重要となります。

■チームビルディングのポジティブ・サイクルをつくり出す！

「自己実現傾向」[9]を刺激しながら効果的なチームビルディングを行っていく手順を図9－5に示しました。まず安心して発言・行動できる状態である「心理的安全性」を確立し、チームメンバーの関係性を改善していきます。そうすることで、メンバー

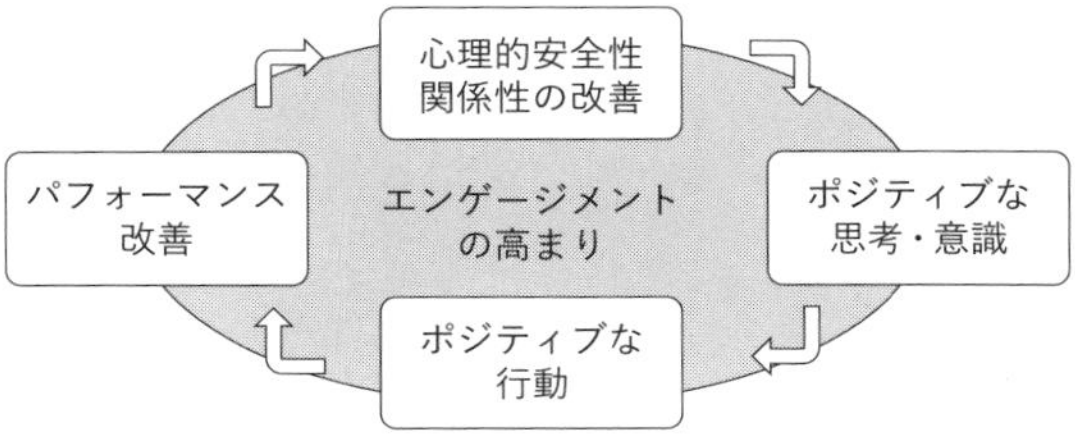

図9-5　チーム成長を支える心理的安全性の確保から始まるポジティブ・サイクル

はポジティブな思考と意識を持てるようになります。そして、ポジティブな思考と意識は、メンバーの問題解決に向けたポジティブな行動へとつながっていきます。このプロセスで、成長に欠かせないメンバーのチームへのエンゲージメント[10]が高まっていきます。エンゲージメントが高まることで、メンバーとチームのパフォーマンスが高まっていくのです。

ここでは、心理性安全性を高める「第一段階」と、チームパフォーマンスを高めるコーチングを必要とする「第二段階」に分けて考えていきます。それでは具体的な進め方をみていきましょう。

■安心してトライできる環境を支える「心理的安全性」とは？

メンバーは、四つの不安（「無知」・「無能」・「じゃまをしている」・「ネガティブ」と思われるのではないかという対人不安）から、チームの中で積極的な発言や行動を控えてしまいます。心理的安全性[11]とは、この対人関係で生じる不安（対人リスク）を感じずに活動できる状態や環境です。この心理的安全性がしっかり確立できれば、自分の考えを積極的にチームメイトに伝えたり失敗を恐れず積極的なプレーにトライできたりするようになっていきます。

近年、企業や組織づくりの観点から、「心理的安全性」の重要性が指摘されています。Googleという大企業を対象にした調査プロジェクトでは、学歴やジェンダーバ

[9] Rogers (1957)

[10] エンゲージメント (engagement)
「チーム活動への情熱とチームへのコミットメント（全力で取り組む態度）の大きさ」を意味し、自発的にチーム活動に取り組む熱心さ」（エドモンドソン 2021）の定義をスポーツチームに合わせ改変。人間が成長し、発達を遂げ、最適な機能状態に向かう生得的傾向を有しているという考え方

[11] 心理的安全性
チームにおいて、考えや懸念や疑問を気兼ねなく話すことができる（対人リスクがない）という確信をもっている状態であり、チームは対人リスクをとっても安全だと、メンバーが信じられている環境（エドモンドソン 2021をもとに作成）。

ランスなどに比べ、「心理的安全性」が最高のチームをつくる要因として極めて強い影響力を持つことが示されています。[12] つまり、チーム内で安心して活動できる「心理的安全性」を確立することが、チームビルディングで最も重要な第一歩となるのです。

トライしてみよう④「心理的安全性クイズ」

表9－3から、あなたのチームの心理的安全性について確認してみましょう。

■第一段階：「心理的安全性」のつくり方

次は、どのようにして心理的安全性を確立すればよいかについて、その具体例を紹介していきます。エドモントソンの研究[13]では、リーダーとしてチームに心理的安全性を整えるためのツールキットとして、三つのステップ（「土台づくり」・「参加を求める」・「生産的に対応する」）を紹介しています。そのキットを参考に、サッカーチームでの心理的安全性の整え方について図9－6に示しました。その図をみながら読み進めていきましょう。

①今日からでも簡単に始められる「あいさつに、笑顔と一言を添えて」

「いまさら、あいさつ!?」と思われた方も多いと思います。しかし、日常の形式的

[12] Rozovsky (2015)

[13] エドモンドソン (2021)

[14] 例：「おはよう（笑顔）。今日も、スパイク、キレイに磨いてるね！」「こんにちは（笑顔）。いつもより元気だね。何か良いことあったの？」など。

なあいさつに、ちょっとしたスパイスとなる「笑顔」＋「相手への関心を示す一言」を添えるだけ。[14] これだけで、自然と会話量が増え、メンバーのつながりや関係性が向上します。笑顔には自律神経を整えてストレスを緩和する効果もあるといわれています。いつものあいさつに「笑顔と、ちょっとした一言」を添えて、まずは心理的安全性を一つ積み上げてみましょう。

② 「失敗できる」、そして「失敗から学べる」雰囲気づくり

選手が積極的なトライができるように、トレーニングや試合、ミーティングでは次の二つのことを伝え続けましょう。

① 「足でボールを扱うサッカーは、成功よりも失敗の多いスポーツであること」
② 「個人もチームも成長するためには、トライ&エラーがとても大切であること」

「失敗を恐れる」雰囲気の中では、積極的なプレーや発言はなかなか出てきません。その雰囲気を変えるため、リーダーが先頭に立ち、「失敗は学びと成長の絶好のチャンス」として「失敗」をチーム内で再定義することが必要になります。つまり、失敗に対して抱くネガティブなイメージや思い込みをポジティブなものへと逆転させ、メンバーの意識に改革を起こすのです。もちろん、メンバーの失敗を受け

表9-3　心理的安全性チェックリスト（田原, 2021をサッカーチーム用にアレンジ）

	3：あてはまる、2：どちらとも言えない、1：あてはまらない、の三段階評価	
①	このチームでプレーをする中で、私のスキルや個性は評価されている	3・2・1
②	このチームでは、問題点や困難な課題について話題にすることができる	3・2・1
③	このチームでは、安心してリスクをとってプレーすることができる	3・2・1
④	このチームでは、ミスをしたら責められる（R）	3・2・1
⑤	このチームでは、メンバーに支援を求めることが難しい（R）	3・2・1
⑥	このチームでは、自分たちと異なる考えのメンバーを受け入れないことがある（R）	3・2・1

④〜⑥は反転項目のため数字を逆に3→1、2→2、1→3に変換して、総合計を計算する。
14〜18点：安全性が高い　11〜13点：ある程度の安全性が確保　6〜10点：安全性が低い

入れるには、大きなエネルギーが必要になります。しかしこの作業は、チームの価値観や行動基準の再確認にもつながる大切なプロセスになります。

③選手の発言や積極性を引き出す「場づくり」

みなさんのチームのミーティングでは、決まった選手の発言が中心になっていませんか？　そんな場合は、選手全員が発言しやすくするために、三〜五人程度で行う「スモールグループ・ミーティング（スモールグループＭＴＧ）」を取り入れてみてください。ミーティング時間の確保が難しい場合には、トレーニングの給水時間に、三人組で三分程度、それまでのプレーを振り返り、次のトレーニングに向けたスモールグループＭＴＧをするだけで、トレーニングに対する選手の意識は大きく変化します。実際にこのミーティングを実施し効果を上げているチームも存在します。また著者らの研究プロジェクトでは、全体ミーティングの前に三〜五分間のスモールグループＭＴＧを実施し、その内容を全体で共有してもらいました。これを二か月続けると、選手の発言数が増加し、自律性や論理的思考力が高まることが明らかとなりました[15]。ぜひとも、みなさんもスモールグループＭＴＧを実施してその効果を実感してみてください。

[15] 堀野（2022）

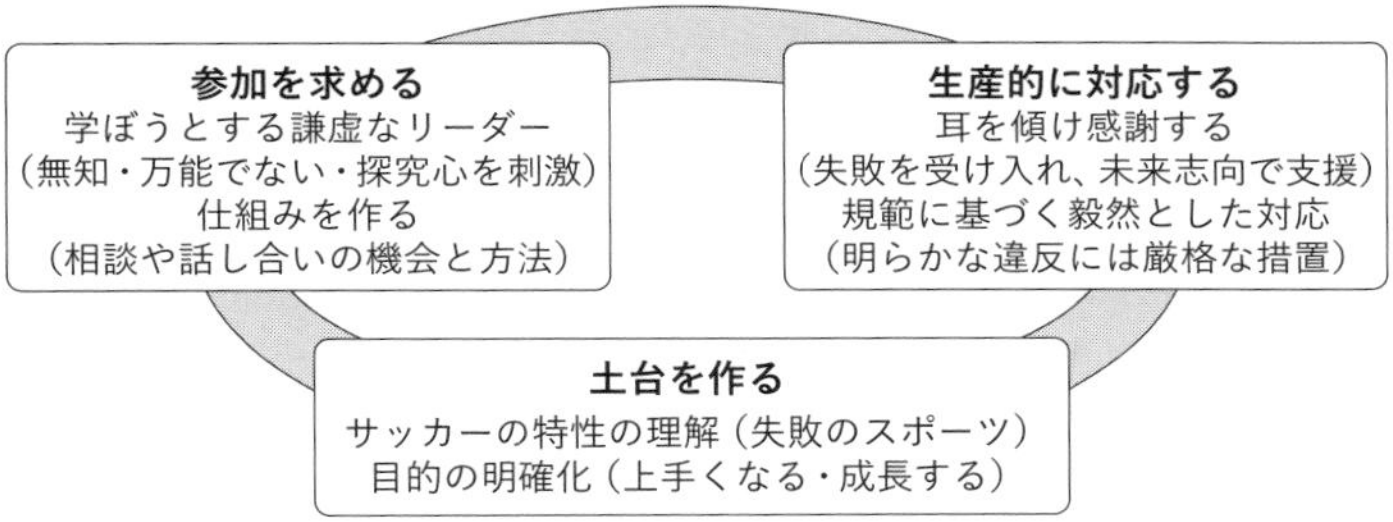

図9-6　サッカーチームでの心理的安全性の確立

④ポジティブなエネルギーを生み出す「問いかけ」メソッド

「今日の試合の課題は？」。試合後のミーティングでよく耳にするフレーズです。選手は、どうしても「課題＝できなかったこと、失敗」をネガティブにイメージしてしまいます。これに対して、「今日の試合でがんばったこと、トライしたことは？」のポジティブな問いかけから始めると、選手はポジティブな取り組みから試合を振り返るようになり、選手のこころの扉が開き始めます。そこで続けて、「それじゃ、もっとがんばりたかったことは？」と、「課題」を「もっとがんばりたかった（トライしたかった）こと」と、ポジティブなイメージを想起できる表現に言い換えて振り返ってみましょう。同じ課題を振り返る際にも、リーダーのポジティブな問いかけにより、メンバーはこれまでよりもずっと安心してプレーを振り返り、発言できるようになっていきます。

⑤ポジティブなエネルギーを増大する「フィードバック」メソッド

選手が勇気を出して発言してくれたら、「そうかあ。鋭いなあ」や、「それ、大切なポイントだね」など、コーチから選手にポジティブなフィードバックを返しましょう。これで、さらにもう一段、チームの心理的安全性を高めることができます。多くの選手は、「コーチの考える正解」を探しながら発言する傾向にあります。そのため、たとえ「コーチの考える正解」でなくても否定することなく、「おっ、鋭い」や「その見方もあるのか。気づかなかったなあ」などと、まずは選手の発言や考えを受け入れてポジティブなフィードバックをすることで、心理的安全性の確立はまた一歩進みます。

⑥「感謝の言葉は、魔法の言葉」：褒められるより何倍も大きなエネルギーを生み出せる！

選手が勇気を出して発言してくれたら、コーチから「鋭い分析、ありがとう」と感謝の言葉を添えてみましょう。そのとき、選手のこころの中がどういう思いで満たされるか想像してみてください。そして「ポジティブな問いかけ&フィードバック」、そして「感謝の言葉」を添える習慣を、二、三週間続けてみてください。それだけで、メンバーが互いを尊重する雰囲気がチーム内に満ちてくるのが、きっと感じられるはずです。

リーダーの言動の影響力は、みなさんの想像以上に大きいものです。ここで紹介したリーダーの言動を習慣化することで、選手個人が「自分の意見・プレー・存在が、チームで認められている、価値を持っている（自己有用感）[16]」と感じることができれば、チームビルディングの第一段階は完了します。

[16] 自己有用感
他者や集団との関係の中で、自分の存在を価値あるものとして受け止める感覚（鎌田ら 2019）。

■第二段階：発言と行動を促す四つのメソッド「指示」・「提案」・「質問」・「委譲」

これまで積み上げた心理的安全性だけでは、チームの成長は十分に成し遂げられません。メンバーが挑戦的な目標にトライし成長するためには、適切なコーチングが必要不可欠になります。チーム内に心理的安全性が確立されたら、「挑戦的な目標に向けて、互いに刺激し成長し合える生産的な環境づくり」へと、チームビルディングの段階を進めていきましょう。

選手の成長を促すコーチングには、トレーニングやミーティングにおいて、表9－4に示す四つのメソッドをうまく組み合わせて進めていくことが大切になります。

①選択肢を広げて、自分で決断させる：「自己決定」で「自己効力感」をアップ！

選手やメンバーの成長には、「『自ら決断』した方法で挑戦すること」が欠かせません。うまくいくこともあればそうでないときも出てきます。しかし大切なのは、その挑戦の意思決定を、他者でなく「自らが行う」ということです。自己決定した挑戦で成功した場合には、「自己効力感（これから行おうとする行動や自分の可能性に対する認知）」が格段に高まり、大きな自信へとつながります。もし失敗したとしても、すでに確立した心理的安全性の中では、次の挑戦への貴重な経験にすることができます。

前節で述べた四つのメソッドを活用すれば、挑戦の準備段階で検討できる選択肢を広げたり、挑戦後には次の挑戦に向けた振り返りの観点を深掘りできたりします。

②選手の探究心をくすぐる質問力：「5W1H」はとても使えるツール！

スモールグループMTGで、FWの選手から「ゴールを決め切りたかった」との振り返りが出たとします。これに対し、選手の発言を受け入れポジティブなフィードバックを返すだけでは、選手のプレー成長への動機づけを十分に高めることができません。そこで、コーチやリーダーが選手の発言を深掘りし、課題の明確化と課題改善に向けた具体的方策を、その選手自身が考えられるように働きかけていきます。その際に重要となるのが、「選手の探究心を刺激し思考力を高める」質問力です。

先に挙げた例では、まず「ゴールを決め切る」という目標を明確にします。次に、その目標を達成するためには、「いつ」・「何を」・「どのように」準備することが必要になるのかを考えるように促していきます（「指示」）。その際には、選手に「トライしてみたい」と思わせる問いかけをしてあげましょう。例えば、サッカーのプレーには、「ボールをプレーする前」・「プレーするとき」・「プレーした後」の三つのタイミングがあります。多くの選手は「ボールをプレーするとき（シュートをするとき）」に意識を向けて考える傾向があります。そこで、「確かにシュートの技術はとても大切だね」と選手の考えをポジティブに受け入れてから、「他にも、これをやるともっ

表9-4　選手・メンバーの積極的な発言と行動を生み出す4つのメソッド

「指示」：	これから何をするのかを明確にする（課題内容・時間・方法など）
「提案」：	思考や行動が過度に発散・停滞しているときに、手がかりを示す（論点整理・課題の再確認・新たな視点の提供など）
「質問」：	思考を広げたり焦点化したりすることで、思考力と探究心を刺激する（5W1Hなど）
「委譲」：	選手に意思決定を委ねて見守る。タイミングを見計らって振り返りをし次に活かす（選手主導のトレーニング導入・多様なミーティングの活用など）

とシュートが決めきれられるようになることはないかな？（「質問」）」と問いかけます。選手の様子をワクワクしながら観察し、「例えば、ボールを受ける前にできることはないかな？（「提案」）」と意識するプレーのタイミングを変えて考えることを提案しましょう。新たな観点に気づけた選手は、探究心をくすぐられ自ら考え始めることでしょう。

もし選手の思考が広がりすぎていたら、「ボールを受ける前に、どんな準備をしておくと、さらにゴールを決められるようになりそう？」と考えるポイントを絞って焦点化してあげてください。他のポジションの選手には、「シュートを打つ選手がゴールを決め切るために協力できることはないかな？」と問いかけ、同じように『誰が』・『いつ』・『どこで』・『何を』・『どのように』準備することで協力できるかな？」という具合に「5W1H」を使いながら、問題解決に向けた選手の論理的思考力を高めていきます。

そして「次は、スモールグループMTGでそれぞれ考えてみようか（「委譲」）。終わったらみんなでそれぞれの内容を共有しよう」と、選手たちが自分たちで主体的に協働して考える場を提供し、その後に振り返りの機会を設定するとさらに効果が高まります。

③メンバーとの主体的な関わりの中での成長促進

この問答をコーチと選手が習慣として繰り返していると、次第に同じ問答を選手間でも行うようになっていきます。ここまでチームが積み上がると、選手たちが相互に関係し合いながら、主体的な対話を通して問題解決に取り組める「風土」ができていきます。またそのプロセスで、チームの規範や文化も少しずつ形成され共有されていくことになります。

■なぜチーム内に心理的問題が起こるのか？

ここまで述べてきた内容を丁寧に実践しても、チーム内で心理的問題が絶えることはありません。最後に、問題が生じる理由と改善方法について考えます。

チーム内で起こる心理的問題や困りごとの大半は、メンバー間の「人間関係」に起因するものと考えられます。またその多くは、「他者の期待」と「自分の行動」のミスマッチに起因しています。そこで、メンバーの「役割」の観点からこの問題について考えていきます。

集団（チーム）のメンバーには、集団内の位置（役職や人間関係の中での立ち位置）と結びつく「他者から期待される役割」、「本人が自覚する役割」、「本人が実践する（演じる）役割」という三つの役割が生じます。図9－7に示すように、これら三つの役割が重なる場合には人間関係の問題はあまり起こりません。

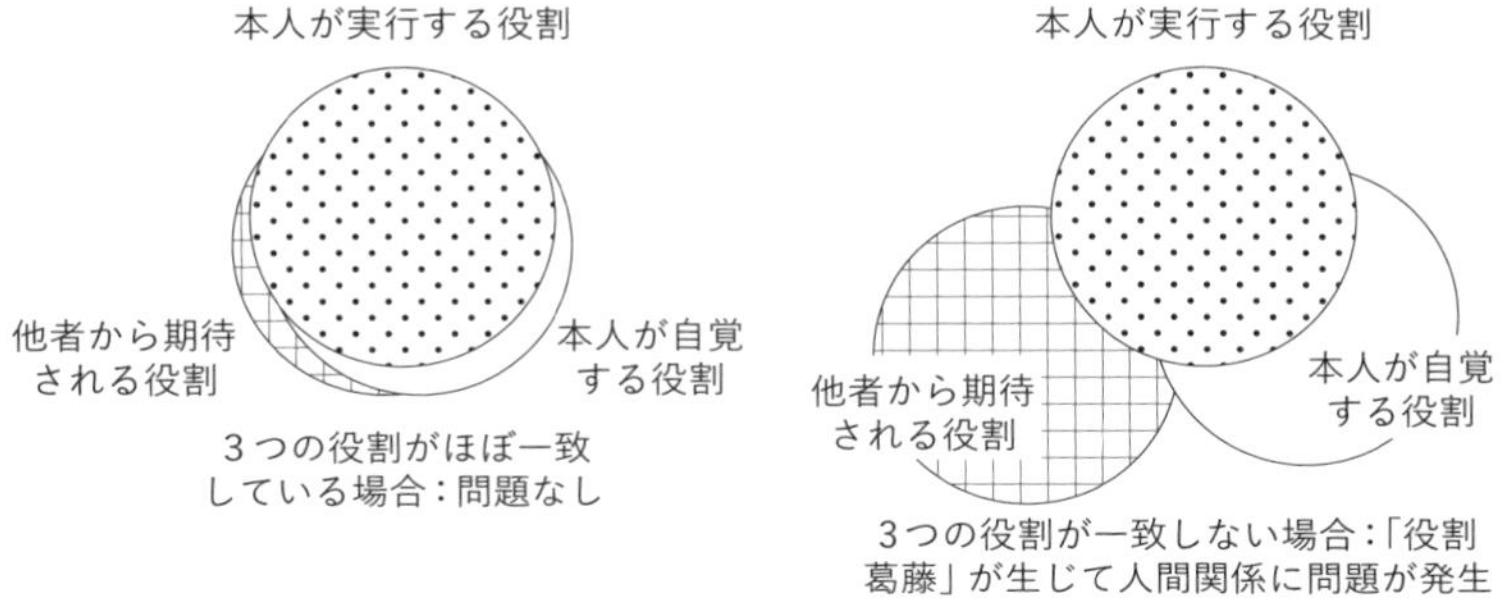

図9-7　チームでの3つの役割と「役割葛藤」のイメージ

しかし、三つの役割の違いが大きい場合には、それぞれの役割間に矛盾やズレが生じる「役割葛藤」が起こります。この役割葛藤により、期待が裏切られたり、自身の役割が果たせないことに対する不安や焦りが生まれたりします。このストレスが大きくなると、チーム内での人間関係を中心とする心理的問題へと発展することになります。

役割葛藤を未然に防ぐためには、各メンバーが互いに受け入れ可能な役割を整理し明確にしていくこと、そしてその役割を実践するために必要なサポートを行っていくことが大切になります。

また心理的安全性を高めることで、メンバーが失敗や困りごとに直面した際に、「失敗しました」「困っています」などと気軽に相談できる、また困っていそうなメンバーに「どんな問題や気懸かりがあるのですか？」「私にどんな手助けができますか？」と率直に尋ねられる機会や場をチーム内につくっておくことで、早めの問題解決につなげられます。

これらの環境整備により、役割葛藤に起因する人間関係の問題や困りごとを減らしながら、チームビルディングを進めていくことができるでしょう。

10章
セカンドキャリア

トップアスリートの現状

東京2020オリンピック・パラリンピック競技大会は、新型コロナウィルスの世界的拡大の中で、近代五輪史上初の延期、その後も感染収束が見込めない中で大きな混乱なく開催できました。アスリートの競技直後のインタビュー時には、大会開催や医療関係者の感謝の言葉が多く述べられていました。この競技大会が閉幕した三年後に開かれるパリ五輪に向けて、準備し、意欲を高める選手がいます。しかし、その一方で、東京五輪を最後の舞台とし引退を表明する選手も数多くいました。また、新型コロナウィルスの拡大によって、開催が一年延期され、ベテラン選手の中には、東京五輪を迎える前に引退した者も少なくはありませんでした。アスリートは、最高のパフォーマンスを発揮するため、その時々で決断をしていく必要があります。

しかしながら、トップアスリートが華々しく活躍した後の引退後のキャリア形成について、世間の関心が高いとはいえない状況にあります。これまで培ってきたトップアスリートとしての実績を評価され、引退後に、指導者やテレビやラジオなどの解説者など、スポーツ業界にとどまってセカンドキャリアを歩む人は一握りにしかすぎません。アスリートは、極限の緊張感の中で、自己ベストを更新し続けて国民に感動と希望を与えてきました。現役引退後には、その後に続く人生もあります。昨今、頻繁に耳にする「人生一〇〇年時代」という時間軸で考えるならば、ベテランといわれる三〇代や四〇代まで現役を続けたとしても、人生の折り返し地点すら到達していません。こうした現状と課題をしっかり考えていく必要があると思います。

キャリア・トランジション

人生の転機といわれる時期に、どのようなことが生じるのかを紹介していきたいと思います。「キャリア・トランジション」という言葉は一般にはあまり聞き慣れない言葉かもしれません。川口ら[1]によると「『キャリア』という言葉は非常に多義的に使われる言葉であり、職業経歴そのものを意味することもあるし、職業上の出世や成功を示すこともある。しかし、キャリア発達に関する理論や研究においては、『キャリア』は職業生活だけではなく、家庭生活、社会生活なども含む広い意味での個人の人生のあり方を示す概念として使われている。職業や働き方の選択は、個人が置かれている家庭環境や社会的な環境などと切り離して論ずることはできないからである。一方、『トランジション』は、『転機』、『転換点』、『移行』を示す言葉である。キャリア発達理論においては、ある年齢段階において人々が共通に遭遇する出来事や課題があり、そういったライフ・イベントや課題を乗り越えながら人は次の発達段階（ステージ）に移行していくと考える。この場合『トランジション』は前のステージから次の

[1] 川口ら (2010)

ステージへの移行を意味する」と説明されています。キャリア・トランジション理論については、実務家だけでなく、その転機に直面しているアスリート自身にも、多くの気づきを与えることができます。[2] キャリアの転機が訪れたとき、その当事者は不安や混乱を抱え、常識では考えられないほど不可解な行動に走ることも考えられます。キャリア上の転機は人によって異なります。したがって、いろいろなケースがあるため同じ現象ではありません。シュロスバーグ[3]は「その固有性にもかかわらず、トランジションは大きく二つに分けることができる」と述べています。

　第一は「イベント」(何らかの出来事）から起こる転機です。これはさらに、「予期した転機」と「予期せぬ転機」に分けられます。[4]「予期した転機」とは、人生の中で通常起こることが予想される主要な出来事（ライフ・イベント)、例えば就職、結婚、親となること、不動産取得、親の死別、退職などから引き起こされる大きな変化を指します。一方、「予期せぬ転機」は、例えば大きな病気、事故、リストラ、海外転勤、望まない昇進など、予期しないで起こった出来事によって引き起こされる（多くの場合、自分が望まない嫌な）経験です。

　第二は「ノンイベント」であり、期待していた出来事が起きないことから派生する生活の変化です。例えば、就職できずにフリーターを続けること、結婚できずに独身を貫くこと、昇進できないこと、不動産を取得するチャンスを失すること、引退する余裕がないことなどがこれにあたります。ノンイベントは起きなかった出来事の影響

[2] Schlossberg (1981)
Schlossberg et al. (1995)

[3] Schlossberg (2000)

[4] Schlossberg et al. (1995)
Guichard & Lenz (2005)

ですので突然の変化というわけではありませんが、それでもキャリアや生き方に、ボディーブローのようにじわじわと効いてくるものです。

プロサッカー選手の場合に置き換えると、突然の引退や戦力外通知といったイベントは、予期することもあれば、予期せぬこともありえます。また、公式戦の出場機会が少なくなることだけでなく、監督に認めてもらえないことによるノンイベントから起こる転機は、これまでサッカー・エリートとして歩んできた選手ほど、また、それらを目標としてはっきりと意識し、すべてを犠牲にしてきた選手ほど、大きなストレスとして感じられます。例えば、田中ウルヴェ[5]は、「トップアスリートが引退し、次のキャリアへの移行がうまくいかない原因は、もはや選手ではないということからくる強い喪失感に、うまく本人が対処できないことであり、それは、選手としての自己に強いアイデンティティをもつ場合に多い」ことを指摘しています。そのうえで、アスリートが引退時に示す典型的反応として、以下の五つを挙げています。

[5] 田中ウルヴェ(2005)

①競技から得られた価値消失に対する失望感：競技場の歓声、勝利の感動と興奮、仲間との一体感などをもはや味わうことができないという過去への寂寥感
②自己アイデンティティの消失：選手としての役割が終焉することによって、自己の存在理由やアイデンティティが揺らいでしまうこと
③引退への怒り：怪我や戦力外通告など、予期せぬ引退を強いられた場合に起こる

（やり場のない、場違いな）怒りの感情

④将来への不安：これまで競技に専心し、競技生活以外の準備を怠ってきたことからくる将来への強い不安

⑤特別なステイタス消失に対する失望感：○○選手という特別なステイタスを失い、初心者や新人として、再度、新たなキャリアを始めなければならないことからもたらされる精神的ストレス

こうした現状を踏まえたうえで、現役中は、バーンアウトにはくれぐれも気をつけつつも「完全燃焼」することを心がけましょう。過去への執着のストレスにならないようにするためです。また、引退後には、モラトリアム期間（社会的責任や義務が猶予されている時期）を自分に与える努力をしましょう。何かを達成したという自分に対しての執着は、次のステップの足かせになってしまいます。引退して数か月・数年したら、できるだけ俯瞰する努力することを心がけましょう。さまざまな価値観から自分をみることができれば、アイデンティティが再構築されます。一流選手という定義や有名選手という定義の境界線を引くことです。「自分のことをどう思うのか」という自己内省力と「他人は自分をどう見ているか」という自己客観力をバランスよく持つことが大切です。最後に、ストレスはあっても当たり前、弱い自分を認めることが大切です。特に、引退時に心理的に弱くなりストレスを感じる原因を探ることが大

切だと考えられます。したがって、指導者や関係者もまたこうした現状を踏まえて、アスリートのセカンドキャリアに関するサポートの対策を練っていかなければなりません。

アスリートのセカンドキャリア形成の現状と課題

近年、国際競技力のレベルが上昇し、競争がますます激化しており、アスリートは競技に勝つため、トレーニングに膨大な時間やエネルギーを費やさなければなりません。このような競技環境においては、競技活動を優先するために、教育、就業などの機会やプロセスを逸するリスクが生じてくることが危惧されます。トレーシーとエルコーム[6]は、「スポーツに多くの時間を割かなければならないことで、スポーツ以外の関心事やスポーツ以外の社会的な接触が制限されてしまう」と述べています。このような環境で競技に打ち込むアスリートは、現役時代に競技引退後のキャリアについて意識して準備することが困難になります。また、アスリートであった自身に対する強いアイデンティティを再体制化することができないまま、離職を繰り返してしまうケースや不祥事を起こしてしまう危険性もあります。

そこで、田中[7]は、トップアスリートのセカンドキャリア支援の現状と課題について、①競技生活の没入とリスク、②他業界との接触機会の少なさ、③セカンドキャリ

[6] Tracey & Elcombe (2004)

[7] 田中 (2022)

ア支援体制の認知不足という三つの問題を挙げました。以下に田中の論文から引用しながら紹介します。

■競技生活の没入とリスク

田中[8]によると、トップアスリートは幼少期や小学校の低学年などから競技に触れ、長年、継続してパフォーマンスの向上に取り組んでいます。各競技に選抜システムが構築されていて、小学生、中学生、高校生などのそれぞれの全国大会でトップ成績を収めるなどして、競技生活への没入度を高めていきます。企業や財団の特待生制度やスカラシップ（奨学金）などを獲得して海外留学や遠征、国内での次世代のトップアスリートを選抜した育成プログラムや合宿などに招聘されるようになります。そしてアスリートとしての才能が発見されたならば、家族やコーチを含む周りのサポート陣営も、パフォーマンス向上にフォーカスしていきます。しかしトップアスリートになる人生のプロセスは生半可なものではありません。発育・発達期間における身体的成長と精神的成長のバランスをとるのは困難で、豊かな身体的な才能を持ちつつも、精神的負荷に耐えられずにバーンアウトしてしまう次世代アスリートが数多くの現場でみられます。また、パフォーマンスの向上に向き合い挑戦をし続けるプロセスにはリスクも伴い、選手生命を奪ってしまうような怪我や病気などによって競技生活に引退を強いられる者もいます。豊かな才能を持ち、可能性を最大限に高め、身体的・精神

［8］田中（2022）

的コンディションを維持し、長年、競技生活を続けてきた一握りの選手がトップアスリートたちですが、競技生活者としてのパフォーマンス向上の中で、他の領域でのライフプランを考える機会が少なくなっていきます。

■他業界との接触機会の少なさ

田中[9]によると、トップアスリートは二つの界の中で競技を続けています。一つは「競技界」です。野球、サッカー、バレー、バスケ、陸上というように、それぞれの種目特性別に競技界が形成されています。複数競技でトップアスリートになる選手は極めて稀なケースであり、通常は、一種目の中で競技生活を続けていきます。競技生活を続けていくうえで、関連団体、協会、教育機関、民間企業、地域などからさまざまな競技サポートを受けるようになります。トップアスリートとして競技生活を続けるうえでの遠征費や練習費用などの経済的な支援も欠かせません。こうした中で、育ててくれた競技界への感謝や貢献をトップアスリートは大切にするようになります。

もう一つの界とは「スポーツ界」です。日頃の競技生活において意識される機会は少ないですが、例えば、東京五輪などの舞台では、各競技界を代表する選手としてスポーツ界の中で注目を浴びることになります。そこでは競技を超えてトップアスリート同士のネットワークも形成され、こうした機会を通じてこれまで打ち込んできた自身の競技界の特性を再認識します。

[9] 田中(2022)

しかし、課題として残るのが、競技界やスポーツ界を超えた他業界とのコネクションの機会です。競技生活の継続は、競技への時間的投資が欠かせません。必要に迫られない限り他業界とのネットワーク構築に時間をあてることができません。スポーツ界の中でキャリア機会が閉ざされていることで、トップアスリートが引退後に、他業界で活躍する機会が創出できない事態を引き起こしていると考えられます。

■トップアスリートのセカンドキャリア支援体制の認知不足

以上に述べたように、競技生活への没入と、他業界との接触機会の少なさを抱える現状にあるトップアスリートは、これから先のキャリアについて現役中から考えておく必要があります。そのためには、競技団体を超えてトップアスリートのセカンドキャリアを支援する取り組みが欠かせません。田中[10]によると、トップアスリートは、「これまでのアスリート経験を、どの業界で活かせるのかわからない」、「競技支援者以外のキャリア形成のイメージが湧かない」などの将来の不安を抱えています。これらの不安の背景には、セカンドキャリアに対して考える本人の機会の不足と、セカンドキャリア支援体制への周囲の認知不足があります。

ここで、プロサッカー選手が、入団した時期から退団するまでの間の心理的変容モデルとしてエボー[11]が提唱する「役割退出理論」を紹介します。サッカーに関与し始めた頃から、役割を獲得し、引退を迎え、後に新たな役割・職業を獲得する過程を図

[10] 田中（2022）

[11] Ebaugh（1998）

10－1にまとめました。

①「プレステージ」では、プロの世界でやっていけるのかという不安があります。

②「第一ステージ：最初の疑問」では、現在の役割に疑問を持ち始めます。

③「第二ステージ：可能性の模索」では、不安や疑問を体験した後、個々で選択肢を考え始める時期であります。

④「第三ステージ：転換」特有の出来事、感情の高揚、老化の認識、役割退出の正当化、自発的離脱・強制的離脱のどちらかを選択します。

⑤「第四ステージ：新たな役割獲得による以前の役割からの脱皮」では、新たな役割を獲得し、再度自信を取り戻す時期が来ます。

こうした時期をうまく乗り越えるためにも、「ネットワークをつくり、さまざまな人と交流する」、「どんな会議でも三人の新しい人に話しかける」、「キャリアに関する悩みを話す」、「いろいろな人にキャリアに関する悩みを話す」、「普段は怖じ気

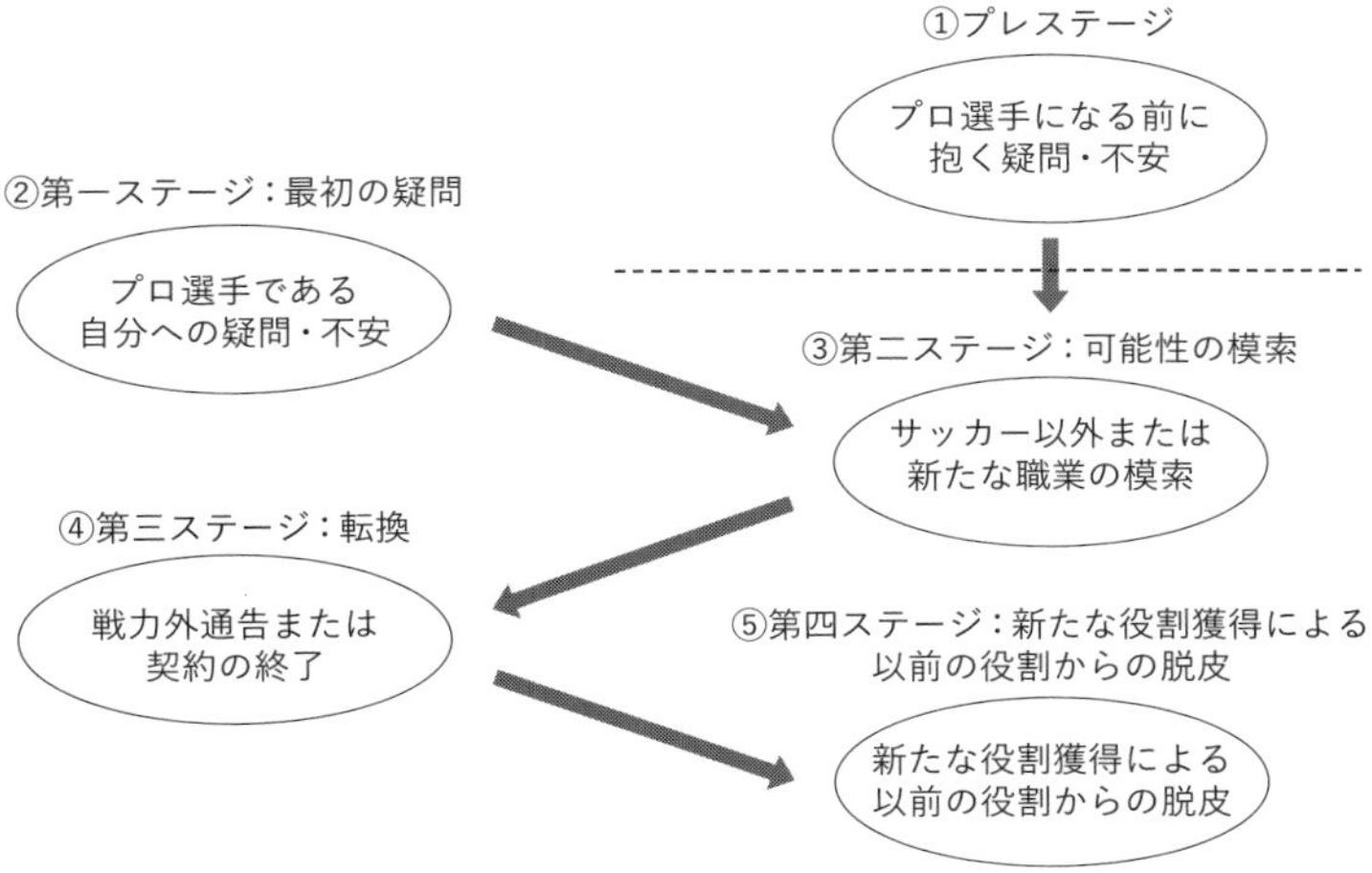

図10-1　役割退出理論の枠組み
(Ebaugh, 1998; Drahota & Eitzen, 1998 をもとに作成)

づいて避けてしまう人と話してみる」、「本のサイン会などの会場で有名な人と話をする」など積極的な働きかけによって、好転する可能性が高くなります。[12]

[12] 高橋（2010）

アスリートのセカンドキャリアに向けて現役時代に培ったと考えられる能力

厚生労働省委託平成二六年度キャリア・コンサルティング資質確保体制整備事業[13]として、アスリートのセカンドキャリアに向けて現役時代に培ったと考えられる能力について紹介します。

[13] 厚生労働省（2014）

①継続力→長年スポーツに取り組む継続力
これまでどんな厳しい試合やトレーニングにも耐え、継続してきた力がついているため、社会において理不尽なことがあっても継続していける力が備わったと考えられます。
②規律性→チームの規律を守る
これまで、厳しい規則や規律によって生活してきたため、社会におけるモラルを忠実に守り続ける力が備わっていると考えられます。
③柔軟性→さまざまな状況に対応する力

試合やトレーニングの中で、予期しない状況においても冷静に対応してきたため、社会においても柔軟に対応できる力が備わっていると考えられます。

④発信力→自分の意見をしっかり言える力

試合やトレーニングの中で、コミュニケーションを交わし、切磋琢磨してきた経験から、社会では、自分の意見をしっかりと伝える力が備わっていると考えられます。

⑤創造力→自分の力で作っていく力

試合で常に変化する状況の中で、自身で打破する創造性を培ってきたため、上司に指示されなくても、自ら創造できる力が備わっていると考えられます。

⑥計画力→自分のコンディション・練習を考える力

日々のトレーニングの中で、試合のピークパフォーマンスを発揮するために、計画して行っていたため、社会においても、計画性を持って行動できる力が備わっていると考えられます。

⑦課題発見力→課題を発見し改善する力

試合後の課題をチームや自身で発見し、トレーニングで改善していく課題を発見していたため、社会においても、自ら課題を発見し改善する力が備わっていると考えられます。

⑧実行力→何事にもチャレンジする力

スポーツにおける無限の可能性にチャレンジしていた日々を送ってきたため、何事にもチャレンジする力が備わっていると考えられます。

⑨主体性→自分で考え練習に取り組む力

普段の試合やトレーニング中に自分で考える姿勢を持ちながら練習に取り組んでいたため、主体性を持ち合わせていける力が備わっていると考えられます。

そのほかにも、スポーツ経験者は杉山[14]によると「大学運動部に所属するアスリートの競技年数について研究した結果、闘争心や勝利意欲、自信、責任感の因子に関して分散分析を行った結果、有意差が認められた。また、有意差が認められたどの組み合わせにおいても、競技年数が長い方が有意に高い得点を示した」と報告されていました。松山ら[15]による「大学運動部に所属するアスリートの心理的特性に関する研究」からは「10年以上の競技経験者が10年未満の競技経験者と比較して、闘争心、自己実現意欲が高い」ことが明らかになったと報告されました。このことから、闘争心において、競技年数を重ねるほど、試合機会が増加し、ある程度の実力が備わっていくため、「新たに力（技術）を試したい」「もっと戦いたい」という気持ちに大きく影響していくのではないかと考えられます。勝利意欲に関しては、初めは友達の誘いや興味があったからというきっかけで競技を始めますが、競技年数が長くなるほど専門性が高まるので「勝ちたい」という意欲に繋がっていることが考えられます。自信に関しては、競技年数が長くなればなるほど、競技における失敗や成功をより多く経験して

[14] 杉山（2017）

[15] 松山ら（2020）

おり、成功体験や失敗時の経験から対処策を考えたり、不安要素を競技年数による経験がカバーしたりすることが自信に繋がっているのではないかと考えられます。このことから、スポーツを経験することによって、心理的競技能力が高くなり、特に闘争心や勝利意欲、自信、責任感の因子が高くなることが分かりました。

このように、現役時代にスポーツで培ったと考えられる能力を自覚することが大切です。例えば、どんなところがストロングポイントなのか、また、どんなところがウィークポイントなのかを分析してほしいです。そのうえで、将来につながるセカンドキャリアに向けて準備することが大切です。

トップアスリートのセカンドキャリア支援の取り組み

トップアスリートにとって、引退後のセカンドキャリアを「不安」と捉える者は多く存在します。それは、前述した通り、キャリア・トランジションが、彼らにとって突然訪れるものであり、また、特定のスポーツ競技について生活の大半を費やしてきており、その競技以外の知識や経験も少なく、情報を取り入れることも難しいからです。セカンドキャリアは選手個人の問題であり、個人の責任であるという考え方もあります。しかしながら、プロスポーツが繁栄していくためには、その主役であるトップアスリートが、引退後の人生でも活躍してこそ、その競技に仕事としての魅力を感じることができ、夢や希望を持ち、その競技を目指すアスリートが増えていきます。そのことによって、スポーツの普及につながり、競技能力の高い者は他の職業選択ではなく、プロスポーツ選手という仕事に就くことを安心して選ぶという職業価値を高めることになります。それらを踏まえると、アスリート個人の問題として捉えるだけでなく、競技団体やプロ選手会などで組織的にセカンドキャリアについてサポートする必要性があります。

青石ら[16]によると、「ＪＯＣ（日本オリンピック委員会）、日本野球機構『ＮＰＢキャリアサポート事業』、日本女子プロゴルフ協会、日本プロスポーツ協会、日本バスケットボールリーグ、四国アイランドリーグ、プロ野球独立リーグ『ＢＣリーグ』などが、トップアスリートのセカンドキャリア形成支援に関して組織的に取り組んでいる」と二〇一〇年時点で述べています。トップアスリートが所属するチームや団体で、セカンドキャリア支援プログラムが実施されることにより、引退後に他業界に進出する選手たちも徐々にみられるようになってきました。

また、田蔵[17]は「特にサッカー競技においては、一九九三年に日本初のプロサッカーリーグ『Ｊリーグ』がスタートして以来、日本の国民的スポーツになったといっても過言ではありません。Ｊリーグは、数あるスポーツ団体の中で、設立当初からプロ選手教育に力を入れてきた希少なスポーツ団体です。その構成員であるＪクラブは、華やかなプロクラブとしての側面を持ちながらも、『育成下部組織』といわれる小学生

[16] 青石ら（2010）

[17] 田蔵（2018）

〜高校生の育成に関する一貫指導体制を保有することが入会条件となるなど、制度的に選手教育や育成に積極的に取り組んできたスポーツ団体といえます。また、プロ入りすると新人選手すべてが参加義務のある『Jリーグ新人研修会』を実施し、その中でサッカー界の基礎知識だけでなく、税務や法務、コミュニケーションやキャリア教育など多様な内容の教育プログラムでプロ選手の育成を行ってきました。しかし、プロ選手の入口までの育成組織が充実していた反面、現役時代や引退後のサポートプログラムがなく、二〇〇〇年頃にはプロ選手として活躍しながらも引退後、そのキャリアを全く活かせずに、地域に帰っていく元Jリーガーが後を立たないという現実が生まれていました。二〇〇一年当時、毎年一〇〇名超の選手が引退しており、また新人選手も四年後には四六パーセントが引退し、多くがサッカー界を離れていくという現実がありましたが、これといった対策もなされることはありませんでした」と述べています。中村[18]は、「選手の引退時の平均年齢が二六歳と驚くほど若いことは、あまり知られていないかもしれません。Jリーグ選手を対象としたアンケートでも、約八割の選手が将来の生活に不安があると回答していました。その多くが、怪我などで引退を余儀なくされた場合の経済的な不安があるというものでした」と述べています。

田蔵[19]はさらに、これはJリーグにとって、日本のトップリーグでプロ選手としてキャリアを積んだ人材が、地域で本来果たすべき役割、すなわち、Jリーグの広報マンや、地域でのサッカー普及や指導者としての役割を果たせずに、別の世界に流出

[18] 中村(2011)

[19] 田蔵(2018)

していることを意味していました。当然、知識や経験の蓄積という観点からも改善すべき事態でした。その問題意識と、Ｊリーグ選手協会による提案が合致してプロスポーツ初となるＪリーグによるプロ選手のキャリアサポート組織『Ｊリーグキャリアサポートセンター』(Career Support Center：ＣＳＣ）が発足することになり、二〇〇二年四月に設立されました」と述べています。Ｊリーグキャリアサポートセンターでは、主に「若手選手教育」「新人研修」「キャリアデザイン研修」「プロ意識啓発研修」「メディアトレーニング（コミュニケーション研修）」「リスクマネジメント研修」「パソコン講座初級」「税務講座」「英会話初級」などが実施されています。

アスリートライフスタイルおよびデュアルキャリア

■セカンドキャリア形成支援としてのデュアルキャリア

田中[20]は、「トップアスリートのセカンドキャリア形成支援の重要な役割となるのが、アスリートが競技現役中に引退後の準備を行うことである」と述べています。現役時代に引退後の十分な準備ができていないと、その後の人生において、大きなハンディキャップを背負うことも考えられるからです。したがって、現役中にでも、将来のことを見据え、準備しておく必要があります。

そこで、「競技生活者を続けながら、学び続ける、働き続ける」というように、現

[20] 田中（2022）

役中にこれからのキャリア形成について「デュアルキャリア」として準備を進めていく考え方もあります。デュアルキャリアはキャリア観育成の一助となるだけではなく、主体的なスキル習得にも現役中からつなげることができます。視点を変えるなら、トップアスリートの競技への没入度を和らげ、より広い視野で現役中のパフォーマンス向上も見込め、そのうえで、引退後のキャリア準備が可能となります。谷釜[21]は『セカンドキャリア』の概念が、競技引退後にその後の人生を考える単線的なイメージを持つ一方、『デュアルキャリア』は複線的なアプローチだという点に特徴があります。それゆえに、競技者としての人生を終えてから『第二の人生』を模索するセカンドキャリアの考え方は、『引退』から『始動』までに一定のタイムラグを必要とするのに対して、『デュアルキャリア』の考え方は、引退後の人生への移行をスムーズにする可能性を持っている」と述べています。このことから、最近では、競技生活者を続けながら、学び続けることや働き続ける考え方が主流になりつつあります。

[21] 谷釜 (2020)

■各年代におけるデュアルキャリア形成支援

以下、「高校生」「大学生」「社会人・プロアスリート」の各年代について、松山[22]から一部引用したうえでデュエルキャリア形成支援について紹介します。

[22] 松山 (2023)

高校生アスリート年代

スポーツに力を入れてきた高校生の進路選択では、例えば強豪の運動部に所属していると毎日遅くまで練習があり、夏休みも部活動の予定がいっぱいで、今後の将来について不安視している状況があります。スポーツに注力しているといっても、プロ選手を目指すレベルの者もいれば、スポーツは高校までと決めている者、大学へ進学する場合も、スポーツ推薦を狙う者から「そこまでの実績はない」という者まで、実情はさまざまです。でも「たとえプロ選手にはならなくても、何らかのかたちでスポーツ経験を活かしたい」、「何らかのかたちでスポーツに関わる仕事に就きたい」と考える者はやはり多いです。スポーツを通じて自分自身を客観視する力や、やり抜く力など、磨ける素養はたくさんあります。他のメンバーや指導者などとの関わりを通じて気づくことも多いです。結果的にスポーツ以外の分野に進んだ場合でも、活かせる強みは多々あります。早い段階で部活動のコーチに相談するなどして、少しでも進路選択を考える時間を捻出することが将来のためには望ましいです。例えば、さまざまな学問分野がスポーツの世界とつながっています。スポーツ系高校生の希望進路として、理学療法や作業療法などのリハビリテーション分野、柔道整復師などの医療技術職、各スポーツの指導者・トレーナーなどはよく挙がります。部活動の指導をしたいという理由で、学校教員に興味を持つ者もいます。いずれも競技生活の中で高校生が接点を持つことがある職業であり、仕事のイメージも得やすいです。ただ、一見するとスポーツに関わりがなさそうな名称の学部や学科でも、スポーツに関する学びはあり、スポーツ業界に貢献する方法も考えられます。例えばスポーツ系高校生が経営学を学べば、スポーツビジネスの世界で活躍できるかもしれません。福祉とスポーツ、心理学とスポーツも相性が良い組み合わせです。どのような学問でも、本人次第でスポーツの世界に関連づけることは可能です。特に、大学進学を考えているならば「学び」はスポーツ活動以上に大事です。それをおろそかにしたことで、進路が行き詰まってしまったり、大学を中退してしまったりというケースも珍しくないです。大学へスポーツ推薦で進学する場合でも、学部・学科選びは大事です。たとえ競技をやめてしまったとしても、学びはやめない。そんな姿勢で進学先を決定する必要があります。

大学生アスリート年代

大学生アスリートは競技に集中するあまり、競技以外のことに視野が広められずに就職活動に望む場合が多いです。また、就職活動中も競技と両立させるために、時間や情報が少ない中で就職活動を行っている場合が多いです。卒業後に競技を続けるのか、自分が競技以外で何に関心があるのかを、早い時期から想像しながら競技生活を送れば、スムーズに進路を決定できます。ほとんどの大学生アスリートにとって、競技引退は不可避の出来事であり、心理的、身体的に大きな変容をもたらします。そのため、アスリートが早い段階でセカンドキャリアについて考えることは非常に重要です。文部科学省のスポーツ基本計画[23]では、トップスポーツと地域におけるスポーツの連携・協働の推進に関して、アスリートが自身のセカンドキャリアに漠然とした不安を抱いていること、アスリートのデュアルキャリアに対して競技団体による十分なサポートが行われていないことの二つを問題点として挙げています。大学生アスリートにおいても特化した対策を練り、スムーズなキャリア・トランジションを促進することは、アスリートのセカンドキャリア問題を解決するために非常に有効です。特に進路選択の際には、大学生活や競技生活を通して自身が積み重ねた経験が非常に大きな選択要因となり、両親、部活動の監督・コーチ、先輩などの重要な他者や身近な存在が、このような認識を持ち、的確な助言ができると本人にとって大きなサポートになると考えられます。また、学生アスリートが、大学の競技を通してどんな能力を得たのか自覚することができれば、就職活動にも役立つと考えられます。したがって、学生アスリートのキャリア・トランジションをスムーズにするためには、早い段階でキャリアを考えるきっかけをつくること、部活動や競技成績のパフォーマンスだけでなく精神的な発達・学力の向上・職業の開発などを充実させること、今もっている専門的な技術や知識を高めることが重要です。

[23] 文部科学省(2012)

社会人・プロアスリート年代

プロアスリートが、まず現役時代にしておくべき大切なこととして、高橋[24]は「ネットワークを作り、さまざまな人と交流しておくこと。キャリアに関する悩みを話すこと。その人（本人が興味を示す専門の仕事に従事している人）の仕事について、いろいろと質問してみること」などを挙げています。最近では、スポーツ団体などがプロアスリートの就業人口を増やすためセカンドキャリア支援を行っているケースもあります。年齢が上がるにつれて未経験者を歓迎している求人は少なくなる傾向にありますが、二〇代ということであれば豊富にあると考えられます。ただ、企業側としては、スポーツだけに専念してきた人に対し、社会人としてのマナーやビジネスシーンに対応できるコミュニケーション力などを持っているかどうか懸念する傾向があるのも事実です。就職先を探す際には、まず、ビジネスで使う基本スキル（PC、オフィスソフト、その他IT・Webツールなど）が可能であるのかなどといった自己分析を行う必要があります。

次に、自分に向いていそうな仕事、興味がある仕事として、何かイメージしているものはあるか、一方で、「これは自分に向いていない、やりたくない」ものはあるかを考えます。自分と近い立場の人のセカンドキャリアも参考になります。スポーツ業界を離れてのセカンドキャリアを考えるアスリートには、シーズンオフ期に資格を取得したり、大学などで学び直したり、スポンサー企業でインターンのようなかたちで

[24] 高橋（2010）

働いたりする者も多く、そうして得た知識や資格、あるいは学びを通じて築いた人脈などを活かして、さまざまな業界へ飛び込んでいます。今の自分のネットワークを活かしてそのような方々を探し、参考にしたり、話を聞いたりすることも大切です。また、スポンサー企業がイベントなどを企画・開催する際などに、スタッフとして主体的に関わり、つながりを強めてみることも考えられます。インターンシップ制度などを設けている企業にもチャレンジする価値はあります。実際にプロアスリートの方々が選んだセカンドキャリアの一例では、以下の職種があります。[25] ①フットワークの軽さや目標達成へのコミット力を武器に、営業職として就職（IT・ネット企業、テレマーケティング企業、人材サービス企業、大手メーカーなど）、②所属クラブのスポンサー企業（不動産、スポーツクラブ、飲食など）とのつながりを活用し、営業・広報・人事などとして就職、③スポーツで得た体力を活かし、中学校・高校に体育教員として赴任、④整体師・鍼灸師・フィットネストレーナーなど、スポーツに関わる専門技術を身につけて就職、あるいは起業。

[25] リクナビNEXT「プロスポーツ選手のセカンドキャリアの考え方を教えてください」より。https://next.rikunabi.com/tenshokuknowhow/archives/27310/

諸外国におけるプロサッカー選手のキャリア支援

これまで、日本のセカンドキャリアに関する内容を紹介してきましたが、諸外国においてはどのようなサポートが実施されているか、田蔵[26]をもとに引用して紹介しま

[26] 田蔵（2018）

す。

イングランド：ＰＦＡ

プロサッカー選手のセカンドキャリアの準備はいつ頃から始めるのが妥当なのかという問題がありますが、イングランドのプロサッカー選手会（ＰＦＡ：Professional Footballers' Association）では、「すべてのプロサッカー選手はいつか生活の基盤を他に求めなければならない。そのためにいまから学び始めるのは理に適っている」というキャッチフレーズを掲げて一六歳から始まります。一九〇七年設立のＰＦＡは、世界のプロサッカー選手協会の中でも歴史的に長く、その活動内容の広範さ、実績、組織力、経営力などの観点から世界のプロサッカー選手協会の模範となる組織です。会員は、プレミアリーグ、フットボール・リーグ、ノン・フットボールリーグクラブに所属するプロ契約選手および、セミプロ契約選手、練習生で構成されており、ＰＦＡの常任理事はすべて選手経験者です。プロ選手契約は一八歳からであり、一六歳から一八歳未満は練習生契約しかできません。

では、引退後の生活を考えての教育ならば、早くても一八歳からでもよいのではないかと思いますが、ＰＦＡは、練習生からがプロサッカー選手のスタートと捉える必要があると考えています。なぜなら、練習生やプロサッカー選手契約三年未満といった若年層のプロサッカー選手の多くが数年の契約でプロ選手引退を余儀なくされるからです。よって、契約と同時に、またはもっと以前から引退というキャリア・トランジションを意識し、選手引退後のセカンドキャリアの準備をする必要性があります。しかし、練習生であっても、日中はプロ契約選手と同様の練習メニューをこなすという時間的拘束もあるために、所属クラブの許可とそれを受け入れる教育体制がないと成立しません。また、彼らは賃金体系も低く、教育費の問題も出てきます。将来の人生設計についても安心して夢のあるプロサッカー選手の門戸を叩くものが増えるよう、PFAはそれらをシステム化して整備することが組織の責務であると捉えています。

PFAのセカンドキャリアについての教育システムとは、一六歳から一八歳までの練習生契約のプレーヤーから、クラブ側で選抜された八〇〇名弱（二〇一〇年度調査時）が、政府と機構側との共同出資で創られた育英基金制度に基づき、選手活動を行いながら、週一回、大学に通うことを条件に奨学金が支給されます。これは政府指導によって義務づけられています。一八歳以上は義務づけが解かれますが、年齢や本人の希望によって段階的に奨学金が支給されます。サッカー関連以外の新たな職業に就くために必要な知識、技術資格などを習得できますが、その内容はあらゆる分野に及びます。選択肢が限定されるのではなく、選手が何を学びたいかが問題となり、希望を出せば、それに応じた適切な受講コースの提案とアドバイスを行い、また、さらに専門的な研究を望むものには大学院に進むシステムもあります。これまで選手が受けた教育の一例としては、「コーチング」「メディカル」「体育学」「ツーリズム&レジャー」

「国家試験資格取得コース」「ダイビングインストラクター」「宗教（教会）関係」など、多彩な分野にわたっています。そして、セカンドキャリアの準備金として、すべてのプロサッカー選手に対して、引退した時点、あるいはある年齢に達した時点で、所定のルールに基づいて計算された現金が給付される制度も整っています。

ＰＦＡの活動は、世界各国のプロサッカー選手のセカンドキャリア支援体制として目指すところであり参考となっています。これら成功の背景には、ＰＦＡの歴史の中で培われたノウハウの蓄積と、税務、法務、会計など専門職の資格を取得した元プロサッカー選手による組織を構成する人材確保が十分であることが挙げられます。また、イングランドが国技としてプロサッカーを承認し、強力な行政の支援体制が整い、経済界でもプロサッカーが重要なマーケットとなっていること、それにより、元サッカー選手の人材の市場価値も高いことも、ＰＦＡのセカンドキャリア支援が成功している要因といえます。

スペイン：RELEVO

スペインでは、元プロサッカー選手であったエミリオ・ブトラゲーニョ・サントス氏が中心となり、サッカーだけでなく、プロスポーツ全般のセカンドキャリアを支援する団体「RELEVO（レレボ）」を設立しました。ブトラゲーニョ氏は、スペイン代表キャップ数六九回二六得点、スペイン1部リーグにてリーグ戦、ＵＥＦＡカップ戦などの優勝経験もあり、九一年得点王です。スペイン選手協会の副会長や文部省管轄のスポーツ審議会（各種スポーツの法律やスポーツ協会を管轄する審議会）の顧問を務める人物であることから、現役プロ選手のみならず、サッカー大国であるスペインの政界や財界への影響力は大きいです。スペイン選手協会管轄にあたるセカンドキャリア支援システムとして人材派遣会社「ADECCO（アデコ）」と協定を結び、各スポーツ界の協力を得ながら、二〇〇〇年一月にRELEVOは設立されました。

RELEVOの目的は、キャリア・トランジションの仕事を見つけるための手段と情報を学びとることであり、履歴書の書き方、採用面接試験の方法、インターネットの活用方法（情報処理）の有効な使い方などの実践に近い一般常識を中心に学ぶことです。

RELEVOに入会する際には会費が必要になりますが、プログラムは無料で参加することができます。プログラムは九か月間の間に仕事が見つけられるように訓練され、最初の二日間で希望する方向性と適性を見極め、生徒一人にコンサルタントが一人つくというマンツーマン方式で、コンサルタントが責任をもって仕事を斡旋します。

RELEVOに登録する際には、登録採用基準があり、「真摯にプログラムに臨めるか」と「プログラムに参加する時間があるか」です。本人にやる気がない、契約がまだ数年残っているためにプログラムに参加する時間がない、経済的に恵まれていて仕事の必要性を本人が感じていない、などといった理由で多くの元プロスポーツ選手の参加が断られています。しかし、不採用になった選手については、組織の仕組みや機能を伝え、いつでもコンタクト可能にしておき、本人のやる気と時間ができれば参加を希望できるようにしていて、設立者のブトラゲーニョ氏は、「キャリア・トランジションの支援での重要条件は、本人のやる気である」と述べています。また、ブトラゲーニョ氏は、スペインリーグの下部組織に属する選手のセカンドキャリア教育について「クラブに所属する選手は、クラブの提供する学校に通い、練習に参加する、いわゆるクラブ主導で生活をしているという特殊な事情がある。その観点からクラブが、引退後のためのケアやセカンドキャリア教育に責任を持ち、クラブ自らが企業とパイプを持ち職業を斡旋できる体制づくりが必要である」とも述べています。歴史あるサッカー大国のスペインであってもイギリスのようなプロサッカー選手のセカンドキャリアに対する万全な体制づくりがなされているとはまだいえない状況です。

オーストラリア：APFA

オーストラリアでは、イングランド同様にプロサッカー選手協会（APFA：Australian Professional Footballer's Association）にてプロサッカー選手のセカンドキャリア支援体制を構築しています。APFAの選手の意識調査（1999）では、九七パーセントの選手が引退後の生活に不安を感じていますが、七五パーセントの選手は現役引退後の生活設計を立てておらず、何の備えもしていないという結果でした。その結果を踏まえ、引退する選手に対するサポート体制として「選手福利厚生プログラム」を構築しました。現役選手時代の雇用問題から本人や家族に関するさまざまな問題への対策と引退後の生活を支える経済面、教育面、さらに精神的、社会的な面において発生する問題へのバックアップを行っています。また、教育プログラムの一環としてオーストラリア・スポーツ委員会の協力を得て、NSLのクラブにおいて「競技者向け職業教育プログラム」を実施するなど独自のセカンドキャリアのための教育プログラムを開発しています。しかし、教育プログラムのソフト開発と企業の需要、所属クラブの協力、そして選手のやる気という問題からシステムの有効活用が十分になされている状況とはまだいえません。オーストラリアはイングランド、スペインと比較して、競技強化や競技人口、歴史、行政支援などを指標とすると日本のサッカー環境と近しいために、APFAの活動は、日本のプロサッカー選手会の参考となる部分が多いため、情報交換し、ノウハウの蓄積に貢献していくことも必要です。

以上の報告から、セカンドキャリアに関する重要度は世界各国においても高く、日本よりも早期に取り組んでいる国も多く存在することが明らかになりました。今後は、日本におけるセカンドキャリア形成支援に生かされることを大いに期待します。

11章
サッカーにおけるメンタルトレーニングの実践例

サッカーにおけるメンタルトレーニングの実践

サッカー競技者のメンタルトレーニングに関して、宮崎[1]は、ユニバーシアード男子サッカー日本代表チームが一九九五年からメンタルトレーニングコーチを帯同させ、五回の優勝（金メダル）を獲得したことを報告しています。また、二〇一七年のチームでもメンタルトレーニングコーチを帯同させ、心技体のバランスのとれた強化を実施し、優勝したことを報告しています。その一方で、本研究で扱う女子サッカーという種目における競技力向上を目的としたメンタルトレーニングおよび心理的サポートを実施したという研究は数少ないです。しかしながら、女子サッカー競技の動向をみると、二〇一六年四月から二〇二一年八月の任期満了までなでしこジャパンの監督に就任した高倉麻子氏は、就任会見で、「思考を停止しないサッカー」というテーマを掲げ、先を読む力や判断力を磨き、考える習慣を持つことの重要性を述べていました[2]。

競技中の心理面に関しての先行研究において、大獄[3]は、「サッカー競技におけるハーフタイム時において、選手の高い不安傾向を軽減するような心理的サポートを行うことが、後半戦に選手がより良いパフォーマンスを発揮するために重要である」と心理サポートの有効性について報告しています。さらに、堀田[4]は、サッカー選手の褒

［1］宮崎（2017）
［2］上野（2016）
［3］大獄（2002）
［4］堀田（2007）

められたときと何も言われないときでの運動量について研究をし、褒められたときのほうが運動量やボールタッチ数が多く、後半でも運動量が落ちないことを分析しています。また伊志嶺[5]は、コーチが怒るとき、何も言わないとき、褒めたときの運動量に関する研究をし、褒めるときの運動量が多いことを報告しています。

［5］伊志嶺（2009）

　このように、サッカー競技における現場では、メンタルサポートの重要性が先行研究でも伺えます。欧米においては、すでにメンタルサポートの重要性をいち早く感じ、主要なクラブには各カテゴリーにメンタルサポートのスタッフが存在します。しかしながら、日本においては、メンタルをサポートの重要性は理解していながら、実際、クラブでメンタル面に従事しているスタッフはかなり少ない現状にあります。

　こうした現状の中、日本や、主に筆者が調査に関わったアジア・太平洋地域の各国の心理的競技能力の事例を紹介します。

日本の事例

■トップレベル

Ｊリーグ・ＪＦＬ／地域リーグ・都道府県リーグの心理的競技能力

堀野[6]は、競技レベル別にみたサッカー選手の心理的競技能力において、Ｊリーグ・ＪＦＬ／地域リーグ・都道府県リーグの分類からサッカーの競技レベルで近

［6］堀野（2021）

接するリーグ選手の心理的競技能力診断検査（Diagnostic Inventory of Psychological-Competitive Ability for Athletes3：DIPCA.3）[7]の測定を行い、差異を検討することを目的としました。

その結果、近接するリーグに所属する選手において、競技レベルと心理的競技能力に関連のあることが示唆されました。自己実現意欲の結果から、プロリーグとそれに近接するリーグでプレーする選手たちは、都道府県リーグの選手たちに比べ目標に対する明確な意識を持つことが示されました。このことは、地域レベル以上の選手では、より上位のリーグで「プロ選手」としてプレーするという目標を身近に意識することで、自己実現意欲を高めやすいことを示すものと考えられます。またJリーグ選手の勝利意欲と自信の得点が高いとの結果が得られました。これは、プロリーグでプレーする選手が勝利に対し強い意欲を持つことを示しました。その理由として、勝利を追い求める選手の心理的側面に加え、勝利による給与や契約条件の改善など、プロ選手としての勝利追求要因が反映されていることが考察されます。また彼らは、アマチュアリーグ選手に比べ、プロ選手としての自負と自信を持つことが示されました。

その一方、勝利意欲と自信の結果からは、競技力の高まりに伴う両尺度の得点の向上は認められず、本研究結果は先行研究の結果が支持されませんでした。このことは、本研究のように近接するリーグ選手を対象とする場合には、競技レベルに加えクラブの所属するリーグ内における相対的競技力を検討する必要性を示しました。つま

[7]「DIPCA.3」は中学・高校・大学・社会人のスポーツ選手を対象とした、一般的な心理傾向としての心理的競技能力を一二の内容（忍耐力、闘争心、自己実現意欲、勝利意欲、リラックス能力、集中力、自己コントロール能力、自信、決断力、予想力、判断力、協調性）に分けて診断する検査ツールです。スポーツ選手としての心理面の長所・短所を診断でき、男女別にプロフィールを描くことができます。
https://www.saccess55.co.jp/kobetu/detail/dipca.html

り、所属するリーグ戦や昇格・降格などの重要な試合において、個人およびチームで「相手に対してどのような戦いができるか」という要因が、「勝利意欲」や「自信」に影響を及ぼすことが示唆されました。

■育成年代レベル

Jリーグトップレベル U－18年代選手の心理的競技能力

松山[8]は、Jリーグトップレベル U－15[9]とスポーツ選手の心理的競技能力にみられる競技レベル差[10]を比較することを目的に、Jリーグトップレベル U－18年代を対象にDIPCA. 3の測定を行いました。

その結果、Jリーグトップレベル U－18は、Jリーグトップレベル U－15と比較して[11]、集中力、自信が高かったです。しかしながら、忍耐力、闘争心、自己実現意欲、勝利意欲、自己コントロール能力、リラックス能力、決断力、予測力、判断力、協調性は低かったです。集中力が高まった理由の中に、U－15よりも限られた試合数の中で、結果を出しトップチームへの昇格に向かっていくための集中力が養われていたと考えられます。また、自信が高まった要因としては、U－15から狭き門のU－18に昇格し、もう少しでトップチームに加入できることから自己効力感が高まったためであると考えられます。一方、12因子中10因子が低かった要因として、U－15年代で夢と希望を描いてプレーしていたときと比較し、プロプレーヤーとしての実力の差がはっ

[8] 松山 (2022c)
[9] 松山 (2022b)
[10] 徳永ら (2000)
[11] 松山 (2022b)

きりすることで、プロプレーヤーとしてだけではなく、大学進学や就職先を模索するなど現実的な方向性に変わってきているプレーヤーも多いと考えられます。

また、Jリーグトップレベル U－18は、競技レベル差での国際大会レベルと比較して[12]、忍耐力、勝利意欲、リラックス能力、集中力、予測力、協調性の6因子が高かったです。しかしながら、闘争心、自己実現意欲、自己コントロール能力、自信、決断力、判断力の6因子は低かったです。また、全国大会レベルと比較して[13]、12因子すべて高かったです。

このことから、Jリーグトップレベル U－18は、各地域から選抜された選手が集まっていることもあり、全国レベルから国際レベルの心理的競技能力が備わっていることが明らかになりました。

JリーグクラブU－15育成年代選手の三地域の心理的競技能力

松山[14]は、育成年代の競技力を明らかにすることを目的として、JリーグクラブU－15育成年代選手の沖縄県地域のJリーグクラブ（沖縄地域）と九州地域のJリーグ（九州地域）・関東地域のJリーグクラブ（関東地域）[15]による心理的競技能力診断検査（DIPCA. 3）を実施しました。育成年代による競技力の現状を明らかにすることで今後の指標となることが期待されます。

その結果、沖縄県地域は、九州地域と比較して12因子中、忍耐力、自信、決断力、

[12] 徳永ら (2000)
[13] 徳永ら (2000)
[14] 松山 (2022b)
[15] 松山 (2021)

予測力の4因子が高数値でした。また、関東地域は、九州地域と比較して12因子中、自信の1因子が高数値でした。

このことから、沖縄地域の選手は、プロサッカー選手が毎年のように出ており、地域に根づいた育成強化が行われていることがわかりました。また、選手は、日々のトレーニングの中で何事にも諦めない忍耐力と自信をつけ、局面の中で最良な判断や決断力が養われていることが明らかになりました。

京都府選抜選手とJリーグ選手の心理的競技能力

松山ら[16]は、日本トップレベルのJリーグ育成年代の選手[17]による比較を行うことを目的として、京都府育成年代トップレベルの競技力を明らかにするために、DIPCA.3の測定を行いました。その結果、京都府育成年代トップレベルの選手は、日本トップレベルのJリーグ育成年代の選手と比較して、いかに不安や過緊張を取り除くために自分やチームのプレーに対する目標達成に集中することや呼吸法などのリラクセーション法を身につけることが大切であることがわかりました。また、自己コントロールするために試合前から想定できる事態に備えて適切な対処方法やパフォーマンスルーティンを身につけておくこと、ポジティブな自己への働きかけと思考とミスへの対処方法が必要であることがわかりました。しかしながら、試合中、パスかシュート、ドリブルといった瞬時に判断する能力が備わっていることがわかりました。

[16] 松山ら(2022a)
[17] 松山ら(2021)

このことから、京都府育成年代トップレベルの選手に対して、リラクセーション法を身につけるために指導者は、試合やトレーニングの中で、チャレンジさせる環境をつくる必要があります。また、自身でコントロールする能力が欠けている選手に対して、指導者は、試合前後などの場面で内容と話し方に神経を配り、妨害要素を極力少なくする試合環境を整えることが大切です。

一方で、京都府育成年代トップレベルの選手は、試合中、パスかシュート、ドリブルといった瞬時に判断する能力が優れている選手に対して、指導者は、日々の実践的トレーニングの中でトレーニングや試合の後に失敗した場面、成功した場面について評価し、その原因や理由を具体化することが大切であることが明らかになりました。

アジア・太平洋地域の事例

■トップレベル

ミャンマー連邦共和国トップレベルチーム選手の心理的競技能力

松山ら[18]は、二〇一八年シーズンにミャンマーサッカー史上初の国内三冠を達成し、代表チームの主力選手が多く所属しているミャンマー連邦共和国の国内トップレベルチーム選手のDIPCA. 3を実施しました。

その結果、ミャンマーは、日本サッカー選手の競技レベル別にみたDIPCA. 3（J

[18] 松山ら（2022b）

リーグ・JFL／地域リーグ・都道府県リーグ）の分類比較から、[19]総合得点では、JFL／地域リーグレベルに属していました。このことから、ミャンマーは、日本のJFLレベルであり、代表レベルでもかなりの差があることが明らかになりました。

DIPCA.3の比較（高数値）においては、忍耐力、闘争心、自己実現意欲、自信、決断力、予測力、判断力、協調性がいずれのカテゴリーレベルと比較しても高数値でした。ミャンマー人の性格的側面は、陽気で明るく、非常に真面目で優しいとされています。また、ミャンマーの人は、不満があっても直接相手にぶつける方ではなく、年上を敬う、上司・目上の人の言うことには従うという国民性なので、嫌なことでも我慢します。このことから、日本と比較して、忍耐力や協調性が高いと考えられます。サッカーの側面からは、選手全員が勝とうとする姿勢である闘争心、自己実現意欲があり、ストロングポイントとしての個人スキルの高さなど才能ある選手が多数存在することでの自信、普段のトレーニングを通して協調性を高めるコンビネーションによる突破や組織的な守備を構築し、決断力、予測力、判断力が高くなったと考えられ、将来、活躍が期待できそうな選手が多く存在していると考えられます。

DIPCA.3の比較（低数値）においては、勝利意欲、自己コントロール、リラックス、集中力がいずれのカテゴリーレベルと比較しても低数値でした。ミャンマー人の性格的側面は、常に落ち着いている印象です。そのため、性格的に繊細なところがあり、傷つきやすくプライドが高く見栄っ張りなところがあるため、自己をコントロー

[19] 堀野 (2021)

ルする能力に欠けているところがあるとされています。また、ミャンマー人は、真面目で人に優しい方が多く、人当たりが良く、仕事に関しても、しっかりとルールや期限を守って取り組む性格です。そのため、真面目で人に優しく、人当たりが良い反面、サッカーの試合になるとその優しさから勝利に対する意欲も低くなってしまいがちになることもあると考えられます。さらに、しっかりとルールや期限を守って仕事に取り組む性格であるため、リラックスする時間をとることなく、時折、集中力を欠くこともあると考えられます。サッカーの側面からは、これまで強化育成する施設が整っていなかったため、選手が具体的な目標を設定し、世界と戦える勝利意欲が備わっていなかったと考えられます。また、ポテンシャルが高く真面目であることは反面、局面の状況に関係なく感覚のみのプレーであることや、自分で判断することの欠如につながっていると感じるところがあります。これは、つまり試合中での自己コントロール、リラックス、集中力の欠如につながっていると考えられます。

ブータン王国代表サッカー選手の心理的競技能力

松山ら[20]は、ブータン代表チームおよび選手の競技力向上に資する知見を得ることを目的として、ＪＦＡフィジカル測定およびDIPCA.3の測定により、レギュラー選手と非レギュラー選手を比較検討しました。

ＪＦＡフィジカル測定においては、レギュラー選手は非レギュラー選手と比較し

[20] 松山ら（2020b）

て、ロングキック右足フリーに高値を示しました。ブータン代表選手の利き足はレギュラー選手（n=11）（右足九名、左足二名）、非レギュラー選手（n=14）（右足一二名、左足二名）であり、いずれも右利きが多く存在します。これまでのブータンサッカーの現状は、育成年代ですでに習得しておかなくてはならない技術が低かったため、したがって、特に非レギュラー選手は右足でボールをしっかり捉え、正確にキックする必要があると考えられます。また、試合中のパスミスやボールを扱ううえでのコントロールミスが多く、決定機にも得点できなかったことが多くみられたため、特に非レギュラー選手は、ロングキック右足フリーを課題とした、専門性の高いファンクショナルトレーニングを取り入れることが必要であると考えられます。つまり、特定のポジションに必要な技術を、そのポジションの選手が発揮することができればレギュラー選手と同じレベルに近づくことができ、全体的なチームレベル向上につながっていくと考えられます。

DIPCA.3においては、レギュラー群と非レギュラー群の比較から、決断力が有意に高値を示しました。決断力は、思い切りのよさ、素早い決断、失敗を恐れない決断です。決断力の大切な要素として、ベスウィック[21]は選手が自分のパフォーマンスについて真剣に考え始め、身体的、心理的向上に主体的に取り組むことであると述べています。上記に述べた内容はサッカーにおいても非常に重要な要素の一つであります。

ＪＦＡは、世界基準の選手を育成するうえで、選手が試合中の状況を把握し、自分

[21] ベスウィック（2006）

で判断して、プレーを決定し、イメージ通りにプレーできることを求めています。[22] また、戸塚[23]も世界基準のサッカーの戦術と基準の中で、世界で戦える個人とは、試合中の勝負どころを見極める決断力だと述べています。つまり、試合中、選手自身が「こういう場面はこうしよう」と自ら瞬時に決断できることです。

しかしながら、ブータンサッカー代表チームの心理面の現状では、国際大会に選考されたメンバーの大半が海外における国際試合の経験が少ないために、過度の緊張から普段のプレーが発揮できない選手が多く、[24] また、松山ら[25]のアジア貢献事業ブータン王国サッカーU－19アジア選手権の実践活動を中心に調査した研究では、国際大会に選考されたメンバーの大半が海外で国際試合を多く経験してこなかったために、冷静さを欠く判断ミスによる退場、試合開始直後の失点や後連続失点をするなど、決断力の中で心理的な未熟さを露呈したと報告されています。

以上のことから、ブータンサッカー全体のレベルアップを図るために、ブータン代表チームの特に非レギュラー選手は、ロングキック右足フリーを特定のポジションに必要な技術として、そのポジションの選手に対して行う専門性の高いファンクショナルトレーニングの中で取り入れることがすすめられます。また、ブータン代表チームの選手には、国際大会を多く経験させる機会をつくるだけでなく、公式戦以外に非レギュラー選手を対象とした海外でのフレンドリーマッチなど、自ら瞬時に決断できる力を養う必要があると考えられます。

[22] JFA (2007)
[23] 戸塚 (2010)
[24] 松山ら (2014)
[25] 松山ら (2015)

■育成年代レベル

北マリアナ諸島自治連邦区とブータンよるU－17代表選手の心理的競技能力

松山ら[26]は、ＪＦＡアジア貢献事業の海外派遣指導者が指導する育成年代の選手の競技力に関するＪＦＡフィジカル測定やDIPCA. 3を実施して、二か国間の比較などを通して分析を試み、アジア諸地域のサッカー育成年代の実態を明らかにしました。

ＪＦＡフィジカル測定においては、北マリアナ諸島は、ブータンと比較して、シャトルランとアジリティの能力が高かったです。しかしながら、バウンディングやホッピング（左右）などのジャンプの能力が低かったです。また、松山ら[27]による三か国によるU－14代表選手の競技力の実態調査では、北マリアナ諸島はカンボジアとラオスと比較して、シャトルラン、バウンディングの能力が低かったと報告されています。また、北マリアナ諸島は、身体能力が高い選手が多いものの、サッカー経験者が少ないため、個々の技術レベルが低く、他国と比較して、サッカーに必要なフィジカル面が低いと考えられます。また、ブータンは北マリアナ諸島と比較して、バウンディングやホッピング（左右）などのジャンプの能力が高かったです。しかしながら、シャトルランやアジリティの能力が低かったです。松山[28]によると、ブータンでは、トレーニングに関する理解が不足しています。国内リーグ終了後トレーニングを行っていない選手が多く、選考会実施後、大会までの期間が限られていました。また、首都で試合ができる会場と時間が限られているためフィジカル的要素を向上させることが難し

[26] 松山ら（2019）

[27] 松山ら（2017）

[28] 松山（2010）

いと報告していました。このことから、ブータンは、他国と比較して、ジャンプの能力が高かったですが、フィジカル的要素を取り入れたトレーニングメニューを実践するコーチング環境が整っていないため、サッカーに必要なフィジカル面が低いと考えられます。

DIPCA.3においては、北マリアナ諸島は、ブータンと比較して有意に高値の項目はみられなかったです。松山ら[29]による三か国によるU－14代表選手の競技力の実態調査では、北マリアナ諸島はカンボジアとラオスと比較して、闘争心、勝利意欲、決断力、協調性の能力が低かったと報告されています。このことから、育成年代における北マリアナ諸島は、他国と比較して、特に意欲、決断力、協調性の能力が低かったと考えられます。このことから、北マリアナ諸島は、他国と比較して、サッカーに必要な心理面が低いと考えられます。また、ブータンは北マリアナ諸島と比較して、自己コントロール、自信、決断力の三項目が有意に高値でした。しかしながら、松山ら[30]のアジア貢献事業ブータン王国サッカーU－19アジア選手権の実践活動を中心に調査した結果では、ブータンは、選手の冷静さを欠く判断ミスによる退場、試合開始直後の失点や失点の後連続して失点するなど、精神的な未熟さを露呈しました。このことから、U－19代表チームが、精神面を強化していくためには、育成年代から多くの国際大会を経験させる必要があります。また、二〇一八年から二〇一九年までブータンU－16・U－17代表監督として、日本キャンプで訪れた中村監督は心理面においても

[29] 松山ら(2017)

[30] 松山ら(2015)

「二〇一九年U－19SAFF選手権などに向けてのチーム強化でしたが、ブータン国内では経験できないメンタルの強さを持った相手と対戦でき、良い機会となった」と述べていました。[31]このことから、ブータンは北マリアナ諸島と比較して、三項目に有意に高値でしたが、他国と比較して、サッカーに必要な心理面が低いと考えられます。

[31] JFA社会貢献活動、online

以上のことから、北マリアナ諸島とブータンは、他国と比較してフィジカル的要素や心理的要素が備わっていないことが確認されましたが、海外派遣サッカー指導者の下で急成長を遂げており、長期的・中期的なビジョンの中で、育成年代から積極的に国際大会の経験をするなどフィジカル面や心理面を指導する必要があると考えられます。

ブルネイ王国とブータン、北マリアナ諸島によるU－17代表選手の心理的競技能力

松山[32]は、ブルネイU－17選手の競技力を明らかにすることを目的としてDIPCA.3の測定を行い、他の二か国の選手[33]による比較を行いました。

[32] 松山（2022a）
[33] 松山ら（2019）

その結果、ブルネイは、ブータンと比較して、忍耐力、勝利意欲、自信、決断力、予測力、判断力、協調性が有意に低値でした。また、北マリアナ諸島と比較して、忍耐力が有意に低値でした。ブルネイが低値だったことに関して、GDPの約半分となる石油や天然ガスを背景とした経済政策と失業率の低さ、国際競争環境との乖離と

代表チームの国際的競技レベルが低いことが、競争意識またはハングリー精神（忍耐力、勝利意欲、自信）やサクセスへの欲求（決断力、予測力、判断力、協調性）の欠如に影響して有意に低値な結果になったと考えられます。しかしながら、ブルネイは、北マリアナ諸島との比較のみ自己コントロール能力が有意に高値でした。また、ブータンや北マリアナ諸島と比較して、リラックス能力、集中力が有意に高値でした。このことから、ブルネイが、他国と有意に高値だった要因として、政治・経済情勢が安定しており、スポーツ振興施策を実施し充実した環境下によって選手の心理状態が安定したためであると考えられます。

以上のことから、ブルネイは、サッカーを国民的スポーツとして根づかせていくためには、国やサッカー協会が指導者とともに長期的な視野に立って育成や強化を継続していく必要があると考えられます。

カンボジアとラオス人民民主共和国、北マリアナ諸島によるU－14代表選手の心理的競技能力

松山ら[34]は、サッカー指導者が派遣されている国の中で、ＦＩＦＡランキング中位群にあるカンボジアと競技力に関する資料が提供されていない下位群にあるラオス、北マリアナ諸島の選手の競技力について、ＪＦＡフィジカル測定およびDIPCA.3の結果をもとに、日本と三か国間の比較などを通して分析を試みました。

［34］松山ら（2017）

ＪＦＡフィジカル測定においては、日本の二〇〇四年度フィジカルデータ測定報告[35]と三か国の同年代の平均値で比較しました。その結果、カンボジアは日本の同年代の代表チームと比較した場合、16種目中一致する12種目の中で、3種目において、高い数値でした。しかしながら、9種目において、低い数値でした。ラオスは日本の同年代の代表チームと比較した場合、16種目中一致する12種目の中で、5種目において、高い数値でした。しかしながら、7種目において、低い数値でした。北マリアナ諸島は日本の同年代の代表チームと比較した場合、すべてにおいて低い数値でした。また、三か国におけるＪＦＡフィジカル測定14種目の頻度の比較では、13種目に主効果が認められました。

[35] JFA (2004)

DIPCA. 3においては、大嶽ら[36]によるDIPCA. 3の研究結果と三か国の同年代の平均値で比較しました。

[36] 大嶽ら (2003)

その結果、カンボジアは忍耐力、闘争心、自己実現意欲、勝利意欲、自信、決断力、予測力、判断力、協調性の12尺度中9尺度で高い数値でした。しかしながら、自己コントロール能力、リラックス能力、集中力の3尺度において低い数値でした。ラオスは、忍耐力、闘争心、自信、決断力、予測力、判断力、協調性の12尺度中7尺度で高い数値でした。しかしながら、自己実現意欲、勝利意欲、自己コントロール能力、リラックス能力、集中力の5尺度において低い数値でした。北マリアナ諸島は、自信、決断力、予測力、判断力の12尺度中4尺度で高い数値でした。しかしながら、忍耐力、闘争心、自己実現意欲、勝利意欲、自己コントロール能力、リラックス能力、集中力、協調性の8尺度において低い数値でした。また、三か国におけるDIPCA. 3の12下位尺度の頻度の比較では、忍耐力、闘争力、自己実現意欲、勝利意欲、自己コントロール能力、リラックス能力、自信、決断力、予測力、判断力、協調性に主効果が認められました。

以上のことから、カンボジアは他国と比較して、ＪＦＡフィジカル測定のシャトルランやアジリティステップ50などのアジリティの能力が高かったです。しかしながら、キック力やスローインの能力が低かったです。また、DIPCA. 3は、勝利意欲、自己コントロール能力、リラックス能力、自信、決断力の能力が高かったです。ラオスは他国と比較して、ＪＦＡフィジカル測定の五〇メートル走などのスピード、左足のキック力に加え、バウンディング、片足ホッピングなどのジャンプの能力が高かったです。しかしながら、アジリティフォワードの能力が低かったです。また、DIPCA. 3は、有意に高値の差はみられなかったですが、潜在能力が高いものの、すぐに諦める精神的な弱さと判断力や規律に欠ける面があると考えられました。北マリアナ諸島は他国と比較して、ＪＦＡフィジカル測定のシャトルラン、バウンディング両足の能力が低かったです。また、DIPCA. 3は、闘争心、勝利意欲、決断力、協調性の能力が低かったです。しかしながら、日本と比較した場合、ＪＦＡフィジカル測定やDIPCA. 3の能力が低かったです。したがって、三か国は、競技力を向上させるために指導者による継続的なトレーニングの実施や多くの国際大会の経験を積む必要があります。

カンボジア王国フットボールアカデミーU－14代表選手の心理的競技能力

松山ら[37]は、カンボジアフットボールアカデミーU－14選手の約一年にわたるサッカーの実践活動によるトレーニング内容の時間比率とＪＦＡフィジカル測定およびDIPCA. 3を実施し、比較検討しました。調査対象は、ＪＦＡアジア貢献事業が指導している一四歳以下の代表チーム選手三〇名で、ＪＦＡフィジカル測定とDIPCA. 3を三回実施しました。

カンボジアのトレーニングに費やした時間比率の算出の結果、五項目に分類したトレーニング頻度では、戦術や技術トレーニング、ゲームの割合が多かったです。また、二一種類に細分化したトレーニング結果においては、技術トレーニングや戦術ゴールがあり、紅白戦、練習ゲームの割合が多かったです。このことから、カンボジアアカデミーのトレーニングは、技術トレーニングと戦術トレーニングが多く行われていたことが明らかになりました。

次にカンボジアの成績を二〇〇四年度フィジカルデータ測定報告[38]から、日本の同年代で比較しました。その結果、カンボジアは、日本と比較してアジリティとシャトルランを除いて、全体的にフィジカル的要素が低かったです。しかし、継続的なトレー

[37] 松山ら（2016）

[38] JFA（2004）

ニングを行ったことによって、14種目中9種目に有意な向上がみられました。壱岐監督は、基礎運動能力が非常に低い子どもたちが多いのが現状であると述べています。しかし、やればやるほど上達し、できないことを丹念にやって短所を克服することが大事だという意識もだんだんと芽生えてきた手応えがあると述べています[39]。このことから、カンボジアは、継続して地道に取り組むことによって、競技力向上につながっていくと考えられます。

最後にDIPCA. 3では、大嶽ら[40]の日本の結果とカンボジアの同年代で全体の平均値で比較した場合、カンボジアは、12尺度中、忍耐力、闘争心、自己実現、勝利意欲、自信、決断力、予測、判断力、協調性の9尺度が高値を示しました。しかしながら、自己コントロール、リラックス、集中力の3尺度が低値を示しました。また、カンボジアの方が、5因子中、競技意欲、自信、作戦能力、協調性の4因子で高値でした。精神の安定・集中の1因子が低値でしたが、総合得点において、カンボジアが日本よりも上回っていたことが明らかになりました。一回目よりも三回目の測定で数値が低下しましたが、これは、カンボジアが、積極的に公式戦や海外キャンプなど国際経験を積み、勝者のメンタリティーを植えつけるために取り組んだ一過性の結果であると読み取れました。

[39] サカイク、online
[40] 大嶽ら(2003)

■日本と海外との比較

日本の育成年代とブータンとの比較

松山ら[41]は、日本の同年代選手との比較などを通して分析を試みることを目的として、ブータンU－13代表チームの競技力に関するＪＦＡフィジカル測定やDIPCA. 3の実態を明らかにしました。

ＪＦＡフィジカル測定においては、ブータンは日本の同年代の代表チームと比較した場合、12種目中すべてにおいて、低い数値でした。その中でも、特にロングキック右足1ステップ（日本：31.60m／ブータン：17.00m）、ロングキック右足フリー（日本：40.10m／ブータン：23.00m）、ロングキック左足1ステップ（日本：27.60m／ブータン：12.20m）、ロングキック左足フリー（日本：30.70m／ブータン：14.00m）に関して、ブータンは日本の能力の二分の一程度にとどまり、大きな能力の差がありました。また、20m（日本：3.50sec.／ブータン：3.60sec.）、50m（日本：7.20sec.／ブータン：8.40sec.）、シャトルラン（日本：12.00sec.／ブータン：13.00sec.）、アジリティ Step50（日本：15.80sec.／ブータン：18.20sec.）に関して、20mを除きブータンは日本の能力の1.00sec. 以上の差がありました。特にアジリティ Step50に関しては、3.60sec. の差がありました。次にスローイング（日本：14.00m／ブータン：10.20m）、バウンディング（日本：6.32m／ブータン：4.50m）、ホッピング（右）（日本：5.86m／ブータン：

[41] 松山ら（2020a）

4.50m）、ホッピング（左）（日本：6.02m／ブータン：5.00 m）に関して、ブータンは日本の能力とは1.00m以上の差がありました。特にスローインでは3.80mの差、バウンディングでは1.82mの差がありました。しかしながら、過去の先行研究から、ブータンにおいても、身体能力を向上されるためのトレーニングを継続的して地道に取り組むことによって、競技力向上につながっていくと考えられます。

DIPCA. 3においては、ブータンは、日本のJリーグ育成チームと平均値で比較した場合、12尺度中すべてで低い数値でした。その中でも、特に競技意欲の闘争心（日本：17.50／ブータン：11.24）に他の値と比較して平均値6.26の大きな能力の差がありました。しかしながら、競技意欲の自信（日本：14.00／ブータン：13.24）に関しては、他の値と比較して平均値0.76のわずかの能力差でした。したがって、ブータンは、育成年代から継続的なトレーニングの実施や多くの国際大会の経験を積むなど、日頃から心理面を強化していく必要があると考えられます。

以上のことから、アジア貢献事業の一環で、日本サッカーがブータンの支援活動を行うためには、長期的視野に立ち、サッカーレベルや各カテゴリー選手の実態を把握し、フィジカル面やメンタル面を継続的に強化していく必要があると考えられます。

日本の育成年代とブルネイ、ミャンマーとの比較

松山ら[42]は、これまで競技力に関する資料が提供されていない日本国のJリーグアカ

［42］松山ら（2021）

デミー選手（以下：日本）、ブルネイ、ミャンマートップレベルリーグのクラブアカデミー選手の競技力について、DIPCA. 3の結果をもとに、三か国間の比較分析を試みました。

その結果、三か国によるDIPCA. 3の12下位尺度の頻度の比較では、すべての尺度に主効果が認められました。日本は、ブルネイと比較して、忍耐力、闘争心、自己実現意欲、勝利意欲、自己コントロール能力、リラックス能力、集中力、協調性の12下位尺度中8尺度が有意に高値でした。また、ミャンマーと比較して、勝利意欲、自己コントロール能力、リラックス能力、集中力の12下位尺度中4尺度が有意に高値でした。ブルネイは、他国と比較して有意に高値な差はみられませんでした。ミャンマーは、日本と比較して、自信、決断力、予測力、判断力、協調性の12下位尺度中5尺度が有意に高値でした。また、ブルネイと比較して、忍耐力、闘争心、自己実現意欲、自信、決断力、予測力、判断力、協調性の12下位尺度中8尺度が有意に高値でした。

以上のことから、日本は、主に競技意欲や精神の安定・集中が高く、ミャンマーは、自信や作戦能力が高いことがわかりました。そして、ブルネイは、サッカーは「娯楽」の感覚が大きく「競技」としての理解がまだ少ないため、心的競技能力も他国と比較して備わっていなかったです。したがって、日本は、自身の見合った目標を設定し、モチベーションややる気を高めるような手法や競技時の行動をパターン化（ルーティン化）して冷静さやリラックス、集中力を高めるといった手法を身につけていると考えられます。ブルネイは、サッカーの「競技」としての理解を深めるためには、目的意識や目標の設定をサッカーに携わるステークホルダーが後押しする必要があると考えられます。また、ミャンマーは、競技の「作戦能力」を高め「思い切りの良い判断をする」や「良い結果を獲得するイメージを持つ」など「自信」を高める自己効力感が育まれていると考えられます。

おわりに

■西野朗氏へのインタビュー

――サッカーにおけるメンタルおよびチームワークの大切さについての考えや、チームワークを高めるために監督として工夫されていたことをお聞かせください。

西野：ここ数年、時代の流れと共に、アナログからデジタルの時代に突入し、様々な様相が変化しています。サッカーにおけるフィジカルとメンタルは両方向で考えていくべきであり、切り離すものではないと考えています。現在の日本サッカーは毎年進化し続けていて、諸外国とも互角に戦えるようになってきました。そのためには選手一人一人の個の力が非常に大切になってきますが、日本人は個の力だけでなく、日本独特のチームワークというものが、大きな力になります。チームワークはもちろん一人一人の力によって成り立つものではありますが、一人一人が協力し合うことでより大きな力となり、諸外国と対等に戦うことができるようになります。これは、日本の武器であり、諸外国にはない良さがあると思います。しかし、サッカーのチームは、一一名が試合に出場し、それ以外は試合に出場できません。そうしたとき、試合に出場している選手以外の一二名からの選手に対して、どのように対応するかが大切です。特にワールドカップにおいては一か月間の大会期間中、同じメンバー編成がある程度続くと、選手のモチベーションを保つことが難しくなり、疲弊する選手も出てきます。そうしたときに、選手一人一人への言葉がけなどによって、いつも気にかけてあげることをしていました。

――監督に求められるメンタルの強さについてお訊ねします。「監督のメンタル」は「選手たちのメンタル」にどのような影響を与えますか。また、報道は監督や選手たちのメンタルにどのような影響を与えますか。

西野：監督のメンタルは、選手にも大きく影響することは間違いないと思います。それに加えて、試合の勝敗によりさまざまになされる報道は、監督や選手にとってもメンタルに大きく影響すると思います。試合に勝利したときでさえいろいろな批判にさらされることもあり、時には、監督へのインタビュー内容が全く違った形で伝わることもありました。また、試合に勝利した後、報道によって気持ちを高ぶらせてしまう選手もいます。そうしたときに大切なのは、一喜一憂しないことです。サッカー関係者が多くいる中には、当然いろいろな考えを持っている人は存在しますから、批判はつきものであり、たとえネガティブな報道であっても、常に前向きにとらえておく必要があります。一流の選手はそのあたりをしっかり自覚してプレーしているため、

「ブレる」ことなくプレーし続けられています。

——サッカー日本代表の指揮を執られたワールドカップ二〇一八年ロシア大会と、直近の二〇二二年カタール大会を振り返って、選手たちのメンタル面の成長や違いについてはどのように感じられましたか。また、四年間のあいだにそのような成長や違いを選手たちにもたらした要因は何であるとお考えでしょうか。

西野：二〇一八年ロシア大会では、その前のブラジル大会で大敗し、そこからいろいろなことを指導者も選手も学んだと思います。賛否両論ある中で、もう全盛期を越えた選手をなぜ選出するのか、疑問であるなどの批判も多く受けました。しかしながら、監督としては、ブラジル大会での魂を持ち続けていた選手八名を選出しロシア大会に臨むことにしました。彼らはブラジル大会の経験者であり、その教訓を上手く伝え、さらなるレベルアップのために活躍してくれることを望んで選出しました。最後は、ベルギーに敗戦しましたが、この戦いはいつまでも永遠に続いていくと思います。そして、常に追求し続けていくと思います。また、ロシア大会からカタール大会を振り返って感じたことは、選手のポテンシャルもロシア大会と比較して、数段レベルが上がっていたことでした。これは、国内でのＪリーグで切磋琢磨し、海外でプレーする選手が多くなり、個の力が上がったことと自己主張する選手が多くなってきたことによります。もちろん海外では、個人で打開し突破することも必要です。また、様々な場面において、自身の考えを伝えるために自己主張していかないと生きていけないこともあり、はっきり物事を主張する選手が多くなってきたと感じられました。

——二〇二二年カタール大会を視察された中で、世界の上位国と日本のメンタル面での違いは何だと思われますか。今後、日本が世界と戦うために、どのような強化を図る必要性を感じていますか。

西野：カタール大会の決勝トーナメントで日本代表が敗戦したクロアチアは、決して大きな選手がいるわけでもなく、スーパースターがいたわけでもなく、体格も、テクニックも日本とそれほど変わりませんでした。しかしながら、まだまだ追いつくことができなかった理由として、その国のこれまでの歴史や文化の背景など、様々な要素が絡み合っていると思います。こうした背景を乗り越えることは、なかなか難しいものが課題として残っています。日本はこれまで世界のベスト8を目指して常に戦ってきました。その中で必要なことと言えば、全てのレベルを上げていかなくてはならないと感じています。育成年代では、下のカテゴリーから上のカテゴリーまでしっかり強化され、レベルアップが図れていると思います。こうした育成年代から積極的に鍛え上げ、強化していくことで、少しでも世界と戦うことが可能になってきます。現在の日本の立ち位置は、決して小国ではなく、サッカー大国と互角に戦えるまでに成長してきていると思います。こうした育成年代からの強化を続けていくことが今後につながっていくと思います。

――今後の日本サッカーに必要なメンタルサポートについて、お考えをお聞かせください。

西野：日本にとって、選手のためのメンタルサポートをする適当な人材がもしいるのであれば、必要だと思います。一人一人に対して細かなアドバイスやサポートをしてくれることに関しては、選手にとって大変助かると思います。しかしながら、現状では、ゴールキーパーコーチやドクター、トレーナーのように「必ず」というわけではなく、その代わりに監督などをはじめとするスタッフが、選手一人一人のメンタルのサポートを行っていく必要があります。

■日本におけるメンタルサポートの現状と、今後に向けて

ワールドカップ二〇一八年ロシア大会ではサッカー男子日本代表監督を務め、元サッカー男子タイ代表監督でもあり、J1リーグの監督としても通算勝利数歴代1位である、指導経験豊富な西野朗氏へのインタビューを、本書の最後に収載しました。

サッカーではコートが広く、パスをつなぎながら相手の隙を見つけていくことになります。そのため、選手全員が連動し、誰かが動いたスペースを埋める動きをしま

す。また、個の力を活かすため、選手全員が自分の強みと、他の選手の強みをよく理解することも大切であり、個人能力はもちろんのこと、チームワークの要素が極めて重要です。指導者はチームワークを高めるために、個々の選手に対して、常に積極的にコミュニケーションを交わすことが大切です。

また、ワールドカップ大会のような大舞台では、様々なストレスが大きく圧し掛かります。そうした状況の中で、冷静にかつタフに振る舞っていかなくてはなりません。佐々木ら[1]によると、心的動揺場面には様々な要因が関与していると考えられます。この心的動揺場面をあらかじめ把握しておくことができれば、実際場面での心的動揺は小さくなり、パフォーマンスの低下につながらないはずであると考えられます。こうしたハイプレッシャーの状況の中で、監督も選手もいかにいろいろな情報に左右されることなく、平常心で戦い抜くことが大切です。

育成年代においては、世界と同等に戦っていくために、発育・発達の各段階において、フィジカル、テクニカルと同様にメンタルを強化していく必要があります。育成年代のスポーツ現場に関わるコーチに与えられる役割は、選手の成長にとって特に重要であると考えられます。しかしながら、現在の日本をはじめ、多くの国や地域において、メンタルサポートを行うコーチは未だ専門的職業としての地位を（一部のプロコーチを除いて）確立していないことも多く[2]、専門的な役割を担っていく必要があります。

[1] 佐々木ら (2008)

[2] 内山 (2013)

日本サッカー協会（ＪＦＡ）は、「ナショナル・フットボール・フィロソフィーとしての Japan's Way」を策定し、ＪＦＡ２００５年宣言において設定した「二〇五〇年までにサッカーファミリーを一〇〇〇万人にし、ＦＩＦＡワールドカップで優勝する」という夢を実現するという目標を掲げています。そのために日本サッカーはどのような状況になっているのか、その「ありたい姿」から逆算して、現在とのギャップを埋め、そこに至る道筋が「Japan's Way」であると考えていく必要があります。日本サッカーがより発展するために、「代表強化」「ユース育成」「指導者養成」「普及」の『四位一体』をこれまで推し進めてきました。[3] こうしたサッカー競技において『四位一体』を推し進めていく中で、メンタルは、大きなキーファクターとなっていくに違いないと思います。

[3] http://www.jfa.jp/japansway/

松山博明

文　献

はじめに

堀田 健治（2007）．少年サッカー指導における肯定的な言葉がけと運動量およびボールタッチ数の関係　東海大学大学院修士論文

伊志嶺 大作（2009）．中学生サッカー選手における指導者からの言葉がけが運動有能感及び運動量に及ぼす影響について　東海大学大学院修士論文

高妻 容一（2002）．サッカー選手のためのメンタルトレーニング　TBS ブリタニカ

黒田　剛（2017）．勝ち続ける組織の作り方 ── 青森山田高校サッカー部の名将が明かす指導・教育・育成・改革論 ──（p. 23）キノブックス

大獄 真人（2002）．サッカー競技におけるハーフタイム時の状態不安　慶應義塾大学体育研究所紀要, *41*, 39-45.

1章

Davids, K., Araújo, D., Hristovski, R., Passos, P., & Chow, J. Y. (2012). Ecological dynamics and motor learning design in sport. In N. J. Hodges & A. M. N. Williams (Eds.), *Skill acquisition in sport: research, theory and practice* (pp. 112-130). Routledge.

Davids, K., Button, C., & Bennett, S. (2008). *Dynamics of skill acquisition: a constraints-led approach*. Human Kinetics.

Heilmann, F., Weigel, P., & Wollny, R.(2021). Analysis of cognitive abilities measured in a laboratory-controlled 360°simulation in soccer. *German Journal of Exercise and Sport Research, 51*, 302-311.

森　直久 (2010). こころはどこにあるのですか　心理学ワールド, *50*.

夏原 隆之・加藤 貴昭・中山 雅雄・浅井　武 (2017). サッカーの状況判断における知覚認知スキルの研究動向と今後の課題 ── コーチング学への示唆 ── コーチング学研究, *31*, 1-10.

大平 英樹（編）(2010). 感情心理学・入門　有斐閣

立谷 泰久・村上 貴聡・荒井 弘和・宇士 昌志・平木 貴子 (2020). トップアスリートに求められる心理的能力を評価する心理検査の開発　*Journal of High Performance Sport, 6*, 44-61.

Vestberg, T., Gustafson, R., Maurex, L., Ingvar, M., & Petrovic, P. (2012). Executive functions predict the success of top-soccer players. *PloS one, 7*, e34731.

2章

Atkinson, J. W. (1964). *An Introduction to Motivation*. Van Nostrand.

Bandura, A. (2012). On the functional properties of perceived self-efficacy revisited. *Journal of Management, 38*, 9-44.

Eccles, J. S., & Wigfield, A. (2002). Motivational beliefs, values, and goals. *Annual Review of Psychology, 53*, 109-132.

FROM ONE (2020). モチベーションの正体とは？　https://www.soccer-king.jp/news/

media/sk/20200317/1047258.html（2022.11.2. 閲覧）
堀　忠雄 (2000). 運動パフォーマンスを規定する要因　上田 雅夫（監修）スポーツ心理学ハンドブック　実務教育出版
LEGENDS STADIUM (2017). レヴァークーゼン戦に意気込むシメオネ「フットボールでは才能よりハートの方が重要な場所を占める」https://www.legendsstadium.com/news/world-soccer/38255/（2022.11.2. 閲覧）
Rogers, C. R. (1995). *On becoming a person: a therapist's view of psychotherapy.* HarperOne.（ロジャーズ, C. R.　諸富 祥彦・末武 康弘・保坂　亨（訳）(2005). ロジャーズが語る自己実現の道　ロジャーズ主要著作集　第3巻　岩崎学術出版社）
Ryan, R. M., & Deci, E. L. (2000). Self-determination theory and the facilitation of intrinsic motivation, social development, and well-being. *American Psychologist, 55,* 68-78.
Weiner, B. (1972). *Theories of motivation: From mechanism to cognition.* Markham.
Weiner, B., Frieze, I., Kukla, A., Reed, L., Rest, S., & Rosenbaum, R. M. (1971). *Perceiving the causes of success and failure.* General Learning Press.

3章

Bernier, M., Thienot, E., Codron, R., & Fournier, J. F. (2009). Mindfulness and acceptance approaches in sport performance. *Journal of Clinical Sport Psychology, 3,* 320-333.
ガーフィード, C. A.・ベネット, H. Z.（共著）. 荒井 貞光・東川 安雄・松田 泰定・柳原 英児（共訳）(1988). ピーク・パフォーマンス ── ベストを引き出す理論と方法 ── ベースボール・マガジン社
Hanin, Y. L. (2000). *Emotions in sports.* Human Kinetics.
原田 悦子・篠原 一光（編）(2011). 注意と安全　北大路書房
樋口 貴広 (2000). 試合場面でのパフォーマンスの低下　杉原　隆・船越 正康・工藤 孝幾・中込 四郎（編）　スポーツ心理学の世界 (pp. 42, 45-46)　福村出版
平木 貴子 (2012). Ⅶ 競技心理 2 ピークパフォーマンスの心理的世界　中込 四郎・伊藤 豊彦・山本 裕二（編著）　よくわかるスポーツ心理学 (pp. 128-129)　ミネルヴァ書房
Kahneman, D. (1973). *Attention and effort.* Prentice-Hall.
蓑内　豊 (2005). 情動プロファイリングテストの作成　北星学園大学文学部北星論集, *43,* 1-20.
中込 四郎 (1994). 1-4 ピークパフォーマンス分析　中込 四郎（編著）土屋 裕睦・高橋 幸治・高野　聰（著）　メンタルトレーニングワークブック　道和書院
Norman, D. A., & Bobrow, D. G. (1975). On data-limited and resource-limited processes. *Cognitive psychology, 7,* 44-64.
Privette, G. (1983). Peak experience, peak performance, and flow: A comparative analysis of positive human experiences. *Journal of personality and social psychology, 45,* 1361-1368.
菅生 貴之 (2011). 第Ⅱ部 2 章　スポーツメンタルトレーニング　荒木 雅信（編著）　これから学ぶスポーツ心理学 (pp. 81-97)　大修館書店

杉浦 義典 (2008). マインドフルネスにみる情動制御と心理的治療の研究の新しい方向性感情心理学研究, *16*, 167-177.
田中 美吏 (2014). 心理的プレッシャー下におけるゴルフパッティング —— 症状と対処に関する実験研究 ——　体育学研究, *59*, 1-15.
Yerkes, R. M., & Dodson, J. D. (1908). The relationship of strength of stimulus to rapidity of habit formation. *Journal of Comparative Neurology and Psychology, 18*, 459-482.
吉村　功・中込 四郎 (1986). スポーツにおける Peak Performance の心理的構成要因スポーツ心理学研究, *13*, 109-113.

4章

Abrams, M., & Reber, A. S. (1988). Implicit learning: Robustness in the face of psychiatric disorder. *Journal of Psycholinguistic Research, 17*, 425-439.
Araújo, D., Davids, K., Bennett, S. J., Button, C., & Chapman, G. (2004). Emergence of sport skills under constraints. In A. M. Williams & N. J. Hodges (Eds.), *Skill acquisition in sport: research, theory and practice* (pp. 433-458). Routledge.
Araújo, D., Davids, K., & Hristovski, R. (2006). The ecological dynamics of decision making in sport. *Psychology of Sport and Exercise, 7*, 653-676.
Araújo, D., Davids, K., & Renshaw, I. (2020). Cognition, Emotion and Action in Sport: An Ecological Dynamics Perspective. In G. Tenenbaum, R. C. Eklund, & B. Nataniel (Eds.), *Handbook of sport psychology: Social perspectives, cognition, and applications* (pp. 535-555). Wiley.
Bar-eli, M., Plessner, H., & Raab, M. (2011). *Judgement, decision making and success in sport.* Wiley.
ニコライ, A, ベルンシュタイン　工藤 和俊（訳）佐々木 正人（監訳)(2003). デクステリティ巧みさとその発達　金子書房
Cisek, P., & Pastor-Bernier, A. (2014). On the challenges and mechanisms of embodied decisions. *Philosophical Transactions of the Royal Society B: Biological Sciences, 369*, 20130479.
Davids, K., Araújo, D., Hristovski, R., Passos, P., & Chow, Y. (2012). Ecological dynamics and motor learning design in sport. In N. J. Hodges & A. M. Williams (Eds.), *Skill acquisition in sport: research, theory and practice* (pp. 112-130). Routledge.
Davids, K., Button, C., & Bennett, S. (2008). Coordination and control of movement in sport: An ecological approach. Human Kinetics.
Davids, K., Williams, A. M., Button, C., & Court, M. (2001). An integrative modeling approach to the study of intentional movement behavior. In R. N. Singer, H. A. Hausenblas, & C. M. Janelle (Eds.), *Handbook of sport psychology* (pp. 144-173). John Wiley.
Dick, M., Button, C., & Davids, K. (2010). Examination of gaze behaviors under in situ and video simulation task constraints reveals differences in information pickup for perception and action. *Attention, Perception, and Psychophysics, 72*, 706-720.
Dicks, M., Davids, K., & Button, C. (2010). Individual differences in the visual control of

intercepting a penalty kick in association football. *Human Movement Science, 29,* 401-411.

Dicks, M., Van Der Kamp, J., Withagen, R., & Koedijker, J. (2015). Can we hasten expertise by video simulations? Considerations from an ecological psychology perspective. *International Journal of Sport Psychology, 46,* 109-129.

Ericsson, K. A., & Kintsch, W. (1995). Long-term working memory. *Psychological Review, 102,* 211-245.

Ericsson, K. A., Krampe, R., & Tesch-Romer, C. (1993). The role of deliberate practice in the acquisition of expert performance. *Psychological Review, 100,* 363-406.

Ericsson, K. A., & Ward, P. (2007). Capturing the naturally-occurring superior performance of experts in the laboratory: Toward a science of expert and exceptional performance. *Current Directions in Psychological Science, 16,* 346-350.

Frencken, W., Lemmink, K., Delleman, N., & Visscher, C. (2011). Oscillations of centroid position and surface area of soccer teams in small-sided games. *European Journal of Sport Science, 11,* 215-223.

Geisler, G., & Wallis, J. (2020). Soccer (North America) or football (rest of the world). In D. Cooper & B. Gordon (Eds.), *Tactical Decision-Making in Sport: how coaches can help athletes to make better in-game decisions* (pp. 63-75). Routledge.

Gibson, J. J. (1979). *The ecological approach to visual perception.* Lawrence Erlbaum Associates.

Goode, S., & Magill, R. A. (1986). Contextual interference effects in learning three badminton serves. *Research Quarterly for Excise and Sport, 54,* 308-314.

Gréhaigne, J. F., Godbout, P., & Bouthier, D. (2001). The teaching and learning of decision making in team sports. *Quest, 53,* 59-76.

Handford, C., Davids, K., Bennett, S., & Button, C. (1997) Skill acquisition in sport: Some applications of an evolving practice ecology. *Journal of Sports Sciences, 15,* 621-640.

Harris, D. J., Wilson, M. R., & Vine, S. J. (2018). A systematic review of commercial cognitive training devices: implications for use in sport. *Frontiers in psychology, 9,* 709.

Helsen, W., & Pauwels, J. M. (1987). The use of a simulator in evaluation and training of tactical skills in soccer. In T. Reilly, A. Lees, K. Davids, & W. J. Murphy (Eds.), *Science and football* (pp. 493-497). E & F. N. Spon.

Hopwood, M., Mann, D., Farrow, D., & Nielsen, T. (2011). Does visual-perception training augment the fielding performance of skilled cricketers? *International Journal of Sports Science and Coaching, 6,* 523-536.

Johnson, J. G. (2006). Cognitive modeling of decision making in sports. *Psychology of Sport and Exercise, 7,* 631-652.

Johnson, J. G., & Raab, M. (2003). Take the first: Option-generation and resulting choices. *Organizational Behavior and Human Decision Processes, 91,* 215-229.

Klein, G., Wolf, S., Militello, L., & Zsambok, C. (1995). Characteristics of skilled option generation in chess. *Organizational Behavior and Human Decision Processes, 62,* 63-69.

Konczak, J., Meeuwsen, H. J., & Cress, M. E. (1992). Changing affordances in stair climbing: the perception of maximum climbability in young and older adults. *Journal of Experimental Psychology: Human Perception and Performance, 8,* 691-697.

Luhtanen, P., Belinskij, A., Häyrinen, M., & Vänttinen, T. (2001). A comparison tournament analysis between the EURO 1996 and 2000 in soccer. *International Journal of Performance Analysis in Sport, 1,* 74-82.

Mackenzie, R., & Cushion, C. (2013). Performance analysis in football: A critical review and implications for future research. *Journal of Sports Sciences, 3,* 639-676.

Magill, R. A., & Hall, K. G. (1990). A review of the contextual interference effect in motor skill acquisition. *Human Movement Science, 9,* 241-289.

Mann, D. L., Farrow, D., Shuttleworth, R., & Hopwood, M. J. (2009). The influence of viewing perspective on decision-making and visual search behaviour in an invasive sport. *International Journal of Sport Psychology, 40,* 546-564.

Marteniuk, R. G. (1976). *Information processing in motor skills.* Holt, Rinehart and Winston.

Masters, R. S. W. (1992). Knowledge, knerves, and know-how. *British Journal of Psychology, 83,* 343-358.

Merkel, J. (1985). Die zeitlichen Verhaltnisse der willensätigkeit. *Philosophische Studien, 2,* 73-127 (Cite in Woodworth, 1938).

Milner, A. D., & Goodale, M. A. (2008). Two visual systems re-viewed. *Neuropsychologia, 46,* 774-785.

Morya, E., Bigatão, H., Lees, A., Ranvaud, R., Cabri, J., & Araújo, D. (2005). Evolving penalty kick strategies: World cup and club matches 2000–2002. In T. Reilly, J. Cabri, & D. Araújo (Eds.), *Science and football V* (pp. 237-242). Taylor & Francis.

Nakayama, M. (2008). The effects of play area size as task constraints on soccer pass skills. *Football Science, 5,* 1-6.

中山 雅雄・浅井　武 (2009). サッカー選手の発達段階および課題の処理としてのプレーエリアの大きさがパス能力に与える影響　体育学研究, *54,* 343-353.

中山 雅雄・浅井　武・田嶋 幸三 (2007). サッカーのパス技能と練習課題の制約との関連　体育学研究, *52,* 419-430.

夏原 隆之・加藤 貴昭・中山 雅雄・浅井　武 (2017). サッカーの状況判断における知覚認知スキルの研究動向と今後の課題 ―― コーチング学への示唆 ―― コーチング学研究, *31,* 1-10.

夏原 隆之 (2022). 知覚認知スキルトレーニングへのモバイルテクノロジーの活用　体育の科学, *72,* 312-318.

Newell, K. M. (1986). Constraints on the development of coordination. In M. G. Wade & H. T. A. Whiting (Eds.), *Motor development in children: Aspects of coordination and control* (pp. 341-360). Dordrecht.

野口　学 (2018). ドイツをW杯王者に導いたIT界の巨人「SAP」は、なぜスポーツ産業へと参入したのか？　～前編～ https://victorysportsnews.com/articles/6007/original（2022.9.15. 閲覧）

Nortje, L., Dicks, M., Coopoo, Y., & Savelsbergh, G. J. P. (2014). Put your money where your moth is: verbal self-reported tactical skills versus on-line tactical performance in soccer. *International Journal of Sports Science and Coaching, 9,* 321-333.

O'Connor, D., Wardak, D., Goodyear, P., Larkin, P., & Williams, M. (2018). Conceptualising decision-making and its development: a phenomenographic analysis. *Science and Medicine in Football, 2,* 261-271.

Paterson, G., van der Kamp, J., Bressan, E., & Savelsbergh, G. J. P. (2013). The effects of perception-action coupling on perceptual decision-making in a self-paced far aiming task. *International Journal of Sport Psychology, 44,* 179-196.

Raab, M., & Johnson, J. G. (2007). Expertise-based differences in search and option-generation strategies. *Journal of Experimental Psychology: Applied, 13,* 158-170.

Ramos, A., Coutinho, P., Leitao, J. C., Cortinhas, A., Davids, K., & Mesquita, I. (2020). The constraint-led approach to enhancing team synergies in sport-What do we currently know and how can we move forward? A systematic review and meta-analyses. *Psychology of Sport and Exercise, 50,* 101754.

Renshaw, I., Davids, K., Araújo, D., Lucas, A., Roberts, W. M., Newcombe, D. J., & Franks, B. (2019). Evaluating weaknesses of "perceptual-cognitive training" and "brain training" methods in sport: An ecological dynamics critique. *Frontiers in Psychology, 9,* 2468.

シュミット，リチャード，A.　調枝 孝治（訳)(2006). 運動学習とパフォーマンス　大修館書店

Schmidt, R. A., Zelaznik, H. N., Hawkins, B., Frank, J. S., & Quinn, J. T., (1979). Motor-output variability: A theory for the accuracy of rapid motor acts. *Psychological Review, 86,* 415-451.

Starkes, J. L., & Lindley, S. (1994). Can we hasten expertise by video simulations? *Quest, 46,* 211-222.

Tenenbaum, G. (2003). An integrated approach to decision making. In J. Starkes & K. A. Ericsson (Eds.), *Expert performance in sport: Advances in research on sport expertise* (pp. 192-218). Human Kinetics.

Travassos, B., Davids, K., Araújo, D., Esteves, T. P., & Esteves, P. T. (2013). Performance analysis in team sports: Advances from an ecological dynamics approach. *International Journal of Performance Analysis in Sport, 13,* 83-95.

van der Kamp, J., Rivas, F., van Doorn, H., & Savelsbergh, G. (2008). Ventral and dorsal contributions in visual anticipation in fast ball sports. *International Journal of Sport Psychology, 39,* 100-130.

van Doorn, H., van der Kamp, J., de Wit, M., & Savelsbergh, G. J. P. (2009). Another look at the Müller-Lyer illusion: different gaze patterns in vision for action and perception. *Neuropsychologia, 47,* 804-812.

van Lier, W. H., van der Kamp, J., & Savelsbergh, G. J. (2011). Perception and action in golf putting: Skill differences reflect calibration. *Journal of Sport and Exercise Psychology, 33,* 349-369.

Wallace, J. L., & Norton, K. I. (2014). Evolution of World Cup soccer final games 1966–2010: Game structure, speed and play patterns. *Journal of Science and Medicine in Sport, 17,* 223-228.

Ward, P., Ericsson, K. A., & Williams, A. M. (2013). Complex perceptual cognitive expertise in a stimulated task environment. *Journal of Cognitive Engineering and Decision Making, 7,* 231-254.

Ward, P., & Williams, A. M. (2003). Perceptual and cognitive skill development in soccer: The multidimensional nature of expert performance. *Journal of Sport and Exercise Psychology, 25,* 93-111.

Warren, W. H., & Whang, S. (1987). Visual guidance of walking through apertures: body-scaled information for affordances. *Journal of Experimental Psychology: Human Perception and Performance, 3,* 371-383.

Williams, A. M. (2003). Learning football skills effectively: challenging tradition. *Insight the FA Coaches Association Journal, 6,* 37-39.

Williams, A. M., Ford, P. R., Eccles, D. W., & Ward, P. (2011). Perceptual－cognitive expertise in sport and its acquisition: Implications for applied cognitive psychology. *Applied Cognitive Psychology, 25,* 432-442.

Williams, A. M., & Hodges, N. J. (2005). Practice, instruction and skill acquisition in soccer: Challenging tradition. *Journal of sports sciences, 23,* 637-650.

Williams, S., & Manley, A. (2016). Elite coaching and the technocratic engineer: Thanking the boys at Microsoft! *Sport, Education and Society, 21,* 828-850.

Wilson, A. D., & Golonka, S. (2013). Embodied cognition is not what you think it is. *Frontiers in Psychology, 4,* 58.

Woodworth, R. S. (1938). *Experimental psychology.* Holt.

5章

Doran, G. T. (1981). There's a S.M.A.R.T. Way to Write Management's Goals and Objectives. *Management Review, 70,* 35-36.

Gould, D., & Carson, S. (2008). Life skills development through sport: Current status and future directions. *International Review of Sport and Exercise Psychology, 1,* 58-78.

Harwood, C. G. (2008). Developmental consulting in a professional soccer academy: The 5C's coaching efficacy program. *The Sport Psychologist, 22,* 109-133.

Harwood, C. G., Barker, J. B., & Anderson, R. (2015). Psychosocial development in youth soccer players: Assessing the effectiveness of the 5C's intervention program. *The Sport Psychologist, 29,* 319-334.

Harwood, C. G., Knight, C. J., Thrower, S. N., & Berrow, S. R. (2019). Advancing the study of parental involvement to optimise the psychosocial development and experiences of young athletes. *Psychology of Sport and Exercise, 42,* 66-73.

Hodge, K., & Danish, S. J. (1999). Promoting life skills for adolescent males through sport. In A. Horne & M. Kiselica (Eds.), *Handbook of counseling boys and adolescent males* (pp. 55-71). Sage Publications.

JFA (2020). JFA サッカー指導教本2020 (pp. 115-127)　日本サッカー協会
川本 哲也 (2021). 誠実性　小塩 真司（編著）(2021). 非認知能力 ── 概念・測定と教育の可能性 ──（pp. 11-28）　北大路書房
Matos, N.F., Winsley, R. J., & Williams, C.A. (2001). Prevalence of Nonfunctional Overreaching/Overtraining in Young English Athletes. *Medicine & Science in Sports & Exercise, 43,* 1287-1294.
小野　剛 (1998). 世界に通用するプレーヤー育成のためのクリエイティブサッカー・コーチング (pp. 22-23)　大修館書店
オランダサッカー協会・田嶋 幸三（監修）(2003). オランダのサッカー選手育成プログラム ジュニア／ユース編 ── 年齢別・ポジション別指導法と練習プログラム ──(pp. 11-14)　大修館書店
Raglin, J. S., Sawamura, S., Alexiou, S., & Hassmén, P. (2000). Training practices and staleness in 13-18-year-old swimmers: across-cultural study. *Pediatric Exercise Science, 12,* 61-70.
島本 好平・石井 源信 (2009). 体育授業におけるスポーツ経験がライフスキルの獲得に与える影響 ── 運動部所属の有無からの検討 ── スポーツ心理学研究, *36,* 127-136.
谷　伊織・阿部 晋吾・小塩 真司（編著）(2023). Big Five パーソナリティ・ハンドブック ── 5つの因子から「性格」を読み解く ──　福村出版
手塚 洋介・上地 広昭・児玉 昌久 (2001). 中学生の部活動に関するストレッサー尺度作成の試み　ストレス科学研究, *16,* 54-60.
手塚洋介・上地 広昭・児玉 昌久 (2003). 中学生のストレス反応とストレッサーとしての部活動との関係　健康心理学研究, *16,* 77-85.
鶴　光太郎 (2018). 性格スキル ── 人生を決める5つの能力 ── (pp. 1-219)　祥伝社新書
上野 耕平・中込 四朗 (1998). 運動部活動への参加による生徒のライフスキル獲得に関する研究　体育学研究, *43,* 33-42.
Vaeyens, R., Lenoir, M., Williams, A. M., & Philippaerts, R. M. (2008). Talent identification and development programmes in sport: Current models and future directions. *Sports Medicine, 38,* 703-714.
Weiss, M. R. (1995). Children in sport: An educational model. In S. M. Murphy (Ed.), *Sport psychology interventions* (pp. 35-69). Human Kinetics.
Winsley, R. J., & Matos, N. F. (2011). Overtraining and elite young athletes. *Med Sport Sci, 56,* 97-105.

6章

阿部 理一 (2013). バスケットボール選手におけるトレーニングのプログラムデザイン *National Strength and Conditioning Association Japan, 20*(1), 2-9.
ボンパ・テューダー (2006). 競技力向上のトレーニング戦略 ── ピリオダイゼーションの理論と実際 ── (pp. 142-195)　大修館書店
村木 征人 (1994). スポーツ・トレーニング理論　ブックハウスHD
高妻 容一 (2005). サッカー選手の心理学　日本サッカー協会スポーツ医学委員会（編）

選手と指導者のためのサッカー医学 (pp. 103-119)　金原出版
田中　淳 (2009). サッカーにおける実践的なフィジカルトレーニングピリオダイゼーションモデルの検討　新潟経営大学紀要, *15*, 115-130.
徳永 幹雄 (編)(2011). 教養としてのスポーツ心理学 (pp. 33-40)　大修館書店
山本 利春 (2014). リカバリー SAGE ROUNTREE ── ピリオダイゼーションの重要性 ── (pp. 1-2)　株式会社クレーマージャパン

7章

福林　徹・池田　浩・奥脇　透・清水　結・津田 清美・中田　研・藤谷 博人・古谷 正博・松田 直樹・三木 英之・宮崎 誠司・青野　博 (2012). 日本におけるスポーツ外傷サーベイランスシステムの構築 ── 第3報 ── 平成24年度日本体育協会スポーツ医・科学研究報告 I　公益財団法人日本体育協会スポーツ医・科学専門委員会, pp. 2-95.
Gordon, S. (1986). Sport psychology and the injured athlete: A cognitive-behavioral approach to injury response and injury rehabilitation, *Science Periodical on Research and Technology in Sport*, 1-10.
Hägglund, M., Waldén, M., & Ekstrand, J. (2005). Injury incidence and distribution in elite football ── a prospective study of the Danish and the Swedish top divisions. *Scandinavian Journal of Medicine & Science in Sports, 15*, 21-28.
Hawkins, R. D., Hulse, M. A., Wilkinson, C., Hodson, A., & Gibson, M. (2001). The association football medical research programme: an audit of injuries in professional football. *British Journal of Sports Medicine, 35*, 43-47.
池辺 晴美 (2010). 大学運動部員におけるスポーツ傷害に関する調査 ── 非接触型スポーツと接触型スポーツの比較 ── 太成学院大学紀要, *12*, 1-5.
一般社団法人 日本臨床整形外科学会：ウォーミングアップ　https://jcoa.gr.jp/ (2022.12.2. 閲覧)
JFA (2016). サッカー指導教本 ── JFA 公認C 級コーチ ── (pp. 42-51)　日本サッカー協会
神内 伸晃・岩井 直躬・泉　晶子・吉田 行宏・片山 憲史 (2017). 高校クラブ活動におけるスポーツ外傷・障害の検討　明治国際医療大学誌, *17*, 1-9.
川井 弘光 (2005). 選手と指導者のためのサッカー医学 (pp. 103-119)　金原出版
国際サッカー連盟・財団法人日本サッカー協会　青木 治人・河野 照茂・土肥 美智子 (訳) 大畠　襄 (監訳)(2007). サッカー医学マニュアル (pp. 1-271)　財団法人日本サッカー協会
小玉 京士朗・早田　剛・清水 健太・降屋 丞秀樹・桂　喜一・古山 洋二郎・河合徹・相澤 (2015). 大学サッカー選手における傷害調査とケアについて　環太平洋大学研究紀要, *9*, 291-296.
葛原 憲治・井口 順太 (2010). サッカー選手の下肢傷害予防トレーニング　東邦学誌, *39*, 23-36.
Martin, D., Timmins, K., Cowie, C., Alty, J., Mehta, R., Tang, A., & Varley, I. (2012). Injury Incidence Across the Menstrual Cycle in International Footballers. *National*

Library of Medicine, online.〔Front Sports Act Living. 2021 Mar 1; 3: 616999〕

松山 博明 (2022). 現場で活用できるスポーツ心理学（p. 131） 晃洋書房

McDonald, S. A., & Hardy, C. I. (1990). Affective response patterns of the injured athlete: An exploratory analysis. *The Sport Psychologist, 4,* 261-274.

三輪 紗都子・中込 四郎 (2004). 負傷競技者の体験する“痛み”の事例的研究 ―― Total Pain 概念による事例の分析を通して ―― スポーツ心理学研究, *31,* 43-54.

森川 嗣夫 (2009). サッカーの傷害について （社）山形県鍼灸マッサージ師会スポーツセラピー局主催, pp. 2-3.

中込 四郎 (2016). アスリートにみられる危機的事象からの成長 宅 香菜子（編著） PTG の可能性と課題 (pp. 82-96) 金子書房

中込 四郎 上向 貫志 (1994). スポーツ障害を起こした選手へのカウンセリング *Japanese Journal of Sports Science, 13,* 3-8.

中野 昭一・栗原 敏・池田 義雄 (1982). 骨・関節疾患と運動 図説・運動の仕組みと応用第2版 (pp. 326-327) 医歯薬出版

中尾 陽光・平沼 憲治・芦原 正紀 (2004). 大学男子サッカー選手との比較による大学女子サッカー選手の外傷・障害の特徴 体力科学, *53,* 493-502.

名波 浩・増島 みどり (2009). 夢の中まで左足 (pp. 1-248) ベースボール・マガジン社

Rahnama, N., Reilly, T., & Lees, A. (2002). Injury risk associated with playing actions during competitive soccer. *British Journal of Sports Medicine, 36,* 354-359.

桜庭 景植・石川 拓次・角出 貴宏・丸山 麻子・渋谷 尚弘・窪田 敦之・海老原 隆仁・石井 篤・竹内 敏康・澤木 啓祐・黒澤 尚 (2003). スポーツ傷害治療を考える ―― ストレッチング, アイシング, 筋力トレーニングに対するアスリートの意識調査を中心に ―― 日本臨床スポーツ医学会誌, *11,* 170-179.

澁谷 智久・飯嶋 正博・星野 公夫・塩野 潔・山田 泰行 (2004). 高校サッカー選手におけるスポーツ傷害と心理的競技能力 ―― スポーツ障害に着目して ―― 順天堂大学スポーツ健康科学研究, *8,* 48-53.

杉浦 健 (2001). スポーツ選手としての心理的成熟理論についての実証的研究 体育学研究, *46,* 337-351.

鈴木 敦・中込 四郎 (2011). スポーツ傷害におけるソーシャルサポート研究の動向と今後の課題 臨床心理身体運動学研究, *13,* 3-18.

鈴木 敦・中込 四郎 (2013). 受傷アスリートのソーシャルサポート享受による傷害受容に至るまでの心理的変容 臨床心理身体運動学研究, *15,* 19-40.

高野 洋平・栗木 一博 (2011). 受傷した選手のソーシャル・サポートと受傷時の心理状態の認知構造との関連について 仙台大学大学院スポーツ科学研究科修士論文集, *12,* 67-74.

田中 佑一・生駒 成亨・西原 しょうた・福島 遼太郎 (2014). 高校サッカーチームにおける傷害発生状況の時期別の検討 第50回日本理学療法学術大会（東京）ポスター会場, *42* Suppl. No.2.

辰巳 智則 (2009). スポーツ傷害の受容に関する研究 ―― 脱執着的対処にみたリハビリテーション行動の特徴 ―― 奈良体育学会研究年報, *14,* 31-38.

辰巳 智則・中込 四郎 (1999). スポーツ選手における怪我の心理的変容に関する研究 ── アスレチック・リハビリテーション行動の観点から見た分析 ── スポーツ心理学研究, *26*, 46-57.

Tedeschi, R. G., & Calhoun, L. G. (1996). The Posttraumatic Growth Inventory: measuring the positive legacy of trauma. *Journal of Trauma Stress, 9*, 455-471.

豊田 則成 (2006). 学生アスリートは怪我をどう物語るのか？ びわこ成蹊スポーツ大学研究紀要, *4*, 123-135.

Uemukai, K. (1993). Affective responses and the changes due to injury. *Proceedings of the VIII World Congress of Sport Psychology*, 500-503.

上向 貫志 (1995). 負傷したスポーツ選手の情緒反応パターン ── 事例による検討 ── 慶應義塾大学体育研究所紀要, *35*, 1-14.

上向 貫志・中込 四郎 (1992). スポーツ選手の負傷に対する情緒的反応とその変容 日本体育学会大会号, *43A*, 204.

Wadey, R., Evans, L., Evans, K., & Mitchell, I. (2011). Perceived benefits following sport injury: A qualitative examination of their antecedents and underlying mechanisms. *Journal of Applied Sport Psychology, 23*, 142-158.

Waldén, M., Hägglund, M., Ekstrand, J. (2005). Injuries in Swedish elite football-a prospective study on injury definitions, risk for injury and injury pattern during 2001. *Scandinavian Journal of Medicine & Science in Sports, 15*, 118-125.

山本 純 (2013). プロサッカーチームにおける3年間の傷害調査 *Football Science, 11*, 36-50.

8章

Adie, J. W., Duda, J. L., & Ntoumanis, N. (2012). Perceived coach autonomy support, basic needs satisfaction and the well- and ill-being of elite soccer players: A longitudinal investigation. *Psychology of Sport and Exercise, 13*, 51-59.

Ahola, K., Väänänen, A., Koskinen, A., Kouvonen, A., & Shirom, A. (2010). Burnout as a predictor of all-cause mortality among industrial employees: a 10-year prospective register-linkage study. *Journal of Psychosomatic Research, 69*, 51-57.

Alsentali, A. M., & Anshel, M. H. (2015). Relationship between internal and external acute stressors and coping style. *Journal of Sport Behavior, 38*, 357.

Balaguer, I., Gonzalez, L., Fabra, P., Castillo, I., Merce, J., & Duda, J. L. (2012). Coaches' interpersonal style, basic psychological needs, and the well- and ill-being of young soccer players: A longitudinal analysis. *Journal of Sport Science, 30*, 1619-1629.

Balk, Y. A., de Jonge, J., Geurts, S. A., & Oerlemans, W. G. (2019). Antecedents and consequences of perceived autonomy support in elite sport: A diary study linking coaches' off-job recovery and athletes' performance satisfaction. *Psychology of Sport and Exercise, 44*, 26-34.

Bartholomew, K. J., Ntoumanis, N., & Thøgersen-Ntoumani, C. (2010). The controlling interpersonal style in a coaching context: Development and initial validation of a psychometric scale. *Journal of Sport and Exercise Psychology, 32*, 193-216.

Bartholomew, K. J., Ntoumanis, N., Ryan, R. M., Bosch, J. A., & Thøgersen-Ntoumani, C. (2011). Self-determination theory and diminished functioning: The role of interpersonal control and psychological need thwarting. *Personality and Social Psychology Bulletin, 37,* 1459-1473.

Blegen, M. D., Stenson, M. R., Micek, D. M., & Matthews, T. D. (2012). Motivational differences for participation among championship and non-championship caliber NCAA Division III football teams. *The Journal of Strength & Conditioning Research, 26,* 2924-2928.

Cheval, B., Chalabaev, A., Quested, E., Courvoisier, D. S., & Sarrazin, P. (2017). How perceived autonomy support and controlling coach behaviors are related to well-and ill-being in elite soccer players: A within-person changes and between-person differences analysis. *Psychology of Sport and Exercise, 28,* 68-77.

Cresswell, S. L. (2009). Possible early signs of athlete burnout: A prospective study. *Journal of Science and Medicine in Sport, 12,* 393-398.

Cresswell, S. L., & Eklund, R. C. (2006). The nature of player burnout in rugby: key characteristics and attributions. *Journal of Applied Sport Psychology, 18,* 219-239.

Curran, T., Appleton, P. R., Hill, A. P., & Hall, H. K. (2011). Passion and burnout in elite junior soccer players: The mediating role of self-determined motivation. *Psychology of Sport and Exercise, 12,* 655-661.

Curran, T., Appleton, P. R., Hill, A. P., & Hall, H. K. (2013). The mediating role of psychological need satisfaction in relationships between types of passion for sport and athlete burnout. *Journal of Sports Sciences, 31,* 597-606.

Debanne, T. (2014). Techniques used by coaches to influence referees in professional team handball. International. *Journal of Sports Science & Coaching, 9,* 433-446.

Flett, G. L., & Hewitt, P. L. (2005). The perils of perfectionism in sports and exercise. *Current Directions in Psychological Science, 14,* 14-18.

Folkman, S. (2008). The case for positive emotions in the stress process. *Anxiety, Stress, & Coping, 21,* 3-14.

Freudenberger, H. J. (1974). Staff burn-out. *Journal of Social Issues, 30,* 159-165.

Freudenberger, H. J. (1975). The Staff burn-out syndrome in alternative institutions. *Psychotherapy: Theory, Research and Practice, 12,* 73-82.

Frost, R. O., Marten, P., Lahart, C., & Rosenblate, R. (1990). The dimensions of perfectionism. *Cognitive Therapy and Research, 5,* 449-468.

González, L., García-Merita, M., Castillo, I., & Balaguer, I. (2016). Young athletes' perceptions of coach behaviors and their implications on their well-and ill-being over time. *The Journal of Strength & Conditioning Research, 30,* 1147-1154.

González, L., Tomás, I., Castillo, I., Duda, J. L., & Balaguer, I. (2017). A test of basic psychological needs theory in young soccer players: time-lagged design at the individual and team levels. *Scandinavian Journal of Medicine & Science in Sports, 27,* 1511-1522.

Goodger, K., Gorely, T., Lavallee, D., & Harwood, C. (2007). Burnout in sport: A systematic review. *Sport Psychologist, 21,* 127-151.

Goodger, K., Wolfenden, L., & Lavallee, D. (2007). Symptoms and consequences associated with three dimensions of burnout in junior tennis players. *International Journal of Sport Psychology, 38,* 342-364.

Gould, D., & Dieffenbach, K. (2002). Overtraining, underrecovery, and burnout in sport. In M. Kellman (Ed.), *Enhancing recovery: Preventing underperformance in athletes* (pp. 25-35). Human Kinetics.

Gould, D., Udry, E., Tuffey, S., & Loehr, J. (1996). Burnout in competitive junior tennis players: Ⅰ. A quantitative psychological assessment. *The Sport Psychologist, 10,* 322-340.

Gustafsson, H., Hassmén, P., Kenttä, G., & Johansson, M. (2008). A qualitative analysis of burnout in elite Swedish athletes. *Psychology of Sport & Exercise, 9,* 800-816.

Gustafsson, H., Kenttä, G., Hassmén, P., & Lundqvist, C. (2007). Prevalence of burnout in competitive adolescent athletes. *Sport Psychologist, 21,* 21-37.

Gustafsson, H., Skoog, T., Podlog, L., Lundqvist, C., & Wagnsson, S. (2013). Hope and athlete burnout: Stress and affect as mediators. *Psychology of Sport and Exercise, 14,* 640-649.

Hewitt, P. L., & Flett, G. L. (1991). Perfectionism in the self and social contexts: Conceptualization, assessment, and association with psychopathology. *Journal of Personality and Social Psychology, 60,* 456-470.

Hill, A. P. (2013). Perfectionism and burnout in junior soccer players: A test of the 2 × 2 model of dispositional perfectionism. *Journal of Sport and Exercise Psychology, 35,* 18-29.

Hill, A. P., Hall, H. K., Appleton, P. R., & Kozub, S. A. (2008). Perfectionism and burnout in junior elite soccer players: The mediating influence of unconditional self-acceptance. *Psychology of Sport and Exercise, 9,* 630-644.

Hunt, K. R., & Miller, S. R. (1994). Comparison of levels of perceived stress and burnout among college basketball and tennis coaches. *Applied Research in Coaching and Athletics Annual, 9,* 198-222.

Kellmann, M., Altfeld, S., & Mallett, C. J. (2016). Recovery–stress imbalance in Australian Football League coaches: A pilot longitudinal study. International. *Journal of Sport and Exercise Psychology, 14,* 240-249.

Knight, C. J., Reade, I. L., Selzler, A. M., & Rodgers, W. M. (2013). Personal and situational factors influencing coaches' perceptions of stress. *Journal of Sports Sciences, 31,* 1054-1063.

Koustelios, A. (2010). Burnout among football coaches in Greece. *Biology of Exercise, 6,* 5-12.

Lemyre, P. N., Hall, H. K., & Roberts, G. C. (2008). A social cognitive approach to burnout in elite athletes. *Scandinavian Journal of Medicine & Science in Sports, 18,* 221-234.

Lemyre, P.N., Treasure, D. C., & Roberts, G. C. (2006). Influence of variability in motivation and affect on elite athlete burnout susceptibility. *Journal of Sport & Exercise*

Psychology, 28, 32-48.

Lonsdale, C., & Hodge, K. (2011). Temporal ordering of motivational quality and athlete burnout in elite sport. *Medicine & Science in Sports & Exercise, 43*, 913-921.

Lundkvist, E., Gustafsson, H., Hjälm, S., & Hassmén, P. (2012). An interpretative phenomenological analysis of burnout and recovery in elite soccer coaches. *Qualitative Research in Sport, Exercise and Health, 4*, 400-419.

Mageau, G. A., & Vallerand, R. J. (2003). The coach–athlete relationship: A motivational model. *Journal of Sports Science, 21*, 883-904.

Mallett, C. J. (2005). Self-determination theory: A case study of evidence-based coaching. *The Sport Psychologist, 19*, 417-429.

Maslach, C. (1982). *Burnout: The cost of caring.* Prentice Hall.

Maslach, C., & Jackson, S. E. (1986). *MBI: Maslach Burnout Inventory; manual research edition.* University of California.

Maslach, C., & Jackson, S. E. (1981). The measurement of experienced burnout. *Journal of Occupational Psychology, 2*, 99-113.

Maslach, C., Schaufeli, W. B., & Leiter, M. P. (2001). Job Burnout. *Annual Review of Psychology, 52*, 397-422.

Maslach, C., Jackson, S. E., & Leitner, M. P. (1996). *Maslach burnout inventory manual* (3rd ed.) . Consulting Psychologists Press.

McGonigal, K. (2016). *The upside of stress: Why stress is good for you, and how to get good at it.* Penguin.

McNeill, K., Durand-Bush, N., & Lemyre, P. N. (2017). Understanding coach burnout and underlying emotions: A narrative approach. *Sports Coaching Review, 6*, 179-196.

Moen, F., Bentzen, M., & Myhre, K. (2018). The role of passion and affect in enhancing the understanding of coach burnout. *International Journal of Coaching Science, 12*, 3-34.

Natsuhara, T., Ichikawa, Y., Nakayama, M. (2022). Characteristics of Psychological Stress Processes and Collective Efficacy in Response to Athlete-Athlete Relationship Stressors in Youth Soccer Players. *Football Science, 19*, 28-37.

野口 順子・衣笠 泰介 (2020). ハイパフォーマンススポーツにおけるアスリートのメンタルヘルス. アスリートのメンタルは強いのか？ ── スポーツ心理学の最先端から考える ── (pp. 163-190)　晶文社

Omotayo, O. O. (1991). Frequency of burnout among selected soccer coaches in Nigeria. *Asian Journal of Physical Education, 14*, 83-88.

Pereira, D., & Elfering, A. (2014). Social stressors at work and sleep during weekends: the mediating role of psychological detachment. *Journal of Occupational Health Psychology, 19*, 85.

Raedeke, T. D. (1997). Is athlete burnout more than just stress? A sport commitment perspective. *Journal of Sport & Exercise Psychology, 19*, 396-417.

Raedeke, T. D., Lunney, K., & Venables, K. (2002). Understanding athlete burnout: Coach perspectives. *Journal of Sport Behavior, 25*, 181-206.

Raedeke, T. D., & Smith, A. L. (2001). Development and preliminary validation of an athlete burnout measure. *Journal of Sport & Exercise Psychology, 23,* 281-306.

Raedeke, T. D., & Smith, A. L. (2004). Coping resources and athlete burnout: An examination of stress mediated and moderation hypotheses. *Journal of Sport and Exercise Psychology, 26,* 525-541.

Raedeke, T. D., & Smith, A. L. (2009). *The athlete burnout questionnaire manual.* West Virginia University.

Reinboth, M., & Duda, J. L. (2004). The motivational climate, perceived ability, and athletes' psychological and physical well-being. *The Sport Psychologist, 18,* 237-251.

佐々木 万丈 (2004). スポーツと子どものストレス. 日本スポーツ心理学会（編）最新スポーツ心理学 ── その軌跡と展望 ── (pp. 55-67)　大修館書店

Sheldon, K. M., & Houser-Marko, L. (2001). Self-concordance, goal attainment, and the pursuit of happiness: can there be an upward spiral? *Journal of Personality and Social Psychology, 80,* 152-165.

Smith, A., Ntoumanis, N., & Duda, J. L. (2007). Goal striving, goal attainment, and well-being: adapting and testing the self-concordance model in sport. *Journal of Sport & Exercise Psychology, 29,* 763-782.

Smith, E. P., Hill, A. P., & Hall, H. K. (2018). Perfectionism, burnout, and depression in youth soccer players: A longitudinal study. *Journal of Clinical Sport Psychology, 12,* 179-200.

Smith, R. E. (1986). Toward a cognitive-affective model of athletic burnout. *Journal of Sport and Exercise Psychology, 8,* 36-50.

Snyder, C. R., Irving, L., & Anderson, J. R. (1991). Hope and health: measuring the will and the ways. In C. R. Snyder & D. R. Forsyth (Eds.), *Handbook of social and clinical psychology: The health perspective* (pp. 285-305). Pergamon.

Stebbings, J., Taylor, I. M., & Spray, C. M. (2011). Antecedents of perceived coach autonomy supportive and controlling behaviors: Coach psychological need satisfaction and well-being. *Journal of Sport and Exercise Psychology, 33,* 255-272.

Tabei, Y., Fletcher, D., & Goodger, K. (2012). The relationship between organizational stressors and athlete burnout in soccer players. *Journal of Clinical Sport Psychology, 6,* 146-165.

田部井 祐介・曽根 良太・中山 雅雄・浅井　武 (2020). 試合期の大学生サッカー選手におけるメンタルコンディションとストレスの縦断的評価：バーンアウト予防に向けて　体育学研究, *65,* 303-320.

Vallerand, R. J., Blanchard, C. M., Mageau, G.A., Koestner, R., Ratelle, C., Léonard, M., Gagné, M., & Marsolais, J. (2003). Les passions de l'âme: On obsessive and harmonious passion. *Journal of Personality and Social Psychology, 85,* 756-767.

Wrzesniewski, A., McCauley, C., Rozin, P., & Schwartz, B. (1997). Jobs, Careers, and Callings: People's Relations to Their Work. *Journal of Research in Personality, 31,* 21-33.

9章

Bass, B. M. (1985). *Leadership and performance beyond expectations* (4th ed.). Free Press.

エイミー, C, エドモンドソン　野津 智子（訳）(2021). 恐れのない組織 ──「心理的安全性」が学習・イノベーション・成長をもたらす ── 英治出版

堀野 博幸 (2022). 問題解決型ミーティングによる非認知的スキルの変容 ── U12年代サッカー選手を対象とした事例研究 ── 日本スポーツ心理学会第49回大会発表抄録集

鎌田 淑博・池田 誠喜・芝山 明義 (2019). 中学生の自己有用感と生活満足感との関連　兵庫教育大学教育実践学論集, *20,* 49-58.

三隅 二不二・田崎 敏昭 (1965). 組織体におけるリーダーシップの構造 ── 機能に関する実証的研究 ── 教育・社会心理学研究, *5,* 1-13.

李　超・狩俣 正雄 (2017). 働きがいのある最高の組織とチームビルディング　商経学, *64,* 321-355.

中野 和也 (2022). 好調サンフレッチェを支える陰の立役者 ── 松尾喜文コーチとスキッベ監督を繋ぐ不思議な縁 ── footballista https://www.footballista.jp/special/147519（2022. 10.29. 閲覧）

Rogers, C. R. (1957). A note on the ‘nature of man’. *Journal of Counseling Psychology, 4,* 200.

Rozovsky, J. (2015). The five keys to a successful Google team. https://rework.withgoogle.com/blog/five-keys-to-a-successful-google-team/（2022.10.29. 閲覧）

サンフレッチェ広島 (2022).【イッタイカンをもって決戦へ】2022シーズンこれまでのスキッベ監督の言葉, チームの雰囲気をまとめました！【サンフレッチェ広島】https://www.youtube.com/watch?v=fnrTvxh6voo（2022.10.29. 閲覧）

Shaw, M. E. (1976). *Group Dynamics: The Psychology of Small Group Behavior.* McGraw-Hill Book Company.（ショー, M. E.　原岡 一馬（訳）(1981). 小集団行動の心理　誠信書房）

田原 直美・小川 邦治 (2021). 職場における心理的安全とチーム・コミュニケーションとの関連　西南学院大学人間科学論集, *16,* 27-42.

Tuckman, B. W. (1965). Developmental sequence in small groups. *Psychological Bulletin, 63,* 384-399.

浦和レッドダイヤモンズ (2022). 浦和レッズ理念　https://www.urawa-reds.co.jp/club/phirosophy.php（2022.10.29. 閲覧）

第10章

青石 哲也・佐々木　康 (2010). 企業スポーツチームにおけるトップ・アスリートのセカンド・キャリア形成に関する研究　生涯学習・キャリア教育研究, *6,* 37-46.

Drahota, J. A. T., & Eitzen, D. S. (1998). The role exit of professional athletes. *Sociology of Sport Journal, 15,* 263-278.

Guichard, J., & Lenz, J. (2005). Career theory from an international perspective. *Career Development Quarterly, 54,* 17-28.

Helen Rose Fuchs Ebaugh (1988). *Becoming an Ex: The Process of Role Exit.* THE

UNIVERSITY OF CHICAGO PRESS.
川口 大司・平野 光俊・室山 晴美 (2010). キャリア・トランジション ── キャリアの転機と折り合いの付け方 ──　日本労働研究雑誌, *52*, 1-3.
厚生労働省 (2014). 厚生労働省委託平成26年度キャリア・コンサルティング資質確保体制整備事業　キャリア・コンサルタント経験交流会資料
松山 博明 (2023). 現場で求められるプレーヤーのためのコーチング学 (pp. 98-102)　追手門学院大学出版会／丸善出版（発売）
松山 博明・松井　健・馬込 卓弥・辰本 頼弘・巽　樹理・米山 隆一・小寺 亮太・青木 康之 (2020). 大学運動部に所属するアスリートの心理的特性に関する研究 ── 集団スポーツ競技種目の新入生男子選手による考察 ──　追手門学院大学スポーツ研究センター紀要, *5*, 11-16.
中村 裕樹 (2011). J リーグに学ぶ「キャリアデザイン力」育成法 (pp. 1-4)　株式会社クライテリア
Schlossberg, N. K. (1981). A model for analyzing human adaptation to transitions. *The Counseling Psychologist, 9*, 2-18.
Schlossberg, N. K. (2000). *Overwhelmed: Coping with life's ups and downs.* Lexington Books.
Schlossberg, N. K., Waters, E. B., & Goodman, J. (1995). *Counseling adults in transitions: Linking practice with theory* (2nd ed.). Springer.
杉山 卓也 (2017). 大学運動部に所属するアスリートの心理的特性に関する研究　静岡大学教育学部研究報告 人文・社会・自然科学篇, *67*, 273-283.
高橋　潔 (2010). J リーグの行動科学 ── リーダーシップとキャリアのための教訓 ── (pp. 144-204)　白桃書房
田蔵 奈緒 (2018). プロサッカー選手のキャリアサポート ── 欧州と日本のプロサッカー選手のセカンドキャリア支援事業 ──　共栄大学研究論集, *16*, 83-94.
田中 マキ子 (2022). トップアスリートのセカンドキャリア形成支援に関する一考察　東京国際大学論叢人間科学・複合領域研究, *7*, 60-67.
田中ウルヴェ 京 (2005). キャリアトランジション ── スポーツ選手のセカンドキャリア教育 ──　日本労働研究雑誌, *537*, 67-69.
谷釜 尋徳 (2020). 大学運動部員へのデュアルキャリア支援に関する覚え書き　東洋法学, *64*, 255-281.
Tracey, J., & Elcombe, T. (2004). A lifetime of healthy meaningful movement: Have we forgotten the athletes? *Quest, 56*, 241-260.

第11章

ベスウィック, B.　石井 源信・加藤　久（訳）(2006). サッカーのメンタルトレーニング (pp. 26-49)　大修館書店
JFA (2004). 2004年度フィジカルデータ測定報告 (pp. 26-27)　アサヒビジネス
JFA (2007). サッカー指導教本2007 (pp. 10-86)　サンメッセ
堀野 博幸 (2021). 競技レベル別にみたサッカー選手の心理的競技能力 ── J リーグ・JFL／地域リーグ・都道府県リーグの分類から ──　日本体育・スポーツ・健康学会

第71回大会, ポスター発表
伊志嶺 大作 (2009). 中学生サッカー選手における指導者からの言葉がけが運動有能感及び運動量に及ぼす影響について　東海大学大学院修士論文
松山 博明 (2010). JFA 機関紙：JFAnews 2010 11月情報号, *319*, 71.
松山 博明 (2022a). アジアサッカーアカデミー選手の競技力向上に関する研究 ── 3か国による選手の心理的競技能力の実態 ──　大阪体育学研究, *60*, 65-71.
松山 博明 (2022b). Jリーグクラブ U-15育成年代の競技力向上に関する研究 ── 沖縄県地域と九州地域・関東地域の3クラブによる比較から ──　日本体育・スポーツ・健康学会第72回大会, ポスター発表
松山 博明 (2022c). 日本サッカー育成代選手の競技力に関する研究 ── Jリーグトップレベル U-18年代に着目して ──　日本スポーツ心理学会, ポスター発表
松山 博明・松井　健・馬込 卓弥・辰本 頼弘・巽　樹理 (2022a). 日本サッカー育成代選手の競技力に関する研究 ── 京都府選抜選手とJリーグ選手の比較から ──　スポーツ研究センター紀要, *7*, 37-41.
松山 博明・松竹 貴大・二宮　博・武藤 克宏 (2019). アジアサッカー育成年代選手の競技力に関する研究 ── 2ヵ国よるU-17代表選手の競技力の実態調査から ──　追手門学院大学スポーツ研究センター紀要, *4*, 1-6.
松山 博明・松竹 貴大・須田 芳正・福士 徳文 (2021). アジアサッカー育成年代選手の競技力向上に関する研究 ── 3か国によるアカデミー選手の競技力の実態調査から ──　コーチング学会, ポスター発表
松山 博明・松竹 貴大・土屋 裕睦 (2016). アジアサッカー育成年代選手の競技力向上に関する研究 ── カンボジアフットボールアカデミー選手の実態調査から ──　大阪体育学研究, *52*, 41-51.
松山 博明・松竹 貴大・上田 滋夢・上林　功 (2020b). ブータン代表サッカー選手の競技力向上に関する研究 ── レギュラー選手と非レギュラー選手の比較から ──　追手門学院大学社会学部紀要, *14*, 51-58.
松山 博明・中村 泰介・二宮　博・武藤 克宏 (2020a). アジアサッカー育成年代選手の競技力に関する研究 ── ブータン王国U-13代表選手の競技力と日本の同年代選手との比較から ──　追手門学院大学スポーツ研究センター紀要, *5*, 3-9.
松山 博明・関口　潔・松竹 貴大・土屋 裕睦 (2017). アジアサッカー育成年代選手の競技力向上に関する研究 ── 3か国によるU-14代表選手の競技力の実態調査から ──　大阪体育学研究, *53*, 49-57.
松山 博明・須田 芳正・福士 徳文・松井　健・馬込 卓弥・辰本 頼弘・巽　樹理 (2022b). ミャンマー連邦共和国サッカートップレベルチーム選手の競技力向上に関する研究 ── 心理的競技能力に着目して ──　追手門学院大学スポーツ研究センター紀要, *16*, 47-55.
松山 博明・土屋 裕睦 (2015). 海外スポーツ指導者派遣事業の現状と課題 ── アジア貢献事業ブータン王国サッカー U-19アジア選手権の実践活動を中心に ──　スポーツ産業学研究, *25*, 111-122.
松山 博明・土屋 裕睦・堀野 博幸・須田 芳正 (2014). 海外スポーツ指導者派遣事業の現状と課題 ── JFA アジア貢献事業ブータン王国サッカーの実践活動を中心に ──

大阪体育学研究, *52*, 15-22.
宮崎 純一・高妻 容一 (2017). チームマネジメントにおける心理的サポートの有用性について ── 台北ユニバーシアード2017日本代表サッカーチームの取り組み ── 青山経営論集, *52*.
大獄 真人 (2002). サッカー競技におけるハーフタイム時の状態不安について 慶応義塾大学体育研究所紀要, *41*, 39-45.
大嶽 真人・須田 芳正・植田 史生・石手 靖・依田 珠江・古賀 初・田中 博史 (2003). ジュニアユースサッカー選手の心理的競技能力について 体育研究所紀要, *42*, 1-7.
徳永 幹雄・吉田 英治・重枝 武司・東 健二・稲富 勉・斉藤 孝 (2000). スポーツ選手の心理的競技能力に見られる性差, 競技レベル差, 種目差 健康科学, *22*, 109-120.
戸塚 啓 (2010). 世界基準のサッカーの戦術と基準 (pp. 184-189) 今屋印刷
上野 直彦 (2016). 思考停止しないサッカーを 池田 哲雄（編） SOCCER MAGAZINE ZONE (pp. 54-57) ベースボール・マガジン社

おわりに

佐々木 史之・藤田 主一・楠本 恭久 (2008). 競技中の心的動揺場面に関する研究 日本体育大学紀要, *38*(1), 33-43.
内山 治樹 (2013). コーチの本質 体育学研究, *58*, 677-697.

執筆者紹介

●編著

松山博明（まつやま　ひろあき）[5章（U-12以外），6章，7章，10章，11章]
追手門学院大学社会学部社会学科　教授
大阪体育大学大学院スポーツ科学研究科スポーツ心理学博士課程修了。博士（スポーツ科学）
著書は『現場で活用できる　スポーツ心理学』（晃洋書房），『スポーツ戦略論：スポーツにおける戦略の多面的な理解の試み』（共著，大修館書店）など。

●著（執筆順）

松竹貴大（まつたけ　たかひろ）[1章，3章]
大阪公立大学 都市健康・スポーツ研究センター　助教
筑波大学大学院人間総合科学研究科3年制博士課程コーチング学専攻修了。博士（コーチング学）
論文は「競技力が高いサッカー選手の状況判断時における脳内情報処理過程：事象関連電位と筋電図反応時間を指標として」（体力科学）など。

堀野博幸（ほりの　ひろゆき）[2章，9章]
早稲田大学スポーツ科学学術院　教授
早稲田大学大学院博士課程人間科学研究科生命科学専攻中退。博士（人間科学）
著書は『スポーツ戦略論：スポーツにおける戦略の多面的な理解の試み』（共著，大修館書店），『こころを強くする「夢ノート」：トップアスリートが実践するルーティンワーク』（ブックマン社）など。

夏原隆之（なつはら　たかゆき）[4章，8章]
東京成徳大学応用心理学部健康・スポーツ心理学科　准教授
筑波大学大学院人間総合科学研究科3年制博士課程コーチング学専攻修了。博士（コーチング学）
論文は「フットボールコーチングにおけるコーチの役割とリーダーシップ行動」（フットボールの科学）など。

永野智久（ながの　ともひさ）[5章（U-12）]
横浜商科大学商学部経営情報学科　准教授
慶應義塾大学大学院政策・メディア研究科博士課程修了。博士（学術）
論文は「サッカーにおける視覚情報処理機能と運動技能の連携に関する研究」（慶應義塾大学大学院政策・メディア研究科 博士論文）など。

サッカー選手・指導者のためのメンタルガイド

2024年1月20日　初版第1刷発行

編著者　松　山　博　明

発行所　㈱北大路書房
〒603-8303　京都市北区紫野十二坊町12-8
電話代表　(075) 431-0361
F A X　(075) 431-9393
振替口座　01050-4-2083

Printed in Japan
ISBN978-4-7628-3241-3

組版／Katzen House
装丁／白沢　正
印刷・製本／(株)太洋社